◆本书依据《企业内部控制基本规范》编写◆

U0571235

企业内部控制

QIYE NEIBU KONGZHI GUIFAN YU YINGYONG

——规范与应用

主编◎杨锡才 彭 浪

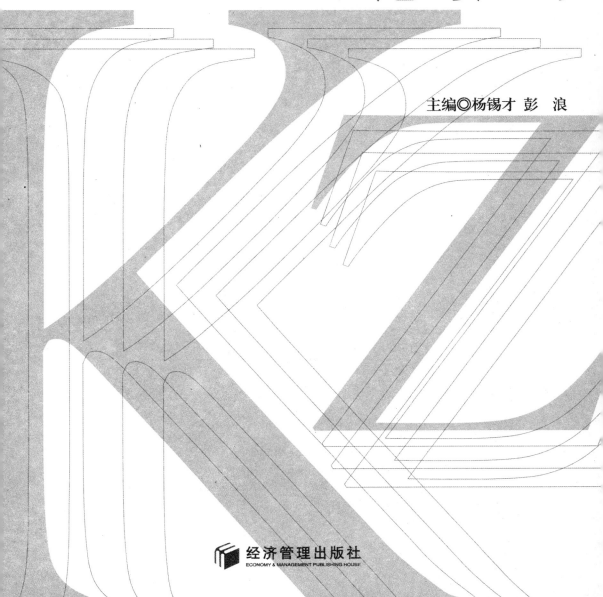

经济管理出版社

ECONOMY & MANAGEMENT PUBLISHING HOUSE

图书在版编目(CIP)数据

企业内部控制:规范与应用／杨锡才,彭浪主编.
—北京:经济管理出版社,2009.4
ISBN 978-7-5096-0521-9

Ⅰ.企… Ⅱ.①杨…②彭… Ⅲ.企业管理－技
术培训－教材 Ⅳ.F270

中国版本图书馆 CIP 数据核字(2009)第 053434 号

出版发行:**经济管理出版社**

北京市海淀区北蜂窝 8 号中雅大厦 11 层

电话:(010)51915602　邮编:100038

印刷:北京银祥印刷厂　　　　　　　经销:新华书店

组稿编辑:房宪鹏　　　　　　　　　责任编辑:刘　宏
技术编辑:杨国强　　　　　　　　　责任校对:陈　颖

720mm×1000mm/16　　　　18.75 印张　　327 千字
2009 年 5 月第 1 版　　　　2014 年 12 月第 2 次印刷
定价:26.00 元
书号:ISBN 978-7-5096-0521-9

本书编委会

主　　编：杨锡才　彭　浪

副 主 编：阮班鹰　郑英莲　王　创

其他编写人员：胡丽君　呼瑞雪　陈　鑫

学习贯彻内部控制规范
促进企业持续健康发展

（代 序）

在当前知识经济的时代下，特别是我国加入 WTO 以后，我国企业将直接面对外国企业特别是跨国公司的挑战。对外贸易越来越频繁，企业经营所遇到的各种风险也越来越多，加之企业经营改制中存在的不完善运作，其压力越来越大，面临的形势也越来越严峻。经济越发展，内部控制越显重要。人们注重防范外部风险，而对内部风险认识不足。实际上，企业经营风险既来自于外部，也来自于内部，从一定角度看，来自内部的风险可能性更大。

随着研究的深入和实践的发展，人们逐步认识到，企业内部控制是提高企业运营效率、保障企业依法经营和会计信息真实可靠、促进企业实现战略目标的活动，是现代企业制度的根本要求，是企业各项管理工作的基础，是企业提高管理水平的一种有效机制，是防范企业经营风险、控制舞弊行为的一道有效"防火墙"。加强企业内部控制建设，不断提高企业把握发展机遇及应对风险挑战的能力，从而提高国际竞争力，无论是从经济社会发展的宏观层面，还是从企业发展的微观个体层面，都具有十分重要的意义。

2002 年美国《萨班斯法案》颁布后，西方各国企业尤其是上市公司掀起了内部控制建设的高潮，一些在海内外上市的中国企业已经开始按照国际标准进行企业内部控制体系建设。2008 年，财政部会同有关部委发布了《企业内部控制基本规范》，使中国企业有了内部控制标准。从 2009 年 7 月 1 日起，《企业内部控制基本规范》将正式开始施行，为了便于广大经营管理人员学习、理解、掌握企业内部控制基本规范的有关内容，并更加有效地运用到实践工作中去，我们组织了多名长期从事内部控制研究、教学和财政财务管理工作的同志，精心编写了《企业内部控制——规范与应用》一书。

《企业内部控制——规范与应用》一书紧扣《企业内部控制基本规范》的内容，密切联系企业内部控制工作实际，对《企业内部控制基本规范》进行了全面、深入、细致、务实的讲解，具有较强的可读性和可操作性，既可以作为广大会计人员继续教育的培训教材和企业管理人员的学习工具书，又可以作为高等财经院校的专门教材。

我们有理由相信，通过对《企业内部控制——规范与应用》的学习和运用，广大读者一定能够坚持科学发展观，在实际工作中，不断完善内控体系，通过制度规避风险、机制控制风险、责任降低风险，努力实现"速度、效益与风险"的平衡，提高企业的经营效率和效果，从而促进企业实现其战略目标和持续健康发展。

武汉市财政局总会计师　高级会计师

张　灼

2009 年 3 月 25 日

目　录

第一章 概　述

【引言】为了加强和规范企业内部控制，提高企业经营管理水平和风险行为防范能力，促进企业可持续发展，维护社会主义市场经济秩序和社会公众利益，根据国家有关法律法规，财政部会同证监会、审计署、银监会、保监会制定了《企业内部控制基本规范》，于2008年5月22日颁布，自2009年7月1日起在上市公司范围内施行，并鼓励非上市的大中型企业执行。

第一节　企业内部控制基本规范出台的背景

一、我国企业内部控制的发展历程

（一）我国内部控制发展的主要阶段

我国内控思想和实践起步较早，但后期发展受复杂因素影响，未能与现代内控发展历程相对接。我国现代内控研究始于20世纪80年代，而将其明确写入专门和非专门法规立法实施并在实践中推广应用实际是在90年代末期，相对于欧美起步较晚；但由于其基始于现代西方内控理论并能始终跟踪国际趋势，我国内控相关规范的建设步伐并不缓慢，现已逐步体现出体系化、系统化的特征和趋势。①

我国内控规范的发展主要有以下几个阶段：

---

① 王梅、吴昊昊：《会计、审计与内部控制发展历程》，《经济理论研究》，2007年第7期。

1. 行业自控阶段

我国内控法规建设明确肇始于金融业。1997 年 5 月，中国人民银行发布《加强金融机构内部控制的指导原则》；7 月发布《进一步加强银行会计内部控制和管理的若干规定》；12 月发布《关于进一步完善和加强金融机构内部控制建设的若干意见》，极大推动了商业银行内部控制的建立，是我国真正意义上的内控实践的起点。国资委、银监会、证监会还从各自行业监管的角度对中央企业、商业银行、证券公司、基金管理公司的内部控制制定了法律法规。

2. 内部会计控制阶段

全国人大常委会 1985 年通过的《中华人民共和国会计法》，对会计核算、监督、会计机构和会计人员、法律责任等问题作了明确规定，从法律的高度规定了企业内部控制的基础内容。

1993 年第一次修订后的《会计法》，突出了法律对社会公众利益的保护，针对当时造假账、假报表问题愈演愈烈的具体情况，要求单位领导人"保证会计资料合法、真实、正确、完整"，并明确了违法责任人、执法人，区分了违法程度，进一步明确了内部会计控制的相关问题。

财政部 1996 年颁布的《会计基础工作规范》，首先提出内部控制，该规范提出了内部会计控制要求，并将其定义为"单位为了提高会计信息质量，保护资产的安全、完整，确保有关法律法规和规章制度的贯彻执行等而制定和实施的一系列控制方法、措施和程序"。

2000 年 7 月第二次修订的《会计法》，主要在"总则"、"会计监督"以及"会计机构和人员"等章节对内部控制的相关内容进行了规定，试图构建一个会计监督体系。

2001 年 6 月《内部会计控制规范——基本规范》以及后续具体规范中指出内部会计控制"是指单位为了提高会计信息质量，保护资产的安全、完整，确保有关法律法规和规章制度的贯彻执行等而制定和实施的一系列控制方法、措施和程序"。内部会计控制的基本目标包括：规范单位会计行为，保证会计资料真实、完整；堵塞漏洞、消除隐患，防止并及时发现、纠正错误及舞弊行为，保护单位资产的安全、完整；确保国家有关法律法规和单位内部规章制度的贯彻执行。《内部会计控制规范》以一般意义上的会计控制为主，兼顾了相关的控制，其目标主要集中在会计信息可靠、差错防弊、资产保护和法规遵守几个方面。

3. 内部控制系统化阶段

近年来我国企业内部控制体系建设取得了长足的发展。特别是 2006 年，各相关部门积极从事内部控制法规、标准的研究和制定工作：上海证券交易所发布了《上海证券交易所上市公司内部控制指引》；国资委发布了《中央企业全面风险管理指引》；深圳证券交易所发布了《深圳证券交易所上市公司内部控制指引》。

2006 年 7 月 15 日，财政部会同国资委、证监会、审计署、银监会、保监会发起成立了企业内部控制标准委员会（以下简称 CICSC），作为内部控制标准体系的咨询机构，旨在为制定和完善中国企业内部控制标准体系提供咨询意见和建议。CICSC 下设内部控制基础理论、国有及国有控股企业内部控制标准、上市公司内部控制标准、银行业金融机构内部控制标准、保险证券企业内部控制标准、中小企业内部控制标准、非营利组织内部控制标准、内部控制评价标准等八个咨询专家组。

CICSC 的目标是建立一套以防范风险和控制舞弊为中心、以控制标准和评价标准为主体，结构合理、内容完整、方法科学的内部控制标准体系，推动企业完善治理结构和内部约束机制，以及以监管部门为主导、各单位具体实施为基础、会计师事务所等中介机构咨询服务为支撑、政府监管和社会评价相结合的内部控制实施体系，推动公司、企业和其他非营利组织完善治理结构和内部约束机制，不断提高经营管理水平和可持续发展能力。

2007 年 3 月 2 日，CICSC 发布了《企业内部控制——基本规范》和 17 项《企业内部控制——具体规范》的征求意见稿，并附带了"企业内部控制规范起草说明"。按照"企业内部控制规范起草说明"所描绘的，我国未来的企业内部控制标准体系主要包括基本规范、具体规范和应用指南三个层面。基本规范界定内部控制的基本目标、基本要素、基本原则和总体要求，为制定具体规范和应用指南提供依据，在内部控制标准体系中起统驭作用。具体规范是根据基本规范，对企业办理具体业务与事项从内部控制角度做出的具体规定。应用指南是根据基本规范和相关具体规范制定的详细解释和说明，为某些特殊行业、特殊企业、特定内部控制程序提供操作性强的指引。我国内控规范建设发展进入迅速系统化阶段。

（二）与内部控制发展相关的重要法律法规

对比国外发展，我国内控规范发展独具特色：内控规范建设是由政府各部门以"准法规"形式发布实施的，权威性强，执行快速有力；我国真正意义上的内控规范是从其核心的内部会计控制即会计监管上入手而不是由内控框架起步的，在此对这一过程中的各重要法规作一梳理（见表 1—1），帮助大家更好地理解我国内部控制的发展。

表 1—1　我国内部控制相关重要法律法规

时　间	法　律　法　规	发　布　机　构
1996 年	《独立审计准则第 9 号——内部控制和审计风险》	财政部
1997 年 1 月	《独立审计具体准则第 9 号——企业内部控制与审计风险》	中国注册会计师协会
1999 年	修订《会计法》其中第 27 条	全国人大
2001 年	《内部会计控制规范——基本规范（试行）》及后续具体规范	财政部
2002 年	《内部控制审核指导意见》	中国注册会计师协会
2002 年	《内部会计控制规范——采购与付款（试行）》《内部会计控制规范——销售与收款（试行）》	财政部
2004 年 10 月	《独立审计具体准则第 29 号——了解被审计单位及其环境并评估重大错报风险》	中国注册会计师协会
2002 年 1 月	《上市公司治理准则》	证监会
2005 年 11 月	《关于提高上市公司质量意见》	国务院批转证监会
2003 年	《内部会计控制规范——工程项目（试行）》	财政部
2004 年	《内部会计控制规范——担保（试行）》《内部会计控制规范——对外投资（试行）》的通知	财政部
2006 年 7 月	《上海证券交易所上市公司内部控制指引》	上海证券交易所
2006 年 9 月	《深圳证券交易所上市公司内部控制指引》	深圳证券交易所
2007 年	《企业内部控制规范——基本规范》和 17 项具体规范（征求意见稿）	财政部、国资委、证监会、审计署、银监会、保监会

二、出台企业内部控制基本规范的重要意义

　　加快健全企业内部控制标准体系是大势所趋、潮流所向。企业经营风险既来自于外部，也来自于内部。人们注重防范外部风险，而对内部风险认识不足。实际上，从一定角度看，来自内部的风险可能更大一些。随着研究的深入和实

践的发展，人们逐步认识到，企业内部控制标准体系是企业防范风险、控制舞弊的"防火墙"。加强企业内部控制标准体系建设，无论是从经济社会发展的宏观层面，还是从企业、会计师事务所发展的微观层面，都具有十分重要的意义。[①]

（一）适应国际内部控制发展的新趋势

建设内部控制基本规范是实施企业"走出去"战略的重要基础工程。目前，我国内部控制、内部治理薄弱，已经严重制约了企业发展，不仅难以抓住进军国际市场的机遇，也难以应对市场开放条件下日益激烈的国内国际竞争。

自 2001 年年底以来，美国安然、世通、施乐、默克制药等一批大公司会计丑闻接连曝光，诚信危机震撼着美国及国际社会。针对愈演愈烈的上市公司内部控制失控现象，各国纷纷出台了更加严格的内部控制标准或相关法规。

国际上通行的内部控制标准做法是，构建一个内部控制框架，确定内部控制的范围和目标，列出一个有效内部控制系统通常要具有的要素，如美国COSO报告（COSO 是美国"反对虚假财务报告委员会"下属的各组织参与的发起组织委员会的简称），英国特恩布尔报告，加拿大 COCO 报告〔1992 年加拿大特许会计师协会（CICA）成立了 COCO 委员会，该委员会的使命是发布有关内部控制系统设计、评估和报告的指导性文件〕等。

目前，美国内部控制标准体系包括 COSO《内部控制——整合框架》(1992)、COSO《企业风险管理——整合框架》（2004）、COSO《小规模公共公司财务报告内部控制指南》（2006）三个部分，从其发展的轨迹来看，正逐步由单一评价标准转向一个系统的评价标准体系。同时，为确保上市公司内部控制实施，美国出台了《萨班斯法案》、SEC 最终规则和 PCAOB 审计准则三个层次的法律规范。把过去的很多自愿和选择性做法变成了法定的、强制性的要求，如《萨班斯法案》的第 302 条款"公司对财务报告的责任"中要求在美国上市的公司总裁和财务总监：①对本公司建立和保持内部控制负责；②已经设计了这种内部控制；③已经评价了公司内部控制截至报告前 90 天内的有效性；④已经根据他们的评价在该报告中提出了他们有关内部控制有效性的结论，并向公司的审计师及董事会的审计委员会（或履行相同职能的人员）披露了如下内容：①在内部控制的设计或运行中对公司记录、处理、汇总及报告财

---

① 企业内部控制标准委员会秘书处编：《内部控制理论研究与实践》，中国财政经济出版社，2008。

务数据的能力产生不利影响的所有显著缺陷，并已经向公司的审计师指出内部控制的所有重要缺陷；②涉及在公司内部控制中担任重要职位的管理层或其他员工的所有舞弊，不论是否重要。在报告中指明在他们评价内部控制的日期之后，内部控制或其他能够对内部控制产生重大影响的因素是否发生了重大变化，包括对内部控制显著缺陷或重要缺点的更正措施。

《萨班斯法案》第 404 条款规定：在美国上市的公司要对内部控制进行评价，强调要建立和维护内部控制系统，并确保相应的控制程序执行有效。外部审计师对公司提供的内部控制评价进行测试，并出具相应的报告。

有鉴于国际内部控制的通行做法和最新进展，我国非常有必要尽早出台与国际趋同的内部控制规范体系。

（二）政府履行宏观经济管理职能的内在要求

保证企业高效、合规的生产经营是内部控制的重要目标。而这一目标恰好与政府宏观经济管理的职能不谋而合，所以，内部控制体系的完善不可能仅是企业自身的事务，它必然会映射出政府管理职能对其产生的影响。① 政府为了履行经济管理职能，更好地运用宏观手段管理企业经营，会不断地出台宏观政策加以指导，其中不乏关于内部控制的规定。纵观各国内部控制的发展，政府对内部控制外部化的促进作用集中体现在对内部控制制度的制定上。绝大多数国家都针对内部控制问题由政府机关或其他机构制定相关的原则性规定，内部控制的实施必须严格以此为纲领。例如，美国政府为了完善内部控制制度先后多次将民间机构制定的有关规定纳入法律条文，或者通过其他形式进行加强。

（三）会计审计改革的必由之路

贯彻实施会计审计两大准则体系、提高会计信息质量和注册会计师审计质量的前提和重要保证是规范内部控制体系。2006 年 2 月 15 日，在国务院各部门和公众的支持下，财政部发布了适应我国市场经济发展需要、与国际惯例趋同的企业会计准则体系和注册会计师审计准则体系，这是我国会计审计改革进程中的又一座里程碑。两大准则体系在国内外都产生了良好的反响。准则好，更要执行好。如何保证执行好？中外专家普遍认为有四条途径：一是健全的内部控制；二是有效的外部监管；三是良好的市场约束；四是会计审计人员的整体素质和对准则的把握程度。这四者中，内部控制、内部治理是基础和前提，

---

① 王湛：《内部控制外部化的思考》，《内部控制理论研究与实践》，中国财政经济出版社，2008。

因为这是扎根于企业的深层次、全方位的制度安排，与企业发展休戚相关、血脉相连。一个企业如果管理混乱、内部控制乏力、治理无方，很难想象它能把国家的法规政策培训到位、学习到位、执行到位、评价到位。因此，加强企业内部控制标准体系建设，对促进会计审计准则体系顺利实施，对从源头上、根本上遏制会计信息失真和注册会计师审计失败，具有重要意义。同时，这对加强会计行业管理，进一步强化会计在企业管理中的地位和作用，充分发挥会计管理监督职能，扩大会计人员和注册会计师乃至整个会计行业在内外经济体系发展中的地位作用，具有深远影响。

（四）促进资本市场健康稳定发展、维护社会公众利益的重要举措

资本市场与企业的内部控制存在很紧密的联系。一方面，资本市场直接影响着企业内部控制的利益趋向和控制中心选择。比如在股市比较发达的英国和美国，企业资本大部分来自于股市，从而70%以上的企业经理人认为股东的利益是第一位的；而德国和日本，企业的资本主要来自于银行和其他非金融机构，绝大多数的企业经理则认为企业的存在是为所有的利益集团服务的。所以，在英国和美国，内部控制的目标就是尽可能地使股东利益最大化，而日本、德国则强调为所有相关利益集团的利益服务。另一方面，企业内部控制对资本市场也会产生反作用。如果内部控制强调保护投资者的利益，就更能够促进资本市场的发育和发展，融资更加方便，更有利于企业的"新陈代谢"，从而推动经济发展，否则就会导致资本市场和经济的衰退。中外资本市场发展的历程表明：企业守信，投资者就充满信心，资本市场就风和日丽；反之，投资者就心有余悸，资本市场就人气凋敝。安然和安达信事件，一度使美国公众谈"股"色变；银广夏和中天勤事件，也曾让许多国民黯然神伤。所以，从社会经济的持续发展和企业的长远利益来看，企业的内部控制应当重视保护投资者的利益，以形成企业内部控制和资本市场相互促进的良性循环。①

（五）企业生存发展壮大的重要保障

企业是市场经济的主体，企业的竞争能力、盈利能力和可持续发展能力是体现一个国家综合国力和国际竞争力的重要指标。放眼当今世界，凡是经济发达国家，都有一大批支柱产业、支柱企业做坚强后盾。党的十六届五中全会和

---

① 刘明辉、张宜霞：《内部控制的经济学思考》，《内部控制理论研究与实践》，中国财政经济出版社，2008。

"十一五"规划纲要均指出,要完善公司治理,健全内部控制机制,支持企业做大做强和"走出去"。企业做大做强和"走出去"的过程,在一定意义上也是企业不断面临新风险、应对新风险、控制新风险、战胜新风险的过程。同时,"走出去"的企业不仅需要"走出去",更要"走进去"、"走上去"。这些都要求企业必须强化内部控制,夯实基础管理,促进企业经营机制的脱胎换骨和管理体系的"凤凰涅槃"。但从现实情况看,我国许多企业在一定程度上还存在管理松弛、内部控制弱化等问题,导致风险频发、资产流失、营私舞弊、损失浪费等情况,离发展战略的要求还有相当差距,迫切需要进一步强化内部控制,为打造"百年老店"奠定坚实的制度基础。

第二节　企业内部控制基本规范的理论溯源

一、内部控制理论的发展阶段[①]

根据 COSO 内部控制整体框架的定义,内部控制,是企业董事会、经理层和其他员工实施的,为营运的效率效果、财务报告的可靠性、相关法令的遵循性等目标的达成而提供合理保证的过程。内部控制理论已有较长的发展历程,内部控制的界定也经历了几次变迁。其发展历程大概可以分为内部牵制、内部控制制度、内部控制结构、内部控制整体框架和企业风险管理框架五个阶段。

(一) 内部牵制阶段

20 世纪初期,随着资本主义经济的发展,公司等组织形式出现,出现了所有者与经营者的分离。为了保护投资者和债权人的利益,各级管理人员开始了全面企业管理的探索。尤其在泰罗的科学管理理论指导下,以组织结构、职务分离、业务程序、处理手续等因素构成的内部牵制制度出现了。内部牵制机能主要分为实物牵制、机械牵制、体制牵制和簿记牵制四类。这一时期的内部控制主要以查错防弊为目的,以钱、财、物等会计事项为主要控制对象。

---

① 肖玉金:《企业内部控制评价研究》,暨南大学硕士论文,2007。

（二）内部控制制度阶段

在第二次世界大战后，科学技术和生产自动化迅速发展，企业规模不断扩大，巨型股份公司登上舞台。这些都对企业管理提出了建立健全人员条件、检查标准和内部审计等控制措施的要求，并促使内部控制从对单独经济活动进行独立控制为主向对全部经济活动进行系统控制为主发展。内部控制完成了其主体内容的构建过程。1949 年美国会计师协会首次对内部控制做出了权威定义："内部控制是企业所制定的旨在保护资产、保证会计资料可靠性和准确性，提高经营效率，推动管理部门所制定的各项政策得以贯彻执行的组织计划和相互配套的各种方法及措施。"在 1958 年，美国会计师协会又对内部控制定义进行了重新表述，将内部控制划分为会计控制和管理控制。内部会计控制是保护企业资产、检查会计数据的准确性和可靠性。内部管理控制是提高经营效率，促使有关人员遵守既定的管理方针。

（三）内部控制结构阶段

20 世纪 80 年代，美国许多财务机构破产。调查中发现大多案例中审计人员不能发现公司舞弊的情况。1985 年，美国成立了虚假财务报告全国委员会，旨在考察财务报告舞弊在多大程度上削弱了财务报告的完整性及注册会计师的责任。1988 年，美国注册会计师委员会（AICPA）发布了《审计准则公告第 5 号》（SAS No. 5），公告首次以内部控制结构代替内部控制，认为内部控制结构包括为合理保证企业特定目标的实现而建立的各种政策和程序。内部控制结构包括三个要素，即控制环境、会计制度和控制程序。内部控制结构定义将内部控制环境纳入内部控制的范畴，并且不再区分会计控制和管理控制，使内部控制的内涵得到扩展。

（四）内部控制整体框架阶段

1992 年，美国"反对虚假财务报告委员会"下属的 COSO 委员会发布报告"内部控制——整体框架"，该委员会又在 1994 年对"内部控制——整体框架"进行了修订，将内部控制定义为是由一个企业的董事长、管理层和其他人员实现的过程，旨在为财务报告的可靠性、经营的效果和效率、符合适用的法律和法规等三大目标提供合理保证的过程，并将内部控制分为五大要素，即控制环境、风险评估、控制活动、信息与沟通、监控。

（五）企业风险管理框架阶段

从 2001 年美国安然、世通等公司破产及会计丑闻事件以来，诚信危机成为大众的关注焦点。美国政府为了提高民众对资本市场的信心，出台了《萨班斯法案》。这是一项旨在加强会计监督、强化信息披露、完善公司治理、防止内幕交易的法案。作为对《萨班斯法案》的响应，2002 年，美国 COSO 委员会在内部控制整体框架概念的基础上，提出了企业风险管理框架（以下简称 ERM）的概念，并于 2004 年 4 月颁布了正式稿，将企业风险管理定义为是一个过程，受企业的董事会、管理层和其他员工的影响，包括内部控制及其在战略和整个公司的应用，旨在为实现经营的效率和效果，财务报告的可靠性以及现行法规的遵循提供合理保证。同时，COSO 委员会将企业风险管理框架的构成要素定义为八个，即内部环境、目标设定、事项识别、风险评估、风险应对、控制活动、信息与沟通、监控。该框架的范围比内部控制框架的范围更为广泛，是对内部控制框架的扩展，提出了风险组合观，增加了新的战略目标，且战略目标的层次定位比其他三个目标更高。ERM 框架强调在整个企业范围内识别和管理风险的重要性，强调企业的风险管理应针对企业目标的实现在企业战略制定阶段就予以考虑，明确了战略目标在风险管理中的地位。

二、内部控制定义

明确的内控概念的提出还不到 60 年历史，且其每次突破性发展都是由欧美引发实施的。具体如表 1—2 所示：

表 1—2 内部控制定义的演进

时　间	定　义　内　容	发　布　机　构
1949 年	《内部控制：一种协调制度要素及其对管理当局和独立注册会计师的重要性》：内部控制是企业所制定的旨在保护资产、保证会计资料可靠性和准确性，提高经营效率，推动管理部门所制定的各项政策得以贯彻执行的组织计划和相互配套的各种方法及措施。	美国注册会计师协会（AICPA）的审计程序委员会

续表

时 间	定 义 内 容	发 布 机 构
1958 年	《审计程序公告第 29 号》又重新定义，将内控划分为内部会计控制和内部管理控制。值得注意的是，该公告重点关注前者，将其与保护资产的安全完整和财务记录可靠性直接关联，具体的措施有交易授权批准制度、资产实物控制、从事财务记录和审核与从事经营或财产保管职务分离的控制。	美国注册会计师协会（AICPA）的审计程序委员会
1972 年	《审计程序公告第 54 号》中又重新定义"内部会计控制"是组织计划以及关于保护资产安全完整和财务记录有效性的程序和记录，并对下列事项提供合理保证：交易经过合理授权；公司对交易进行必要记录，以确保财务报表的编制与公认会计原则一致；资产使用处置经过管理层的适当授权；在合理期间内，对现存资产与资产会计记录间的任何差异采取了恰当行动。	美国注册会计师协会（AICPA）的审计程序委员会
1988 年	《审计程序公告第 55 号》中又以"内部控制结构"代替"内部控制"，并进一步提出内控三要素：控制结构、会计系统和控制程序。	美国注册会计师协会（AICPA）的审计程序委员会
1992 年	《内部控制——整体框架》报告：内部控制是由一个企业的董事长、管理层和其他人员实现的过程，旨在为财务报告的可靠性、经营的效果和效率、符合适用的法律和法规等三大目标提供合理保证的过程。	COSO 委员会
1994 年	修订的《内部控制——整体框架》报告提出了"内部控制成分"概念，并将其明确细分为三大目标和五个环节，即保证经营效果和效率、财务报告可靠性和法规遵循性三大目标；控制环境、风险评估、控制活动、信息与沟通和监控五个环节。	COSO 委员会
2003 年 6 月	《管理层的财务报告内部控制报告和交易法案定期报告中披露的确认》	美国证券交易委员会（以下简称 SEC）
2004 年 3 月 9 日	"与财务报表审计相关的针对财务报告的内部控制的审计"的第 2 号审计标准：关注对财务报告内控的审计工作，及其与财务报表审计的关系问题。	美国上市公司会计监督委员会（以下简称 PCAOB）

时　间	定 义 内 容	发 布 机 构
2004 年 10 月	《企业风险管理——总体框架》，并在原报告基础上将三大目标、五个环节进一步细化为四大目标、八个环节，明确强调董事会及其他高管层在风险管理方面的责任定位，将内控直接提升至风险管理的层次。	COSO 委员会

三、内部控制目标

《国际审计准则第 6 号》中规定内部控制是单位的管理人员为帮助达到管理人员的目标而采用组织计划和全部方法与程序，在尽可能实行的范围内保证其业务经营的顺序和有效性，包括严格遵守管理政策，保护资产，预防和揭发舞弊和错误，保持准确和完整的会计记录，以及适时编制可靠的财务资料。内部控制具体目标有以下四个方面：①依据管理人员一般的或特殊的标准来完成经济业务。②在完成经济业务的会计期间，将全部经济业务以正确的数额及时记入适当的账户，从而完成允许的公认会计政策范围内编制的财务资料并保持对资产应负的责任。③只有根据管理人员的批准方可动用资产。④对资产做出负责的记录，在合理的间隔时间与现存的资产相比较，并对发生的任何差异采取适当的行动。

《世界最高审计机关组织内部控制准则》中规定，内部控制目标主要有以下四个方面：①配合组织任务，使各项作业均能有条不紊且更经济有效地运作，并提高产品与服务的质量。②保证资源，以避免因浪费、舞弊、管理不当、错误、欺诈及其他违法事件而遭受损失。③遵循法律、规章及各项管理作业规定。④提供值得信赖的财务管理资料，并能适时适当地揭露有关资料。

有些专家认为：内部控制的基本目的在于促进单位组织的有效营运；推行内部控制的主要目的，为确保各部门均能充分发挥其应有功能。具体地说有以下四个方面的目标：①增进及确保会计与经营资料的正确性与可靠性。②维护单位资产的安全，避免资产的浪费、失窃与使用上的无效率。③贯彻单位目标，并确保单位的政策及规定被确实执行。④提高经营效率，并评估各部门绩效作为持续改善的基础。

有人认为上述第①、②项系为会计控制的目标；而第③、④项系为管理控制的目标。但也有人认为：第①项属于会计控制；第②项中维护资产安全是否适当属于会计控制，而维护资产安全是否有效属于管理控制；第③项属于管理控制；第④项中增进业务效率是否适当属于会计控制，增进业务效率是否有效属于管理控制。也有人认为：内部会计控制的目的是保护资产安全，提高会计信息的可靠性与完整性；而内部管理控制的目的是增进经营效率，遵守管理政策及达成预期目的。

在 1994 年 COSO 的《内部控制——整体框架》中，内部控制有三个目标：经营的效果和效率、财务报告的可靠性和法律法规的遵循性。2004 年 COSO 的《企业风险管理——总体框架》（ERM 框架）中除了经营目标和合法性目标与内部控制整体框架相似以外，对可靠性目标进行了扩展，即将"财务报告的可靠性"发展为"报告的可靠性"。原 COSO 报告把财务报告的可靠性界定为"编制可靠的公开财务报表，包括中期和简要财务报表，以及从这些财务报表中摘出的数据，如利润分配数据"。ERM 框架则将报告拓展到"内部的和外部的"、"财务的和非财务的报告"，该目标涵盖了企业的所有报告。另外，ERM 框架提出了一类新的目标——战略目标。该目标的层次比其他三个目标更高，强调企业的风险管理在应用于实现企业其他三类目标的过程中，也应用于企业的战略制定阶段。

虽然对内部控制的目标有多种多样的提法，但最为主要的有以下六个方面：①维护资产的安全、完整及有效使用。②保证各种管理信息的存在、可靠与及时提供。③尽量减少不必要的成本、费用，以求盈利。④保证下放的各种职责得到圆满履行，提高各项工作作业的效益或效率。⑤预防或查明错误和弊端，为管理政策的制定寻找依据。⑥履行各种法律义务。

因此，在综合各方观点，考虑我国实际情况之后，《企业内部控制基本规范》第三条指出内部控制的目标是合理保证企业经营管理合法合规、资产安全、财务报告及相关信息真实完整，提高经营效率和效果，促进企业实现发展战略。即明确提出内部控制目标是合法性目标、资产安全目标、真实性目标、经营性目标和战略性目标五大目标。

四、内部控制要素

（一）《企业内部控制基本规范》规定的内控要素

按照《企业内部控制基本规范》的规定，我国企业内部控制应当包括内部环境、风险评估、控制活动、信息与沟通、内部监督等五要素。这与美国

COSO报告（1992）中规定的五要素基本相同。

内部环境是企业实施内部控制的基础，一般包括治理结构、机构设置及权责分配、内部审计、人力资源政策、企业文化等。

风险评估是企业及时识别、系统分析经营活动中与实现内部控制目标相关的风险，合理确定风险应对策略。

控制活动是企业根据风险评估结果，采用相应的控制措施，将风险控制在可承受度之内。

信息与沟通是企业及时、准确地收集、传递与内部控制相关的信息，确保信息在企业内部、企业与外部之间进行有效沟通。

内部监督是企业对内部控制建立与实施情况进行监督检查，评价内部控制的有效性，发现内部控制缺陷，应当及时加以改进。

（二）美国审计准则公告第 29 号（1949 年）两要素：会计控制与管理控制

1958 年美国会计师协会所属审计程序委员会发布第 29 号审计程序公告《独立审计人员评价内部控制的范围》对内部控制定义重新进行了表述，将内部控制分为会计控制（Internal Accounting Control）和管理控制（Internal Administrative Control）。其中前者涉及与财产安全和会计记录的准确性、可靠性有直接联系的方法和程序，后者主要是与贯彻管理方针和提高经营效率有关的方法和程序。这一提法也是现在我们所熟知的内部控制"制度二分法"的由来。

（三）美国审计准则公告第 55 号三要素：控制环境、会计制度与控制程序

1988 年，美国注册会计师协会发布第 55 号审计准则公告《会计报表审计中对内部控制结构的关注》，拓展了审计师在财务报表审计中考虑内部控制的责任，用"内部控制结构"取代了"内部控制"，指出"企业的内部控制结构包括为合理保证企业特定目标而建立的各种政策和程序"，并指出内部控制结构包括控制环境、会计控制和控制程序三个要素。

控制环境是指对建立、加强或削弱特定政策和程序效率发生影响的各种因素。具体包括：管理哲学和经营作风、组织结构、董事会及审计委员会的职能、人事政策和程序、确定职权和责任的方法、管理者监控和检查工作时所用的控制方法，包括经营计划、预算、预测、利润计划、责任会计和内部审计等。

会计系统规定了各项经济业务的确认、归集、分类、分析、登记和编报方法，明确了各项资产和负债的经营管理责任。健全的会计系统应实现下列目标：鉴定和登记一切合法的经济业务；对各项经济业务适当进行分类，作为编制报表的依据；确定经济业务发生的时间，以确保它记录在适当的会计期间；在财务报表中恰当地表述经济业务及对有关内容进行揭示。

控制程序是指管理当局所制定的用以保证达到一定目的的方针和程序。它包括：经济业务和活动的批准权；明确各员工的职责分工；充分的凭证、账单设置和记录；资产和记录的接触控制；业务的独立审核等。

（四）美国审计准则公告第78号肯定了五要素模型

由于内部控制结构只是在新环境下，基于企业管理对内部控制的需求同会计职业界对内部控制研究成果相融合的初步尝试，很快就被更完善的理论所代替，这就是COSO委员会的《内部控制——整体框架》。COSO的报告得到美国审计署（GAO）和注册会计师协会（AICPA）的全面认可，美国注册会计师协会于1995年据之发布第78号审计准则公告，以内部控制整体框架的概念取代第55号审计准则公告中内部控制结构的概念。新准则对内部控制的定义与COSO的定义基本相同，表述为"由一个企业的董事长、管理层和其他人员实现的过程，旨在为下列目标提供合理保证：财务报告的可靠性；经营的效果和效率；遵守适用的法律和法规"。

COSO认为内部控制整体框架包括：控制环境、风险评估、控制活动、信息与沟通、监督。它是以控制环境为基础，风险评估为依据，控制活动为手段，信息与沟通为载体，监督为保证。

控制环境是指所有控制方式与方法赖以存在与运行环境，包括诚信、道德价值观和企业员工的竞争力；管理哲学和经营风格；管理阶层的授权方式及职责分配；董事会提供的关注和指导。

风险评估是指管理层识别并采取相应行动来管理对经营、财务报告、符合性目标有影响的内部或外部风险，包括风险识别和风险分析。

控制活动是指确保管理阶层确定的针对风险以实现企业目标的行动被有效执行的各种政策和程序。控制活动存在于整个组织的所有层次和所有职能部门中，包括一系列不同的活动。例如，对经营活动的审批、授权、确认、核对、审核，对资产的保护，职责分离等。

信息与沟通是指按照一定的方式和时间规定，识别和取得相关信息，并加以沟通，以便于员工更好履行其职责。

监督是指随着时间的推移而评估内部控制制度执行质量的过程。

（五）COCO 的内部控制四要素

1992 年加拿大特许会计师协会（CICA）成立了 COCO 委员会，该委员会的使命是发布有关内部控制系统设计、评估和报告的指导性文件。COCO 委员会报告指出：在任何一个企业中，控制均包括目的、承诺、能力、监控和学习四个最基本的要素。

目的是对企业发展方向的描述，它包括企业的目标、面临的风险和机遇、经营方针、计划、业绩目标及其评价指标等。

承诺是对企业特质（Identity）的描述，它涉及企业的道德标准、人力资源政策、权力和责任的分配以及员工之间的相互信任等。

能力是指企业相对于给定任务的胜任程度（Competence），它涉及知识、技能和工具、信息及信息的传递、协调和控制活动。

监控和学习则着眼于企业的发展，它包括对企业内、外部环境的考察、对经营业绩的考核、对相关假设的质疑、对信息需求与信息系统的重新评价、追踪调查及后续行动程序的建立以及对控制有效性的评估。

COCO 委员会认为：企业员工在执行企业所指派的任务时，将以他对企业目的的理解为指南，并以其能力（包括所拥有的信息、资源、技能、工具等）作为支撑。员工的承诺或者说对企业的忠诚是员工在长时期内充分发挥自己能力和保持最优努力水平的保证。此外，员工必须对自身的工作业绩和外部环境进行监控以便及时采取适当的后续行动，并在调整自身行动以适应环境变化的过程中学会更好地完成工作。

（六）ERM 的八要素模型[①]

在内部控制综合框架五个要素的基础上，COSO 的企业风险管理框架将内部控制的构成要素增加到八个：①内部环境；②目标设定；③事项识别；④风险评估；⑤风险应对；⑥控制活动；⑦信息与沟通；⑧监控。八个要素相互关联，贯穿于企业风险管理的过程中。

内部环境包含组织基调，是组织内人员如何看待风险、对待风险的基础，包括风险管理理念、风险承受能力、正直和道德价值观及工作环境。它是其他

---

① 王如燕：《内部控制理论与实务》，中国时代经济出版社，2008。

所有风险管理要素的基础，为其他要素提供规则和结构。

目标设定是将企业的目标分为以下四个：战略目标、经营目标、报告目标和合规目标。

事项识别是指，由于不确定性的存在，使得企业的管理者需要并首先对这些不确定事项进行识别。企业管理者必须识别影响组织目标实现的内外事件，分清风险和机会。

风险评估是分析风险，考虑其可能性和影响，在此基础上决定应如何管理风险。

风险应对是指可控风险反应，分为规避风险、减少风险、共担风险和接受风险四类。

控制活动是指保证风险反应方案得到正确执行的相关政策和程序。

信息与沟通是指来自于企业内部和外部的相关信息必须以一定的格式和时间间隔进行确认、捕捉和传递，以保证企业的员工能够执行好各自的职责。有效的沟通也是广义上的沟通，包括企业内自上而下、自下而上以及横向的沟通。有效的沟通还包括将相关的信息与企业外部相关各方的有效沟通和交换，如企业与客户、供应商、政府行政管理部门和股东等的沟通。

对企业风险管理的监控是指评估风险管理要素的内容及运行以及一段时期的执行质量的一个过程。企业可以通过两种方式对风险管理进行监控，即持续监控和个别评估。

五、内部控制方法

内部控制的方法是实现控制目标、发挥控制效能的技术手段，在控制体系中占据着重要地位。内部控制方法，随着现代管理手段的发展也越来越多。由财政部颁发的《内部会计控制规范——基本规范》中对内部会计控制方法进行了阐述，提出了八种基本方法：不相容职务分离控制、授权批准控制、会计系统控制、预算控制、财务保全控制、风险控制、内部报告控制、电子信息技术控制。但是上述控制方法主要是从会计控制的角度出发，其范围仅局限于内部会计控制。若从组织全面控制的角度出发，控制方法涉及的范围更加广泛。因此，内部控制的主要方法应包括目标控制法、组织控制法、授权控制法、程序控制法、职务分离控制法、检查控制法、风险控制法、预算控制法、内部控制法等。

（一）目 标 控 制 法

目标控制是一种事前控制方法，指一个单位内部的管理工作应遵循控制目标，分期对生产、经营销售、财务、成本等方面制订切实可行的计划，并对其执行情况进行控制的方法。目标是指所要达到的境地和标准。内部控制目标不仅是管理经济活动、实施内部控制所要达到的标准，也是监督、检查、评价企业内部控制系统的重要依据。

实行目标性控制，就是要使一个单位的活动不仅要达到近期目标，而且逐步实现其创建目标。首先要确定目标，并提出达到目标的具体措施，这样更有助于达到预期目的；其次不仅要对计划指标的执行情况控制，而且对于组织管理活动中的每一道环节都要施以监督，做到层层把关；再次要连续不断地对所取得的成果进行测查，将实际同计划目标进行比较，及时揭示实际与目标之间的差异及其原因进行定性、定量分析和做出客观的评估，并把结论反馈给有关的管理人员，以便修改原定的计划或采取有效的补救措施。

目标控制的内容很多，以制造业为例，应着重对财务成本、财务成果等方面进行目标控制。在财务方面的控制目标有目标销售额、目标利润额、流动资金周转计划天数等；成本方面的控制目标有原材料消耗定额、工资定额（或工时定额）、产品计划单位成本、期间费用预算等；在财务成果方面的控制目标有毛利、利润总额、净利等。

总之，为了搞好目标控制，必须做到以下几点：确定目标、健全目标体系、保持各种目标的一致性、建立有效的奖励制度、建立完善的反馈系统。

（二）组 织 控 制 法

机构设置以后，必须要进行职责的划分，并明确规定每一层次、每一机构的任务和应负的职责，还要规定相互配合与制约的方法，这就是所指的组织控制方法。组织控制法，也是一种事前控制方法，是建立授权控制、实施程序与牵制控制的基础，也是决定内部控制是否有效的关键。

职能实行分离，确保专业、职业和技术的专门化，实现内部管理控制所要求的职能独立，以利于工作效率的提高。只要有可能，单位的业务包括交易的发生在内，工作人员的经营，特别是资财保管与控制以及会计分管等职责均应分离。职责和范围应有明确规定，并为每个职工所知晓，以保证谁都不能包揽一项交易的始终或所有重要环节，以减少差错、浪费或未察觉的不法行为的危险性。如授权、批准和记录交易、资财的签发和接受、款项支付、检查或审计经营业务等重要责任，应有计划地授予若干部门或个人，以保证检查和结算的有效进行。内部控制措施应与业务流程融为一体，以保证在不增加费用或设立新的职位或新的经营机构的情况下，在现有的职工中进行职责分配和分离，以提高可靠性，并避免滋长官僚主义。在小单位中，如无法用划分责任来实现完全的控制，则可采取经常进行内部审计等其他措施来加以控制。

在实施组织控制时，应遵循以下原则：①分清职责，杜绝一个部门或者个人控制交易的全过程；②每个执行部门都有权采取果断的决策行动来切实履行职责；③明确规定个人职责，防止逃避责任、超越职权、文过饰非和推卸责任的事情发生；④负责分配职责和权力的主管人员，要进行追踪检查，考核下级是否切实执行命令；⑤被授权者应按规定期限经营业务，如无特殊情况，上级一般不予检查，因此要求职工具有识别异常现象的能力；⑥每个工作人员应向上级汇报其履行职责和所取得成果的情况；⑦应该确认单位有关授权法规的要求；⑧机构应具有弹性及可塑性，以便适应经营计划、方针和目标的变化；⑨职能、责任和职权的分配，应避免重叠、重复和冲突；⑩应避免职权分工过细，而导致行动迟缓、职务虚设和效率低下，力求精简机构。

（三）授权控制法

所谓授权控制法，是指各项业务的办理，必须由被批准和被授权人去执行，也就是说单位的各级人员必须获得批准或授权，才能执行正常的或特殊的业务。授权控制同样是一种事前控制方法。内部控制要求进行交易和经营活动时，要有授权批准制度，以确立完善的工作程序。授权控制的基本技巧：

1. 进行授权控制

要求单位内部要有授权环节和明确各环节的授权者。一个组织的根本大权在其领导和其管理班子成员，管理当局应依次将职权授予具体人员或部门。

2. 授权级别应与授权者地位相适应

如低层次主管人员只能进行提议、批准和执行日常工作，做较小的经营和交易方面的授权；高层次主管人员可以进行重大的非同寻常的经营业务和交易事项方面的授权。除特别重要的或巨额的交易进行特殊授权外，单位主要负责人应以书面形式授予下属官员以批准和经营业务的权力。

3. 要求被授权人应该是称职的人员，对于不胜任的人不得授权

授权控制其实质是人事控制，更侧重于对职工使用方面的控制。总体要求是：根据管理人员及广大职工的资历、能力、经验分配其适当的工作，不分配给力所不能及的任务，不授予力所不能及的职位或权力。

4. 严格要求各级人员按所授的权限办事

不得随意超越权限。如拒不执行应提出适当的理由，上级领导或部门主要负责人不能越俎代庖，不要统揽下属工作。

5. 无论采取什么样的授权、批准形式，都应有文件记录，用书面授权为主，方便以后查考

6. 注意"一般授权"和"特定授权"区别对待

"一般授权"是指对正常业务范围内的授权，也即规定处理正常性业务的标准。这种授权是在涉及鉴别一般条件时遇到的，它是一种经常性的、连续性的授权。例如，授权给采购人员可在一定金额范围内购买常用材料，如果他超限额采购或采购不常用的材料，他也就逾越了权限，必须得到"特定授权"，否则不得办理。

"特定授权"是指对非正常业务处理的授权。这种授权是给予严格条件与所涉及的特殊个人的授权，是在遇到特殊情况，超过了一般条件才使用。因此，它是无连续性授权或为一次性授权，一旦业务完成，授权也就自行撤销。例如，某一组织要削价销售不属于一般销售范围的一大批呆滞材料，这就需要组织领导特别批准授权才能进行处理，如严格规定削价幅度、处理对象和数量等。

（四）程序控制法（也叫标准化控制）

它是对重复出现的业务，按客观要求，规定其处理的标准化程序作为行动的准则。进行程序控制，有助于单位按规范处理同类业务，有科学的程序、标准可依，避免业务工作无章可循或有章不循，避免职责不清等；有利于及时处理业务和提高工作效率；有利于减少差错，有利于暴露或查明差错；有利于追究有关责任人的应负责任；有利于及时地处理和解决问题等。

实行程序控制，需要将单位各项业务处理过程，用文字的说明方式或用流程图的方式表示出来，以形成制度颁发执行。如制定现金管理制度，材料采购、核算、领用办法，固定资产管理办法，产品成本计算规程及各种业务操作方法，等等。

程序控制也是典型的事前控制方法，它不仅要求按照牵制的原则进行程序设置，而且要求所有的主要业务活动都要建立切实可行的办理程序。任何业务的处理程序都要与单位的机构设置、人员配置相吻合；任何业务程序都要有助于制约错误和弊端；同时，还要注意程序的经济性与有效性，既不能繁琐与重复，也不能过于简单或存在漏洞。

（五）职务分离控制

程序控制法的关键是实行职务分离控制，是将一些不相容的职务由几个人分别办理的一种控制。例如，在一个组织经营过程中，把经济业务分为不同环节，由业务部门员工签订合同并办理采购或销售业务；财会部门负责收付款项并记录发生的业务；仓储部门负责保管财产物资等。

职务分离控制法一般包括以下五方面内容：

（1）某项经济业务的授权批准职务与执行职务实行分管。如审批支付货款的人员不能同时担任出纳，有权审批材料的人员不能同时担任仓库保管员。

（2）货币资金出纳职务与总分类账记录职务实行分管。出纳员只处理货币资金的收支及保管，记现金出纳备查账，而现金日记账、银行日记账和总分类账，应由其他人员登记，以便相互制约，杜绝舞弊，如果出纳人员兼管现金、银行存款日记账，则总分类账必须由别人登记，并要对日记账进行经常性的检查。

（3）物资的保管职务与物资的记账职务分管。如仓库的保管人员不能担任材料明细账的工作，否则就会伪造账目、进行贪污舞弊，不能做到"账实相符"。

（4）财物保管职务与财物、账实核对职务实行分管。如财产清查的账实核对工作不能由财产保管者担任，银行存款调节表的核对不能由银行日记账经手人担任。

（5）经济业务的执行者与经济业务的记账职务应实行分管。如会计部门与经济业务部门分别设置，采购员、售货员不能兼任记账工作。

（六）检查控制法

检查控制法是指对内部控制制度贯彻、执行情况所进行的监督检查方法。各单位在执行内部控制制度中，要认真做好检查工作，具体包括对内部控制的执行情况进行检查和评价，写出检查报告；对各方面经济业务中出现的缺陷提出改进意见；对执行内部控制检查工作的人员根据工作绩效实行奖惩等。其目的是保证内部控制功能的充分发挥，促成既定政策的贯彻和管理目标的实现。任何组织的领导如果不实行严格的检查监督控制，就会陷入盲目轻信，就会放纵下属玩忽职守或贻误工作。因此，每个组织必须实行专业检查和自我检查等制度，具体包括：

（1）建立内部检查或内部审计机构，实行专业检查；

（2）内部检查机构应独立于业务部门之外，直属单位主要负责人领导；

（3）内部检查机构应事先制订检查监督计划、工作程序，报请单位领导批准后实施；

（4）内部检查机构应严格检查和如实报告检查结果，要确保报告的客观性和可靠性；

（5）内部检查机构应根据检查中发现的偏差，建议领导采取纠正措施，并监督有关部门及时改进工作。

（七）风险控制法

任何组织生产经营中都可能面临各种风险，如何避免或降低风险，提高经济效益，是组织内部控制的重要方法之一。风险控制法就是在组织内部各种控制活动中认真分析可能面临的风险，研究风险与收益的关系，避免风险或减少风险的途径或措施；或者在一定风险存在的基础上，如何防范风险并提高经济效益。

风险控制法的要求是：树立风险意识，针对各风险控制点，建立有效的风险处理系统，通过风险预警、风险识别、风险评估、风险分析、风险报告等制度，最终达到抵御风险和降低风险的目的。

（八）预算控制法

预算是计划的量化表述形式，即以货币的形式将组织决策目标所涉及的经济资源具体地、系统地反映出来。预算控制法，是指各单位事先确定各经济事项的预算指标，要求单位内部各部门和人员严格执行，最终按照预算指标对照实际完成指标情况作为绩效考核的依据。

预算控制的具体要求是：首先，预算控制应包括组织的各项活动。各单位要以组织的总体目标为前提，以销售预算为起点，依次对生产、成本、现金收支等各方面进行预测，并在此基础上编制最终的现金预算表、预计利润表、预计资产负债表等。其次，预算控制应是全过程的控制。在编制全面预算的同时，还应加强各项预算的执行、分析、考核等环节管理，明确预算项目，建立预算标准，规范预算的编制、审定、下达和执行程序，及时分析和控制预算差异，采取改进措施，确保预算的执行。在预算执行过程中，预算内资金实行责任人限额审批，限额以上资金实行集体审批。严格控制无预算的资金支出。

（九）内部控制法

内部控制方法还有多种分类形式，如经营控制，包括制订计划、编制预算、建立会计和信息系统、制定证明文件、授权、制定政策和程序、建立秩序等控制。人事控制，包括招聘和选择合适的员工、定向培训和发展、监督等控制。定期检查，包括对员工的检查、对经营和项目的内部检查、外部检查和同行业检查等控制，还有设备和设施的控制。

内部控制功能具体体现在积极获取各项经营管理活动中出现的偏差信息，积极采取有力措施，限制偏差积累，即将实际绩效与计划目标加以比较，发现潜在的和现实的错误或问题并进行处理，有利于确保组织实现预计的目标。内部控制的一般模式是：应具体规定和明确阐述应予实现的目标或目的；根据目标或目的规定并阐述计划和程序；将实际绩效与目标计划比较；抽查和分析差异及例外事项；向管理部门反映比较、分析的结果；采取必要的改进措施，或者修订计划目标，或者采取补救措施，如比较结果未发现任何差异，原制度无须加以修订，照常继续执行。任何事项的内部控制制度都是一个连续不断的动态过程，既无起点，也无终点，专为监测现存状况，评估"是"与"应该是"之间的区别，必要时进行适当调节。控制目标是控制工作得以开展的前提，是检查和衡量实际工作的依据和尺度。如果没有控制目标，便无法衡量实际工作，控制也就失去了目的性。标准是一种作为规范而建立起来的测量标尺或尺度。控制标准是控制目标的表现形式，是测定实际工作绩效的基础。对照控制标准，管理人员可以对工作绩效好坏做出判断。没有一套完整的控制标准，衡量绩效和纠正偏差就会失去客观的依据。因此，制定控制标准是控制工作的起点。

六、内部控制作用

恰当地运用内部控制，有利于减少疏忽、错误与违纪违法行为；有利于改善经营活动，以提高工作效率与经济效益；有利于安定人心，激励进取，使单位健康地发展。内部控制是否健全，能否严格执行，是单位经营成败的一个关键，其主要作用有以下四个方面：

（一）统合作用

所有机构和所有活动及其具体环节，由点到线、由线到面、逐级结合、统驭整体。在一个经营单位中，虽有不同的作业单位，但要达到经营目标，必须全面配合，以发挥整体作用。内部控制正是基于这种指导思想，利用会计、统计、业务、审计等部门的制度、规定及有关信息报告等作为基本依据，以实现统合与控制的双重目的。也就是说，内部控制应该把单位的生产、营销、物资、计划、财务、人事等部门及其工作结合在一起，同时又对它们进行必要的控制。各部门的业务虽有单独的系统，但其个别作业与整体业务是相联系的，必然要受其他部门作业的牵制和监督。因此，内部控制具有统合整体的作用。

（二）约束与激励作用

内部控制着眼于各项业务的执行是否符合单位利益及既定的规范标准，而予以督查评价及适当的控制，使单位的各项经营活动做到活而有序，获得预期效果。由此可见，内部控制对管理活动能发挥制约作用；严密的监督与考核，能真实地反映工作实际，并可以稳定员工的工作情绪，激发他们的工作热情及潜能，从而提高工作效率。

内部控制的根本目的是实现既定目标。因此，要对执行过程中的影响因素造成的偏差进行调节，并控制具体影响因素的发生。本着这一原理，内部控制设计了约束机制和防范措施。执行者必须依据单位的既定计划或政策目标，按照一定的规律，对其全部活动加以注意，了解其职能与各部门之间的相互关系，并对其各项业务进行公正的检查和合理的评估。换句话说，就是要了解业务部门的实际工作动态，及时发挥控制的影响力，使之扬长避短，如期达到管理目标。因此，内部控制具有促进作用。

（三）反馈与监督作用

反馈是调节和控制科学中的基本概念，是指系统输出信息返回输入端，经处理，再对系统输出施加影响的过程。内部控制利用这一原理，通过会计信息的传递，对经营过程正确反映并对控制目标的完成和各部分行为是否偏离内部控制的要求进行监督，从而及时调整不利的行为。

（四）完善治理结构

在我国，公司治理结构的建立和完善是个长期的工作，因此，内部控制的作用还表现在对完善公司治理结构的贡献上。公司治理结构作为内部控制环境要素的构成内容之一，对内部控制的建立与执行有影响作用，反过来，有效的内部控制对公司治理结构的完善同样具有促进作用。有效的内部控制能够正确处理企业的利益相关者之间的关系。

七、内部控制的本质

(一) 内部控制是一种机制

内部控制是为了保护其经济资源的安全与完整、防范管理漏洞、保证会计信息的真实可靠,利用企业内部分工而产生的相互制约、相互联系的具有控制职能的方式、措施及程序,是企业管理活动中的一种自我调整和制约的手段。内部控制的根本目的在于加强企业管理,提高经济效益;其基础是企业内部分工,核心是一系列具有控制职能的方式、措施及程序。它是现代企、事业单位在对经济活动进行管理时所普遍采用的一种控制机制。

(二) 内部控制是一个动态过程

内部控制不是单一的制度、机械的规定,而是一个发现问题、解决问题的动态过程。这个过程循环往复,又各具独特内容,因此在实施过程中必须明确树立责任意识,树立风险意识,强调以人为本,调动全体员工的积极性,明确界定管理和控制的关系。建立内部控制要遵循有效、审慎、全面、及时和相对独立原则。内部控制目标要细化,微观控制要与宏观管理相结合。

(三) 内部控制是一种科学方法

内部控制是现代企业的一种科学管理方法,它不但可以帮助单位实现预期目标,还能为外部审计提供可靠的依据。内部控制是在一个单位中,为实现经营目标、维护资产完整、保证会计及其他资料正确和财务收支合法,贯彻经营决策、方针和政策以及保证经济活动的经济性、效率性和效果性而形成的一种自我调节、制约和控制。单位内部控制通常表现为一个完整的体系或形成一种经常性的制度。

总之,内部控制制度是现代企业管理的重要组成部分,也是企业经营活动得以顺利进行的基础。随着经济的全球化,市场竞争将日趋激烈,企业要提高其核心竞争力,提高经济效益,势必要强化内部控制。内部控制制度是现代企业管理的重要手段。不断完善企业内部控制制度,对于防范舞弊,减少损失,提高资本的获利能力具有积极的意义。

第三节 企业建立与实施内部控制的基本原则

企业内部控制制度是企业内部控制的集中体现，应当以国家的法律法规和政策为依据，结合各个单位内部的实际情况，充分考虑面临的外部环境，建立适合企业特点的内部控制模式。《企业内部控制基本规范》第四条规定了企业建立与实施内部控制应当遵循的基本原则。

一、全面性原则

全面性原则是指内部控制应当贯穿决策、执行和监督全过程，覆盖企业及其所属单位的各种业务和事项。

全面性包含两层含义：

一是指内部控制制度涉及单位各项业务过程和各个操作环节，覆盖所有的部门和岗位。由于内部控制贯穿于单位整个经济活动，是对单位整个经营管理活动进行控制，因此制定内部控制制度要求全面。

二是指内部控制制度对全体员工都有约束力，即制度面前人人平等，也指在设计过程中，充分听取和吸收执行人员的意见和建议，发挥员工的积极性，使员工自觉执行制度。由于单位是一个普遍联系的整体，因此，制度设计要有系统论的观点，即把单位作为一个整体来考虑。要将各部门和各岗位形成既相互制约又具有纵横交错关系的统一整体，以保证各部门和各岗位均能按照单位的目标相互协调地发挥作用。同时，各内部控制制度要相互衔接，目标统一，从而发挥制度的总体功能，实现内部控制的总体目标。在设计内部控制制度时，可以运用系统论的观点与系统方法的整体性、全面性、层次性、相关性和动态平衡性等特征，设计出纵横交错的内部控制网络与点面结合的控制系统。

二、重要性原则

重要性原则是指内部控制应当在全面控制的基础上，关注重要业务事项和高风险领域。对重要经济业务活动要进行重点控制，对一项经济业务活动的关键环节实行重点控制。对关键控制点的选择，应统筹考虑会影响整个企业经营运行过程的重要操作与事项以及能在重大损失出现之前显示差异的事项，有利于对问题做出及时、灵敏的反应。注意能反映单位主要目标的时间与空间分布均衡的控制点。

三、制衡性原则

制衡性原则是指内部控制应当在治理结构、机构设置及权责分配、业务流程等方面形成相互制约、相互监督，同时兼顾运营效率。

这一点主要体现在内部牵制上。即在部门与部门、员工与员工及各岗位间建立互相验证、互相制约的关系，其主要特征是将有关责任进行分配，使单独的一个人或一个部门对任何一项或多项经济业务活动无完全的处理权，必须要经过其他部门或人员的查证核对。从纵向来说，至少要经过上、下两级，使下级受上级的监督，上级受下级的牵制，各有顾忌，不敢随意妄为；从横向来说，至少要经过两个互相不隶属的部门或岗位，使一个部门的工作或记录受另一部门工作或记录的牵制，借以相互制约。在设计内部控制制度的过程中，一项经济业务活动各项环节尽量由不同部门处理，也可以委托社会中介组织，发挥其比较客观、公正的作用。比如，在工程项目业务中，委托具有相应资质和专业能力的社会中介组织编报项目建议书等；在销售业务活动中，发票开具环节由财务部门的人员处理而不是由销售部门的人员处理，目的在于增强牵制作用。坚持相互制衡的原则，需要明确各单位和部门的职能与性质，明确各部门及人员应承担的责任范围，赋予其相应的权限，职责与权力必须尽可能以规范文件的方式明确地授予具体的部门、岗位和人员，以免发生越权或在出现错误或舞弊时相互推诿扯皮。

四、适应性原则

适应性原则是指内部控制应当与企业经营规模、业务范围、竞争状况和风险水平等相适应，并随着情况的变化及时加以调整。

单位的内部控制制度要与时俱进，不断修订和完善以始终保证内部控制的适应力和活力。同时，由于各个单位的内部实际情况是不断变化、发展的，面临的外部环境也是随着社会进步而变化和发展的，但是，内部控制制度又是相对稳定的，既要符合现时需要，又要与未来发展相结合，保证在一定时期内的适应力和活力，所以，在设计时要有一定的前瞻性。

五、成本效益原则

成本效益原则是指内部控制应当权衡实施成本与预期效益，以适当的成本实现有效控制。实行内部会计控制制度本身就是通过完善的内部控制，降低成本和人为因素，最大限度地提高单位的经济效益。如果实行这项制度所花费的成本大于其本身所能带来的效益，就不存在实行内部控制的必要性。选择关键控制点是实现少花费而高效率控制的重要途径。

第四节　实施企业内部控制基本规范
应注意的问题

一、基本规范的适用范围

财政部、审计署、中国保险监督管理委员会、中国银行业监督管理委员会、中国证券监督管理委员会对中直管理局，铁道部、国管局，总后勤部、武警总部，各省、自治区、直辖市、计划单列市财政厅（局）、审计厅（局），新疆生产建设兵团财务局、审计局，中国证监会各省、自治区、直辖市、计划单列市监管局，中国证监会上海、深圳专员办，各保监局、保险公司，各银监局、政策性银行、国有商业银行、股份制商业银行、邮政储蓄银行、资产管理公司，各省级农村信用联社，银监会直接管理的信托公司、财务公司、租赁公司等有关中央管理企业发文，印发《企业内部控制基本规范》，要求自 2009 年 7 月 1 日起在上市公司范围内施行，鼓励非上市的大中型企业执行。

同时，执行本规范的上市公司，应当对本公司内部控制的有效性进行自我评价，披露年度自我评价报告，并可聘请具有证券、期货业务资格的会计师事务所对内部控制的有效性进行审计。

因此，基本规范适用的时间范围是自 2009 年 7 月 1 日开始，空间范围是适用于中华人民共和国境内设立的大中型企业。小企业和其他单位可以参照本规范建立与实施内部控制。大中型企业和小企业的划分标准根据国家有关规定执行。

二、内部控制自我评价

内部控制评价是对企业现有的内部控制系统的设计和执行的有效性进行调查、测试、分析和评价的活动。它是内部控制中的一个必要的系统性活动，是内部控制设计、实施、评价、反馈、改进等连续的动态过程中重要的环节。[①]

一般情况下，内部控制管理层会对自己的内部管理制度作一个自我评价，并出具自我评价报告。该报告出发点是管理层对内控制度找出差距。

基本规范规定：企业对内部控制建立与实施情况进行监督检查，评价内部控制的有效性，发现内部控制缺陷，应当及时加以改进。内部控制自我评价的方式、范围、程序和频率，由企业根据经营业务调整、经营环境变化、业务发展状况、实际风险水平等自行确定。

有鉴于我国内部控制基本规范与美国《萨班斯法案》的相似之处，我们将会计师事务所等中介机构针对《萨班斯法案》遵循性要求提出的进行财务报告内部控制评价的操作指引介绍给读者。KPMG 会计师事务所的报告[②]认为管理层对内部控制的评估可以分四个步骤来完成，即计划、设计有效性评价、执行有效性评价、评估和报告。

（一）计划阶段

对管理层进行相关法律条款教育，使之了解财务报告内部控制有效性评价的特殊要求对即将开展的财务报告内部控制评价设定一张时间表，进行合理分工，并就确定的重要控制编制文件，做好准备工作等。

（二）设计有效性评价

根据确定的标准，对内部控制设计有效性进行评价，检查现存的内部控制档案，并确定需要改进的内部控制。

（三）执行有效性评价

对内部控制的执行有效性实施监控程序，并对其执行有效性进行评价，对

---

① 肖玉金：《企业内部控制评价研究》，暨南大学硕士论文，2007。
② 朱荣恩、应维、袁敏：《美国财务报告内部控制评价的发展及对我国的启示》，《会计研究》，2003 年第 8 期。

发现的重大控制缺陷和重要控制弱点采取对策，并将执行的程序和评价的结果形成文件，向审计委员会和外部审计人员报告对发现的重大控制缺陷和重要控制弱点采取对策。

（四）评估与报告

与外部审计人员沟通，并对评价结果进行报告，签署管理层声明。

三、信息技术与内部控制

企业应当运用信息技术加强内部控制，建立与经营管理相适应的信息系统，促进内部控制流程与信息系统的有机结合，实现对业务和事项的自动控制，减少或消除人为操纵因素。

随着信息技术的发展，许多传统上由人来做的工作可以由计算机来代替，自动控制处理代替了分离的人的角色，从而消除了一个人执行两项不相容的工作的风险。然而，计算机环境下也要有职责分离，例如，一旦某种软件被安装并用于执行某项功能以后，它的编码、运行和维护职责就必须相分离。应当说，职责分离仍然是形成内部控制的重要程序，但在信息技术背景下，这个程序的适用方式发生了变化。所以，当环境发生变化时，专业人员应凭借信息技术来评估内部控制的有效性及相关风险，根据评估结果及时修订内部控制规则。

因此，管理者在建立内部控制制度时，应充分考虑信息技术的能力，打破传统上独立的、反映的和检查性的模式，建立具备"实时"的控制思想：即利用信息技术将控制嵌入到会计信息系统中，在更广泛的信息技术环境中来利用内部控制；针对关键控制点制定相应的控制手段，强调预防、业务操作和对规章制度的遵守情况，广泛地使用信息技术来支持决策和改善业务与信息过程。

一是建立与信息时代相适应的内部控制制度，满足管理者的需要。如随着计算机、网络等信息技术在会计中的广泛应用，一些传统的核对、计算、存储等内部会计控制方式都被计算机这个新型内部控制方式轻而易举地替代。但任何先进手段都是被人所指挥、所掌握，这时首先应培养组织中人员的信息观念，保证组织内所有成员具有一定水准的诚信，并将道德规范、行为准则、能力素质的建设直接纳入内部控制结构的内容，注重培养组织中人员的信息观念，理解信息化建设和管理改革、内部控制创新之间的关系。

二是把握对内部控制人员授权的度，提高被控制对象的受控程度，尽可能杜绝利用高新技术和电脑舞弊犯罪之类的活动。

四、激励约束机制与内部控制

《企业内部控制基本规范》要求企业建立内部控制实施的激励约束机制，将各责任单位和全体员工实施内部控制的情况纳入绩效考评体系，促进内部控制的有效实施。

绩效考评是组织依照预先确定的标准和一定的考核程序，运用科学的考核方法，按照考核的内容和标准，对考核对象的工作能力、工作成绩进行定期或不定期的考查和评价。企业的绩效考评一般是指对照工作目标或绩效标准，采用一定的考评方法，评定员工的工作任务完成情况、员工的工作职责履行程度和员工的发展情况，并将上述评定结果反馈给员工的过程。绩效考评是绩效考核和评价的总称。绩效考评是企业管理者与员工之间的一项管理沟通活动。绩效考评的结果可以直接影响到薪酬调整、奖金发放及职务升降等诸多员工的切身利益。绩效考评是企业人事管理的重要内容，更是企业管理强有力的手段之一。绩效考评的目的是通过考核提高每个个体的效率，最终实现企业的目标。

绩效考评的重要意义包括：给员工提供了自我评价和提升的机会；使各级主管明确了解下属的工作状况；有利于多种人群之间的沟通；有利于将个人目标和企业组织的整体目标加以协调和相互联系，推进企业目标的实现。

通过企业内部控制绩效考评检查企业内部控制制度的建立和执行情况，是顺利实施内部控制基本规范的重要保证。首先，要对照内部控制相应规范，并结合企业的实际情况，来检查内部控制制度建立的情况是否科学合理，可操作性是否强，是否能够充分地符合企业目前的发展现状，是否能够为企业未来的可持续发展作贡献。结合上述的因素，给予相应的评分和意见，并指定相应的部门及时地做出修改。其次，要明确企业内部控制对象的责任和义务并进行绩效考评。根据内部控制基本规范要求，董事会、管理人员、内部审计人员以及组织中的每个人都对内部控制负有责任。由于我国国有企业的治理结构有其特殊性，还应明确政府出资人、董事会、监事会、经营者等各方的职责和责任，更好地推动企业内部控制机制的完善。最后，要定期检查内部控制制度的执行情况。为了保证企业内部控制制度能有效地发挥作用，并使之不断地得到完善，企业必须定期对内部控制制度的执行情况进行检查与考核，看企业内部控制制度是否得到有效遵循，执行中有何成绩，出现了什么问题，为什么某项内部控制制度不能执行或不完全执行，估计可能产生或已经造成什么后果，从而为下一步企业战略的制定打下基础。①

五、内部控制的外部监督

《企业内部控制基本规范》对企业内部控制建立与实施情况的外部监督权做出了明确的规定。一是规定了政府部门的外部监督权。国务院有关部门可以根据法律法规、本规范及其配套办法，明确贯彻实施本规范的具体要求，对企业建立与实施内部控制的情况进行监督检查。二是规定了注册会计师的外部监督权。接受企业委托从事内部控制审计的会计师事务所，应当根据本规范及其配套办法和相关执业准则，对企业内部控制的有效性进行审计，出具审计报告。会计师事务所及其签字的从业人员应当对发表的内部控制审计意见负责。为企业内部控制提供咨询的会计师事务所，不得同时为同一企业提供内部控制审计服务。

对内部控制实行外部监督非常有必要，是由内部控制固有的缺陷决定的。

内部控制是由企业管理当局为实现诸管理目标而建立的一系列规则、政策和组织实施程序，企业管理当局对内部控制制度的制定和执行负责。但政策的制定者是政策的受益者，管理当局不愿意制定和执行限制自身权力、约束自身行为的政策制度，即使有这样的制度，也可能因不具体、缺乏可操作性而流于形式，或者很容易被管理当局超越。因此，内部控制难以防止管理当局的舞弊。

内部控制有三个目标，即经营目标、可靠性目标和合法性目标，管理当局对这三个目标的重视程度是不同的，通常更重视经营目标而无视另两个目标，而使相关内部控制薄弱或被认为逾越。

企业的内部审计部门对本企业的内部控制的健全性、合理性和有效性进行检查和评价，但是内部审计本身就是内部控制的一个组成部分，这种监督作用能否发挥直接受管理当局的影响，独立性较差。内部审计对那些规范和制约管理当局行为的内部控制的制定和执行情况实施有效的监督检查会受到很多因素的制约，如：①组织机构设置是否合理；②董事会、监事会和审计委员会是否能正常开展工作；③高级管理层对待经营风险的态度和控制经营风险的方法，为实现预算、利润和其他财务及经营目标，企业对管理的重视程度以及管理当局对财务报告所持的态度和所采取的措施；④责任分配和授权是否明确和合

---

① 王坤：《关于企业内部控制中实施绩效考核制度的几点看法》，《民营科技》，2008年第11期。

理等。

因此，没有外部监督的内部控制难以防止、发现和纠正管理当局的差错与舞弊行为，导致企业经营目标无法实现，股东利益受损，危害公共利益。①

第五节 案例分析

一、设计符合企业特点的内部控制制度

随着《企业内部控制基本规范》的实施日期日益临近，对众多企业而言遵从基本规范的规定，完善自身内部控制体系，建立完整有效并与国际接轨的内部控制体系，已经迫在眉睫。在这个崭新的课题面前，考虑到我国内部控制基本规范与 COSO 内部控制框架实质趋同的实际情况，中国网通的设计案例具有一定的参考价值。

公司内部控制体系探析——来自中国网通的案例②

（一）中国网通内部控制影响因素与框架

1. 影响内部控制效果的因素

内部控制系统受固有局限的影响，首先是判断或操作失误。多数的工作都离不开执行人的主观判断和实际操作，可能因执行人员的粗心大意、精力分散、判断失误以及对指令的误解而导致设计得很完善的内部控制失效。其次是管理层的越权。内部控制系统的效果取决于负责其运行的人员。即便在有效控制的单位中，管理层也可能越过内部控制。管理层的越权是指为了不合法的目的而不遵守既定的规定和程序以获取私人的利益，或夸大企业的财务状况或合法地位。公司中层或者高级管理层成员可能会出于各种目的而越过控制制度，如增加报告中的收入来掩盖市场份额始料不及的下跌、增加报告中的盈利以符

---

① 程晓陵、王怀明：《论内部控制的外部监督》，《生产力研究》，2007 年第 6 期。

② 叶陈刚、翟健勇：《公司内部控制体系探析——来自中国网通的案例》，《财会通讯》（学术），2008 年第 4 期。

合不现实的预算、为了满足盈利计划支持与业绩相联系的分红、想掩盖对债务合同的违反或者遮盖对法规的违反。越权行为包括对银行、律师、会计或供应商有意做出不正确表达或有意提供错误的文件，如订货单和销售发票。再次是合伙同谋。两人或更多人的合伙同谋行为会导致控制的失效，一些合伙违法的人会以控制机构不能识别的方式更改财务信息或其他的管理层的信息。如可能在一名行使重要控制职能的雇员同一位顾客、供应商或另一名雇员之间存在着同谋。不同的部门、不同的销售人员或部门经理，可能会同谋使控制失效以使报告的结果满足预算或满足激励的目标。最后是成本效益原则。资源总是有限的，因此企业必须考虑与建立控制相关的开支和收益。在决定是否应该建立一个控制时，控制失败的风险及其对于企业潜在的影响应该和与建立一个新的控制相关的支出放在一起来考虑。关键是要找到内部控制的合适平衡。过分的控制是浪费和低效的，控制不足也带来控制失效风险。

2. 中国网通内部控制框架模型

内部控制框架模型总体上应遵循 COSO 报告，但应根据企业实际情况和特点，进行修改、完善、补充或局部加强。网通公司以 COSO 框架为指引进行内部控制体系建设，具体包括公司层面和流程层面两部分。公司层面控制是指那些确保管理层设置在公司内部各个领域、各个业务层面的控制机制得以有效运转的机制。公司层面控制对流程、交易或实施层面的内部控制具有深刻的影响，并且为管理层提供一个机制以支持其监督和维护完善的内部控制体系。借鉴国际上通用的内部控制框架即 COSO 框架，内部控制包括三个目标：经营的效率与效果、财务报告的可靠性、法律法规的遵循性；五个要素：控制环境、风险评价、控制活动、信息与沟通及监控等；同一网络：内部控制要求覆盖到企业所有责任单位、责任人及业务活动，任何单位和个人不能游离于企业控制体系之外。根据会计科目对财务报告的影响程度和披露事项的重要性确定了与财务报告相关的业务流程，包括收入—市场、收入—网络运营维护、收入—计费、人力资源与人工成本管理、采购及支出、存货管理、固定资产及在建工程、一般会计处理和报告流程、预算管理、税务管理、资金管理、信息系统基本控制——IT 和通信设备（计费相关）基础维护。

（二）中国网通内部控制的影响要素控制分析

1. 控制环境要素控制要点

按照控制环境包括的七个要素确定控制要点。如图 1—1 所示。

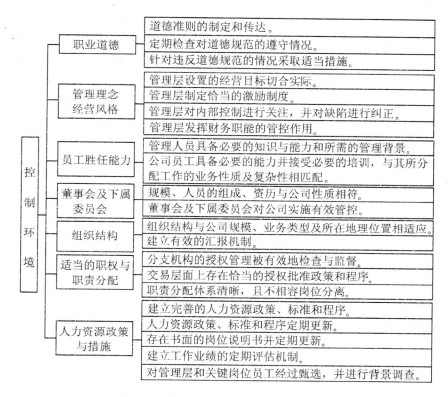

图 1-1　控制环境要素控制关键点示意图

2. 风险评估要素控制要点

第一，建立公司层面战略目标（包括经营目标、财务报告目标和遵循性目标）、战略规划（包括 IT 战略规划）及相应的业务计划。在确定过程中通过预算咨询会方式，获得管理层及公司员工对公司目标的反馈信息。

第二，通过编制 3～5 年规划和按年滚动调整方式，保持公司战略计划与战略目标的一致性。并通过预算调整程序，保持业务计划、预算目标与公司战略及经营环境的一致性，如预算调整程序。

第三，管理层对内部风险因素，如舞弊因素、信息系统、财务（融资风险）、员工关系（包括薪酬在行业的竞争性）等风险因素建立职责并进行适当的分析报告。

第四，在日常管理活动通过非正式的风险评估程序，如生产经营综合分析形式，对公司面临风险因素的重要性程序及发生的可能性进行分析。

第五，建立生产经营综合分析制度，管理层通过季度综合分析、月度综合分析和专题分析等生产经营分析会形式对公司生产经营状况、财务状况、预算执行情况、网络能力、计划建设、人力资源等方面进行综合分析。生产经营综合分析由财务部牵头，市场经营部、网络运维部、计划建设部、人力资源部等部门配合共同完成，为各级管理层决策提供支持，同时，对公司年度目标和经营计划的执行情况进行评估与更新。

3. 控制活动要素控制要点

第一，通过办公会议或公司领导专题办公会研究制定公司发展战略、发展规划、年度计划及其他重大决策，各部门根据公司的业务活动的特点和风险评估的结果，制定了必要的政策和程序。

第二，制定明确的部门职责，对各单位的考核实行月度工作分析、季度考核和年度考核相结合的方式，不断完善绩效考核机制。

第三，对各种业务活动和运营情况制定监督、检查、分析评价和通报机制，对重要事项按照"统一归口、分工负责、协调配合"的原则规定承办、督办要求。同时通过公司自检、定期上报和公司不定期抽查等方式，对执行情况定期进行通报，并纳入公司的考核体系。

第四，制定业务稽核管理办法，建立业务稽核管理体系，定期对资源、业务量、营收业务、计费业务、账务业务进行稽核，对差错和问题及时纠正。

第五，建立财务会计信息披露制度，要求按照集团公司统一的编制基础、编制依据、编制原则和编制方法编报财务会计报告，保障财务报告的真实性、完整性和及时性。对期末结账程序以及财务会计报告职能要与遵循职能相结合评估是否其与法律遵循披露与准则的要求一致。

第六，组织人员对年度财务报告和中期财务报告进行审核，根据审核结果对各单位年度和半年度财务决算进行考评。公司建立有关法律和遵循部门复核和确认对有关信息披露的事项政策。

第七，制定信息系统的政策与程序，关注信息安全、计算机操作、变更管理及程序开发实施与维护等。企业信息化部制定包括信息安全、计算机操作、变更管理、程序开发实施与维护等方面的政策和程序，定期审阅和更新这些政策制度，并以下发文件方式传达至员工。

第八，建立敏感数据安全风险定期评估的政策与程序。各业务部门评估敏感数据的安全风险，并据此合理确立数据分类标准（包括安全等级）及其安全维护规范。系统管理员必须定期对客户数据和重要网络服务的数据进行数据备份。

第九，制定针对于不同应用系统、数据库和操作系统的系统权限和访问控制的计算机网络维护规程，并定期复核，以保证各种数据的保密性、准确性、完整性和安全性。

第十，法律事务部门建立法律法规文件库，设立政策法规专栏，内容包括最新法律、基本法律、工作动态、法制信息、电信法规，并定期更新，及时向管理层和员工宣告。

最后，建立法律遵循事项监督制度，对公司重大决策、与合同签订、内部交易、销售实务及可疑活动等方面进行检查，对发现的违反法律行为予以监督。

4. 信息与沟通要素控制要点

第一，制定全面预算管理制度，在公司内上下级之间、同一级的各职能部门之间建立顺畅的沟通协调机制。

第二，建立生产经营综合分析制度，并召开月度和季度的生产经营分析会，对公司经营计划和预算的执行情况进行评估，并对目标实际执行中出现偏差采取应对措施。

第三，公司通过传真电报、通知等文件下发形式，或通过办公系统，将公司相关的政策和程序传达至各个业务分部和各职能部门。

第四，制定员工岗位说明书或指导手册，对岗位职责及任职资格条件做出说明。

第五，公司建立员工的投诉举报热线、电子邮箱等沟通渠道。

第六，管理层应建立有效的与外部关系方的信息沟通渠道。公司可以通过国家部委和外部监管方的文件、期刊、中介机构、互联网、广播、电视、公司采购及销售部门收集的市场和价格信息、外部来信来访、参加行业会议、座谈交流等渠道获取外部信息，并使这些信息在公司与客户、供应商、监管者等外部环境之间有效的传递。

第七，明确规定客户投诉处理程序，建立与客户开放的和有效的沟通渠道和投诉处理机制；明确规定供应商投诉处理程序，建立与供应商开放的和有效的沟通渠道和投诉处理机制。

第八，成立企业信息化领导小组或专业部门作为企业信息化工作的领导机构，负责企业信息化工作的统筹安排、协调及重大决策。

第九，制定档案归档及管理制度，对文件材料（包括电子文档）的归档责任、归档办法和质量要求做出明确规定，对档案的收集整理、查阅、借阅、密级档案查阅办法做出明确要求。

最后，成立保密委员会或专业部门，负责文件保密、计算机网络保密和保密技术的管理等工作。

5. 监控要素控制要点

第一，各个业务部门将生产经营数据与财务数据核对，如财务部在每月结算时进行发票核对、稽核计费系统与财务部门核对、网运部建立统计台账与会计账核对等。

第二，财务部在编制会计报告前，核对账证、账账、账表是否一致，对差异情况进行调整，对账表不符属非正常原因的进行警告或通报。

第三，各业务部门将生产经营数据与外部关系方数据进行核对，如业务部门与外部结算方核对、市场部进行网间结算的核对、财务部跟关联方核对关联交易和关联往来、财务部与供应商在年终函证对账。

第四，制定书面的实物资产管理制度，对资产、记录及文档的接触限制。

第五，通过下发年度、半年度财务会计报告的编报制度，要求各部门进行全面资产清查和债权债务核实。

第六，制定有关实物盘点的流程及政策。相关部门负责对实物资产的记录、保护和定期核对。如采购与物流中心对存货、账销案存等实物资产建立备查簿，定期盘点；财务部对银行存款、现金日清月结，定期对账。

第七，通过生产经营分析会的形式对生产经营活动进行综合分析，分析生产经营中出现的问题，下发经营分析通报；或者通过召开总经理办公会议和公司领导专题办公会议制定内部管理体制、听取下级单位的汇报，讨论决策重要事项。

第八，通过组织内部流程质量审核，评价流程体系的适宜性、充分性和有效性，并对不适宜的部分进行调整。

第九，通过效能监察等工作，检查各部门落实企业内部制度和实施管理活动的情况，发现问题，提出整改意见或建议，纠正违规违纪行为。

第十，内部审计及独立第三方检查时保持其独立性与客观性，如实施审计派驻制，集团公司审计部向下派驻审计分部、大区审计处、室。各级审计机构受上级机构与驻地单位双重领导，业务以上级审计机构领导为主；分部人员任命由驻地公司推荐人选，报审计部批准认可。大区审计处人员任命由驻地公司聘任。其他人员的任命由驻地单位推荐，审计分部同意，驻地单位聘任管理。

最后，执行质量保证制度并实施检查程序，保证审计工作的质量，包括工作底稿编制审核、审计报告审核、内部检查及客户调查等方式；建立重要事项报告制度，明确各级机构的报告渠道和报告方式；管理层每年对公司内部控制进行审核，对公司内部控制的重大缺陷进行分析并提出改进措施。

（三）中国网通的反舞弊机制建立

从《萨班斯法案》出台背景、目的和法案内容看，主要针对的是管理人员舞弊行为，特别是会计造假，而反舞弊的机制贯穿于 COSO 框架的各个要素。建立良好的内部控制并认真遵循和执行，固然可以减少错弊的出现，但管理人员舞弊可以使内部控制失效或制度执行效果下降。因此，对于舞弊这种明显带有主观故意的行为，内部控制框架设计时有必要特别予以关注。反舞弊机制在内部控制报告中应当有专门的阐述。中国网通反舞弊机制主要针对内部控制度的局限，应从以下五个方面着眼：

第一，营造反舞弊控制环境。建立高级管理人员和员工的道德及行为准则，定期检查和复核道德守则和行为准则遵守情况，并对发现的未能遵循情形予以通报。

第二，建立预防、识别公司舞弊风险的内部控制措施与程序。运用风险评估的测试方法，对舞弊风险进行评估测试。另外，管理层建立相应措施积极关注舞弊信号，对舞弊多发领域和环节设置更多的内部控制关注点。

第三，建立有效投诉举报渠道。建立并畅通电话、电子邮件、信函等多种举报渠道，包括内部员工或外部供应商、客户、其他关联方等利益相关方的举报，使有关舞弊的信息得到有效传递。同时，有效举报渠道的存在也是对舞弊行为的一种威慑和控制，因为它可以使舞弊的成本和被发现的概率增加。

第四，对舞弊或违法行为采取必要的措施，并建立报告渠道。对发现的可能舞弊或违法行为采取必要的跟进措施，包括调查人员的组成、实施必要的调查程序。建立对可能舞弊行为的报告渠道，将发现的内部控制中的重大缺陷或者实质性漏洞汇报给高层管理层，特别注意报告的时效性。

第五，针对舞弊反映出的内部控制缺陷进行评估改进。公司管理层定期对舞弊行为情况或者可能舞弊举报情况进行汇总、分析，在此基础上重新评估内部控制，试图发现内部控制重大缺陷，并提出具体改进措施。

（四）中国网通内部审计及公司治理

1. 健全以董事会为中心的公司内部审计机制

公司治理包括三大机制，即决策机制、激励机制和监督约束机制，公司内部审计机制则是监督约束机制的核心组成部分，并对其他机制运行产生一定影响。中国网通目前内部审计机制主要为经营层服务，强调组织效率和审计独立性，总部对下属单位实行内部审计派驻制。由于在英美公司法治理体系下，不设立监事会，应选择以董事会为中心的架构改造内部审计监督机制。首先，增强董事会的审计权。增强董事会的事前、事中、事后审计权，特别是事前审计和事中审计权，需从三个方面着手：一是财务审计权，二是战略审计权，三是代理人绩效审计权。董事会作为治理主体必须具有这些权力。公司内部审计制度应当经董事会批准后实施，审计负责人向董事会负责并报告工作。其次，改善董事会审计信息质量。董事会拥有足够的高质量信息，才能监督、控制各个系统，完成以股东为首的利益相关者赋予的职责。由于独立董事的工作时间有限，提供给他们的信息必须简捷而准确。所以需要对各类信息及其来源进行鉴别，由审计委员会负责审查公司财务活动及相关信息，同时提供审计信息。如果审计委员会成员缺乏足够的时间和精力，审计信息质量就难以保证。通过限制审计委员会成员的兼职、强化内部审计师职责和外部审计师责任，可以使其更好地完成信息收集、审计工作，提出审计建议。再次，评价董事和董事会绩效。通过董事和董事会绩效评价，明确董事个人与董事会的集体作用及责任，可以使董事会更有效率。对董事会与经理层绩效进行评价，是独立董事的主要职责之一。独立董事组成的审计委员会或公司治理委员会、提名委员会（均称为绩效评价委员会）代表所有利益相关者对董事和董事会绩效进行评价。绩效评价委员会根据董事的能力确定责任，如战略规划的责任、选择经营者的责任、作为监督者的责任、风险管理责任等；根据责任确定董事的相应目标，并对目标实现程度进行评价；评价结果由绩效评价委员会提交股东会。中国网通已经建立了较为完善的董事会绩效评价制度，但内部审计机制对其支撑还有待完善。

2. 完善公司治理

内部控制与公司治理的关系是内部管理监控系统与制度环境的关系。只有在完善的公司治理环境中良好的内部控制系统才能真正发挥作用，提高企业的经营效率与效果，并加强信息披露的真实性；反之，若没有科学有效的公司治理结构，无论是多么优秀、设计如何有效的内部控制制度也会流于形式而难以收到既定效果。公司治理的内容与内部控制存在交叉，公司治理结构分为通过市场竞争形成的外部治理机构和股东大会、董事会、管理层组成等内部治理结构，而内部治理结构是所有者对管理者实施监督的控制机制。中国网通也清楚地认识到了这些，在完善公司治理方面一直在努力创新，不断尝试：一是建立以董事会为核心的现代公司治理机构。中国网通按照海外证券监管法律，以上市公司最佳实践为参考，建立一系列的董事会、管理层运行机制。如公司董事会成员共有13人，其中外部董事9人，包括独立非执行董事5人。董事会下设审核委员会、提名与薪酬委员会、战略规划委员会、公司治理委员会等，初步建立了比较符合国际惯例的委员会制度，很多委员会实际上是由独立董事拥有多数表决权。二是调整制度安排以促进内部控制体系建设。不断协调原有制度安排与新机制间的关系，提出创新方案，促进内部控制体系的完善。如在董事会专门设立监督委员会，协调所有监督机制，并专门负责对于董事、管理层人员在绩效考核、道德规范、商业贿赂、腐败、内幕交易等行为方面的监督，使得内部控制在公司治理层面有了更充分的体现，也弥补了审核委员会仅仅关注财务舞弊等控制方面的不足。

二、内部控制自我评价报告

2003 年度中国石油化工股份有限公司内部控制管理层自我评价报告突出反映了管理层的自我评价意见，具有代表性。该报告内容详尽，值得研究。有关内部控制管理层自我评价报告详细内容和结构如下：

中国石油化工股份有限公司内部控制管理层自我评价报告①

董事长、副董事长及各位董事：

2002 年 7 月，美国颁布了《萨班斯法案》，对在美国上市的公司内部控制及其披露做出了规定。中国财政部、证监会、上海证券交易所、香港交易所对上市公司加强内部控制亦均有规范。作为境内外四地上市公司，中国石化管理层对此高度重视，认为建立和有效实施内部控制制度既是遵循境内外有关监管法律法规的要求，更是企业自身防范风险、提高管理水平的内在需要。董事长、总裁和财务总监亲自领导，公司于 2003 年 5 月成立了内部控制领导小组，设专职内部控制办公室，组织、协调内部控制制度建设和实施的相关工作。经过清理修订相关的内部管理制度，测试、培训和一年多的试运行，2004 年 10 月 31 日公司第二届董事会第十二次会议通过了《内部控制手册》，并于 2005 年 1 月 1 日起在公司正式实施。通过两年的实施和修订，内部控制范围逐步扩大，《内部控制手册》不断完善，具备了实用性。此外，公司制定"员工行为守则"，增强全体员工"守法纪、讲诚信"的意识，努力营造良好的内部环境。为保证内部控制制度有效实施，公司按照外部监管要求和内部考核要求，制定了内部统一的自我检查程序和评价标准——《股份公司内部控制检查评价与考

---

① 王如燕：《内部控制理论与实务》，中国时代经济出版社，2008。

核暂行办法》。2006 年 8～11 月，内部控制领导小组在 2005 年全面检查的基础上，组织对总部和 87 家分（子）公司内部控制包括 IT 控制执行情况检查测试，公司审计部独立参与了内部控制检查测试。经公司内部控制办公室跟踪复查，检查中发现的所有与财务报表相关的未有效执行的控制点，都已整改落实，并已体现在 2006 年度财务报告中，其他管理方面问题也基本整改或有整改措施。公司认为，本报告期内公司与财务报告相关的内部控制及 IT 控制有效，编制的财务报告符合境内外上市地会计准则所有披露信息符合监管要求。有关情况报告如下：

（一）基本情况

1. 内部控制组织机构

公司总部及其所属分（子）公司均设立了内部控制管理机构和工作机构。总部设内部控制领导小组，总裁兼任组长，财务总监任副组长，各部门负责人为成员。领导小组设专职内部控制办公室，由财务副总监、财务部主任兼任办公室主任，在财务部设置内部管理处，配备专职工作人员 7 人，全部具备大学本科及以上学历。其中博士研究生 1 名，硕士研究生及同等学历 4 名，大学本科 2 名。具体负责内部控制的日常监管，《内部控制手册》更新和内部检查评价的组织、协调工作。各分（子）公司也相应成立内部控制领导小组，组长均由经理兼任，80％的企业内部控制办公室主任由财务部门负责人兼任。各企业配备专职内部控制管理人员 45 名，兼职人员 718 名。

2. 内部控制制度建立健全情况

自 2003 年起，公司内部控制领导小组组织各部门编制了《内部控制手册》，主要内容包括总则、业务流程、权限指引等。其主要特点是按业务分类进行流程控制，对业务执行过程中重要步骤或环节的记录要求、责任、授权、不相容职务分离检查测试等进行规范，内容涉及生产经营活动的几乎所有方面。《内部控制手册》适用总部和各分（子）公司，考虑到不同板块分（子）公司的业务差异，业务流程执行的范围有所不同。各分（子）公司按照适用的业务流程，结合实际，按照"更严更细、更具体"的原则，制定相应的实施细则，增强针对性和操作性，构建了股份公司两级内部控制制度体系。

2005 年正式实施内部控制制度以来，根据各企业在执行过程中反映的问题和建议，以及一些业务管理要求的变化，结合外部监管要求和审计师的建议，内部控制领导小组 2005 年、2006 年两次组织了对《内部控制手册》年度更新，分别经公司第二届董事会第二十三次会议，第三届董事会第七次会议审议通过并颁布实施。经过两次较大幅度的修订，内部控制制度更加完善。更新后的《内部控制手册》确定了 53 个业务流程，内容涵盖了采购、成本、费用支出、销售、资金、资本支出、资产、关联交易、合并报表、重大事项、信息、生产运行、安全环保、税务管理、监督检查等 15 大类。为了确保业务流程记录覆盖到财务报告中重要会计科目相关的所有认定，包括存在性、完整性、准确性、估价与分摊、权利与义务及表达与披露等，降低会计信息质量风险，公司内部控制办公室还编制了统一的《控制矩阵》。公司在不断完善《内部控制手册》的同时，对总部相关的内部管理制度进行了全面梳理，目前《内部控制手册》共引用有文号的制度和管理文件 204 项，已经出版了《〈内部控制手册〉配套规章制度汇编》下发到各企业。

各分（子）公司均能严格按照总部要求，每年修订内部控制实施细则，梳理、完善各项规章制度，一些企业还结合实际增加了内部控制业务流程和控制点。内部控制制度及时修订和不断完善，为内部控制的有效实施提供了制度保障。

（1）内部控制宣传与培训。公司内部控制专职人员参加了国外国内举办的《萨班斯法案》及相关指引、内部控制及风险管理理论以及中国会计准则、国际会计准则、美国会计准则的培训，定期登录国内外相关网站，掌握有关内部控制的最新信息。公司在 2003 年、2005 年先后两次专门召开全系统内部控制工作电视电话会议，集团公司党组、总裁班子多次召开会议听取内部控制工作汇报，部署工作。公司内部控制办公室利用《中国石化报》、《中国石化财会》设置"内部控制专栏"，发表文章，多渠道宣传内部控制理念和知识。2003 年以来，总部共组织集中培训 15 次，培训各级领导干部 3000 多人次。公司内部控制办公室还派员赴各企业开展各种形式的宣传、培训和指导。

各分（子）公司也积极开展了全方位、多层次的内部控制培训工作，举办了各类培训班，充分利用电视、报刊、墙报和网络等形式宣传内部控制。有 73 家企业专门召开公司级内部控制工作会议，74 家企业开展了各种形式的宣传工作。各分（子）公司参加内部控制培训近 13 万人次。多层次、多形式的宣传培训，进一步提高了各级管理层和员工对内部控制制度的认识，拓宽了广大员工的内部控制知识，内部控制基础管理工作得到加强。

（2）内部控制日常管理。公司内部控制办公室负责指导、监督股份公司内部控制制度实施工作，定期向内部控制领导小组汇报内部控制工作进展情况，对内部控制年度综合检查评价、《内部控制手册》修订等重大事项专门向集团公司党组、股份公司董事会报告。总部各部门每半年对分管责任流程进行测试并参与公司年度综合检查。审计部每年独立对 20 家企业进行内部控制检查评价。

各企业通过内部控制例会、内部控制专题会议、生产调度会、月度经营活动分析会、年度工作会议等，安排部署内部控制工作，协调解决执行中遇到的问题，建立内部控制工作机制。企业在内部控制制度实施过程中，对于《内部控制手册》未明确规定的特殊事项，上报公司内部控制办公室，逐级汇报后批复执行。企业各部门按照分工的责任流程每季度进行穿行测试，内部控制办每半年组织一次本企业全面内部控制检查，企业内审部门独立检查 5～20 个业务流程。为指导企业自查测试工作符合总部要求，公司内部控制办公室发布了完善分（子）公司自查的指导意见。建立内部控制日常管理机制，完善了内部控制信息沟通渠道，推动日常内部控制工作的顺利开展。

（二）2006 年度内部控制检查评价

1. 制定方案，组织内部控制综合检查测试

检查范围。为全面落实内部控制制度，股份公司内部控制领导小组确定对总部及 87 家分（子）公司进行全面检查。其中，审计部独立检查评价 15 家，公司内部控制办公室组织对总部各部门和 72 家企业检查。

人员分组。自 2006 年 8 月 3 日至 11 月 20 日，总部共抽调近 500 名部门和企业专业人员，组成 28 个检查小组，平均每组 17 人（其中 IT 专业 4 人），负责检查 3～4 家企业。考虑每组搭配不同专业人员和检查独立性，将来自不同部门、企业的人员分配在不同的组内且不能检查本单位，检查小组组长由总部部门主任（副主任或总会计师）担任，每组设副组长 2 名，分别由总部机关处长和企业处长担任，配联络员 1 名，由总部机关业务骨干担任。

总部各有关部门在公司内部控制办公室指导下自查，自查结果由内部控制办公室复核后提出整改要求，检查培训。为保证检查质量，公司内部控制办公室组织编写了培训教材，并联合信息系统管理部、审计部在检查前举办了三场培训，参加培训人数共计 1000 多人次，所有参检人员接受了内部控制检查评价培训。公司内部控制办公室还对负责填写"业务流程检查工作底稿"及"财务报告相关控制点抽样记录表"的各检查成员提供了充足的培训，并提供了《内部控制检查评价指南》及"潜在错报率对照表"，指导检查人员现场评价。

2. 内部控制检查评价方法

评价要素。按照《内部控制手册》和《内部控制检查评价暂行办法》规定，总部检查小组以"内部控制环境评价表"、"IT 一般性控制检查评价办

法"、"控制矩阵"、"财务报告相关控制点抽样记录表"、"业务流程检查工作底稿"及"自查情况评价表"为依据,对内部控制环境、风险评估、内部控制行为、内部沟通及监管五大要素进行评价。

抽样方法。根据"财务报告相关控制点抽样记录表",检查人员随机抽取样本作测试的基准。每年发生一次抽取 1 个样本,每季度或每月发生一次抽取 2 个样本,每周发生一次抽取 5 个样本,每日发生一次抽取 15 个样本,每日发生多次抽取 30 个样本。该基准考虑了控制点的性质、频率及其重要性,所测试的样本量充分足够,符合外部监管要求。对于非财务报告相关的控制点,规定检查人员至少应抽取 3 个样本测试,样本量至少 3 个时则需全部抽取。检查人员还要依据被检查单位二级单位的核算、数量、规模等情况,结合业务流程,选择一定数量的二级单位抽查;对被检查单位所属全资子公司、控股子公司原则上要全部检查,无法全部检查的要对影响大、规模大的子公司重点抽查。

风险认定。检查小组根据"内部控制缺陷评价框架",对会计信息质量风险、IT 控制风险及重大事故事件风险进行判定。主要利用公司《内部控制手册》及控制矩阵等方法对各分(子)公司相对的财务比重及存在重大错报的风险,包括辨认任何一种特殊的风险,做出评估。公司内部控制办公室负责评估内部控制的设计及执行有效性。所有被发现的缺陷依据其所属的重要会计科目、披露及 COSO 的所属元素,按照金额及性质,从各分(子)公司归类汇总至公司总部层面,并将缺陷分类为:①实质漏洞,是严重缺陷的汇总,可导致有一定可能性不能防止或发现年度或中期财务报表的重大错报;②严重缺陷,是一般控制缺陷的集合,会影响公司按照公认会计原则可靠地初始化处理、授权、记录、处理或对外报告财务数据的能力,以致有可能导致不能防止或发现对公司年度或中期财务报表大量不重要的错报;③一般控制缺陷,个别或归类汇总后均不能形成实质性漏洞或严重缺陷,按照缺陷性质及影响数额的大小又划分为一般风险和重大风险。

检查结果确认。现场检查完成后,检查小组须与被检查单位交换意见,通报检查结果。现场检查全面结束后,公司内部控制办公室统一复核各类风险评价结果,跟踪为执行控制点的整改落实情况,确认各单位的最后评分,作为考核各企业的依据。

检查资料要求。在业务流程的检查中,要求检查人员至少对一笔业务穿行测试,复印留存所有穿行测试样本,对所有"未执行"控制点及风险评价情况,要复印留存样本资料及相关证明材料。有效执行控制点及 ERP 上检查的控制点无须复印留存相关资料。各单位的业务检查工作底稿或访谈记录要由被检查单位流程责任部门负责人签字确认。有关检查评价报告、各类附表、工作底稿、抽样记录以及复印留存的相关资料等统一采用 A4 纸打印装订。检查样本及相关资料统一编号，并与检查工作底稿填列内容一致。按照《上海证券交易所上市公司内部控制指引》的全部检查工作资料至少保存 10 年的要求，公司内部控制办公室对所有检查评价资料统一分类保存。

3. 内部控制综合检查结果

内部控制手册执行良好。2006 年版《内部控制手册》49 个业务流程、998 个控制点，与财务报告相关的 36 个业务流程、279 个控制点。在本次检查中，共发现 15 家分（子）公司有 22 个会计信息质量风险和 1 个 IT 控制风险，均为一般控制缺陷。共涉及 44 个业务流程、435 个控制点未有效执行。其中，与财务报告相关 32 个业务流程、135 个控制点未有效执行。84 家企业（不含 3 家中外合资公司）累计未执行控制点 1189 个次，控制点执行率为 96%，其中财务报告相关控制点累计未执行 412 个次。IT 控制检查主要集中在总部和企业的整体控制层面、ERP 系统、[①] 财务系统、IC 加油卡系统和信息基础设施。

报告管理层检查结果。公司内部控制办公室、审计部汇总整理内部控制综合检查结果后，将发现的各类问题于 11 月 30 日、12 月 5 日、12 月 19 日分别向内部控制领导小组、公司总裁班子、集团公司党组汇报。管理层拟定了各项整改措施，并已将检查中发现的所有内部控制缺陷告知毕马威会计师事务所相关内部控制内审人员。

整改落实情况。检查中发现的 22 个会计信息质量风险中，有 20 个风险已经得到了整改或视同整改（其中 5 个风险已有替代方案，视同整改）。在 1189 个次未执行控制点中，986 个次已得到整改，6 个次有替代控制措施，148 个次已制订了整改方案，未整改的 49 个次控制点，并未影响公司财务报表数据。信息系统管理部也在 2006 年 12 月 31 日前组织对 IT 控制检查发现的问题进行了整改。对总部部门自查中发现的内部往来对账，关联交易和会计核算等方面的问题，公司内部控制办公室要求各部门逐一整改。公司内部控制办公室在 2007 年 1 月，已经对内部控制和控制整改落实情况进行了复查，整改情况较好，整改工作已经于 2006 年 12 月 31 日之前完成，并已落实到 2006 年度财务

---

① ERP 是英文 Enterprise Resource Planning（企业资源计划）的简称。ERP 系统是指建立在信息技术基础上，以系统化的管理思想，为企业决策层及员工提供决策运行手段的管理平台。

报告。

4. 内部控制有效性评价

内部控制环境。中国石化管理层持续推行和弘扬"竞争，规范，诚信"的企业文化，提高职业道德操守方面的指导和培训，增强全体员工"守法纪，讲诚信"的意识。《内部控制手册》中每一个程序都遵循了法律法规的要求，公司内部已通过"员工行为守则"规范全体员工应有的道德标准和品行政策以及可被接受的商业行为，利益冲突的处理原则，营造良好的内部控制环境。总部各部门及各分（子）公司均能围绕公司整体战略目标和经营目标开展工作，在经营管理过程中重视内部控制，树立合法、诚信的经营理念和积极向上的价值取向，重视员工思想政治工作和道德品质教育，上下信息沟通渠道畅通。检查中发现公司不存在商业欺诈行为。组织机构设置基本合理，适应管理及改革发展需要，明确了关键岗位人员素质要求。建立了激励与约束机制，并通过教育培训，不断提高员工素质和工作胜任能力。

风险评估。按照公司持续发展的目标，针对日常经营各项业务的经营风险、财务报告风险、遵循内外部法律法规的合规性风险、财产安全风险、经营过程中的舞弊风险等，公司建立健全以内部控制制度为基础的风险评估和风险控制体系。根据业务流程记录要求，公司分析了对经营目标和财务报告目标有重大影响的关键环节，结合近几年的内部审计检查中发现的问题和不足，并参考外部审计师提供的历年审计记录，进行全面风险评估。根据评估结果，公司制定了统一的《内部控制手册》，加强内部监控及完善相关的内部管理制度。各分（子）公司结合本单位各项风险评估，补充制定实施细则。《内部控制手册》每年予以更新，并经过董事会批准。这些措施对财务报告防止内部舞弊，保证财产安全以及规范等提供了合理的保障。公司每月召开经营活动分析会议，持续对以下风险进行评估，制定对策和措施，并在公司年度报告和中期报告（由董事会审议通过）中对外披露风险因素及其评价结果。①宏观政策风险，包括商品价格风险、税收风险。②市场或业务经营风险，包括与本公司业务有关的风险，与石油及石化行业有关的风险，与中国有关的风险。③财务风险，包括外币汇率风险和利率风险。此外，为有效防范和降低经营财务风险，公司还围绕中期、长期战略目标，编制3年滚动预算、5年规划，并向董事会汇报，由各位董事和战略发展委员会委员审阅把关。

防止、监察舞弊及资产保全控制。公司采用控制矩阵方法确定防止及监察舞弊和职责分工的控制。控制矩阵对控制点负责人及相关职责分工进行了明确的规定，参照控制矩阵，设计出各种模板以评价各控制设计和执行的有效性。

在内部控制检查过程中，检查人员询问相关人员对控制流程的理解，以确保员工实施控制所具备必要的知识、专业技能、职业资格和独立性，防止及监察舞弊的发生。公司已在控制矩阵里记录了相关要求，控制的设计和运行的有效性的测试结果也记录在相关模板（检查工作底稿）内。公司在监察部设置了包括内部控制问题的举报电话，并制定举报事项处理程序。

信息沟通。公司大力发展和改善 IT 系统，积极推行信息化管理，提高工作效率和效果。现已建成并使用电子商务系统，浪潮财务管理信息系统，SAP系统[1]等。公司制定了一系列管理办法和业务流程对使用信息系统进行规范，信息系统管理部负责对所有信息系统的控制和维护。公司明确了财务报告的沟通机制《内部控制手册》和内部会计制度，规定了所有涉及财务报告的职责，财务总监与所有部门、财务部与各分（子）公司财务部门沟通顺畅。公司管理层与外部及部门之间、部门与企业之间、公司管理层与董事会之间沟通顺畅。公司监事会与审计委员会审核对外披露的财务报表和其他财务信息。作为境内外四地上市的公司，中国石化保持与股东和监管机构的沟通，按照外部监管法规制定了信息披露的规则和流程定期对外披露信息。公司接受了中国证监会、国有资产监督管理委员会、国务院外派监事会、国家审计署等监管机构的检查。

监督。公司管理层每月召开经营活动分析会，对经营成果及关键财务指标进行审核和分析。财务部分析各板块预算执行偏差，各事业部跟踪监控各分（子）公司预算执行情况。公司管理层每季度向董事会汇报季度经营成果，所有董事对公司和石化行业有着丰富的经验，并获知财务报表和相关信息，包括管理层分析与讨论以及各事业部等生产经营部门的主要数据统计分析。审计部定期独立审查分（子）公司。公司董事会设立了审计委员会，该委员会由 3 名成员组成（包括所有独立董事），并由一名独立非执行董事担任主席。审计委员会审查财务报告的程序和内部控制。年度报告和内部审计报告须经审计委员会审核批准。公司内部控制办公室和审计部组织内部控制检查评价，外部审计师内部控制评价情况已经与公司管理层进行沟通及反馈。公司对已知的诉讼案件，登记造册，详细记录，跟踪监控。

公司认为，总部及分（子）公司自 2005 年全面实施内部控制以来，内部控制制度不断完善。2006 年内部控制检查测试的书面记录充分，符合外部监

---

[1]　SAP (Systems, Application, and Products in Data processing) 是一个领先的 ERP 软件，由 SAP 公司生产。

管的法律法规。本报告期内，管理层有充分的证据证明公司内部控制体系设计合理和执行有效。公司并无在评价日以后并购任何重大的需合并或按比例合并的企业，也无在评价日以后购入任何重大的以权益法核算的企业。

（三）2007 年内部控制工作计划

2007 年，公司将致力于促进规范管理、防范各类风险，努力搭建以内部控制制度为核心的制度化管理体系框架。

（1）针对自我检查中发现的薄弱环节，从财务基础工作入手，统一和规范工作标准，包括如何确认固定资产，如何进行存货盘点、内外部对账和计提各项减值准备等，并制作相关规范的凭证、表单和文档资料样式。

（2）建立总部内部控制业务流程联系人制度和完善内部控制工作日常沟通机制，将内部控制要求融入公司日常经营管理工作，建立内部控制长效机制。

（3）不断完善内部控制制度。公司将总结各分（子）公司先进的管理经验，选择较为成熟的内容逐步推广，尽可能落实到《内部控制手册》中或制度层面，同时对适用性、可操作性存在问题的业务流程进行专门评论，提出改进方案，不断完善内部控制手册。公司将进一步完善内部控制评价办法，组织好2007 年度内部控制自我检查评价工作。

本章小结

本章主要介绍了五个方面的内容。

第一部分归纳了我国内部控制发展的主要阶段，整理了我国内部控制相关的法律法规，介绍了《企业内部控制基本规范》出台的背景。我国内部控制发展经历了行业自控阶段、内部会计控制阶段、内部控制系统化阶段等三个阶段，涉及的主要法律法规 14 项之多。此次出台基本规范主要有五个方面的重大作用：一是适应国际内部控制发展的新趋势，二是政府履行宏观经济管理职能的内在要求，三是促进会计审计改革的顺利实施，四是促进资本市场健康稳定发展、维护社会公众利益，五是企业生存发展壮大的重要保障。

第二部分讲述了企业内部控制的基本理论。内部控制理论发展历程可以分为内部牵制、内部控制制度、内部控制结构、内部控制整体框架和企业风险管理框架五个阶段。内部控制的定义由最初的一种协调制度要素到与风险管理相结合的框架，经历了一要素、二要素、三要素、五要素、八要素的发展过程，内部控制的目标由经营性、合法性、财务报告目标三个目标发展为四个目标即增加战略性目标。内部控制形成了主要的控制方法包括目标控制法、组织控制法、授权控制法、程序控制法、检查控制法、风险控制法、预算控制法等。

第三部分讲解了《企业内部控制基本规范》中规定的企业建立与实施内部控制的五项基本原则，即全面性原则、重要性原则、制衡性原则、适应性原则和成本效益原则的基本含义。

第四部分解释了实施企业内部控制基本规范应注意的问题。一是解释了基本规范的适用范围是自 2009 年 7 月 1 日开始，适用于中华人民共和国境内设立的大中型企业。小企业和其他单位可以参照本规范建立与实施内部控制。大中型企业和小企业的划分标准根据国家有关规定执行。二是企业管理层对内部控制的评估的基本步骤。三是如何正确运用信息技术、绩效考评机制和外部监督来促进内部控制的实施。

第五部分结合本章介绍的主要内容，精选了中国网通和中国石化两个案例帮助读者理解内部控制制度的设计和内部控制的评价具体操作方法。

本章的重点与难点：内部控制基本规范出台的重大意义，内部控制理论的基本发展阶段和定义、目标、要素的发展过程，企业建立和实施内部控制的基本原则，企业内部控制评价的基本步骤。

复习思考题

1. 请叙述我国《企业内部控制基本规范》与美国《萨班斯法案》的相互联系。

2. 请简要说明内部控制要素的构成。

3. 我国内部控制目标的特点是什么？简述我国内部控制要素与 ERM 框架要素的异同点。

4. 建立和实施内部控制的基本原则是什么？

5. 内部控制有哪些基本方法？

6. 内部控制的实质是什么？

7. 内部控制有何作用？

第二章　内部环境

【引言】企业作为一个系统，总是在一定的环境下运行的。内部控制的内部环境是指企业内部的，对内部控制有直接或间接的要素总和。根据《企业内部控制基本规范》第五条，内部环境是企业实施内部控制的基础，一般包括治理结构、机构设置及权责分配、内部审计、人力资源政策、企业文化等。

第一节　概　述

一、内部环境理论的发展

（一）内部控制制度阶段：内部环境问题的提出

1958年，国际审计程序委员会发布的第29号审计程序公报《独立审计人员评价内部控制的范围》将内部控制区分为内部会计控制和内部管理控制两类。内部会计控制涉及与财产安全和会计记录的准确性、可靠性有直接联系的方法和程序，内部管理控制主要是与贯彻管理方针和提高经营效率有关的方法和程序。在1980年3月召开的内部审计师协会大会上，有代表首次将内部控制环境因素作为内部控制系统的组成部分，并指出这些环境因素包括：组织计划、责任的确定和授权、预算程序和预算控制、员工雇用计划和财务人员培训计划、保证相关职员保持较高的行为道德标准的方法和措施。在这个阶段，人们逐渐认识到控制环境对内部控制产生着重大影响，内部控制必须考虑控制环境问题，将控制环境纳入其中。

（二）内部控制结构阶段：控制环境成为内部控制三要素之一

1988 年，美国注册会计师协会（AICPA）发布的《审计准则公告第 55 号》，第一次正式将控制环境纳入内部控制范畴。该公告首次以"内部控制结构"取代了"内部控制制度"，认为内部控制结构由控制环境、会计制度（或会计系统）和控制程序三个要素组成，并把控制环境定义为"对建立、加强或削弱特定政策、程序及其效率产生影响的各种因素"。该公告中控制环境主要包括七个要素：①经营管理理念；②组织结构；③董事会；④授权和分配责任的方法；⑤管理控制方法；⑥内部审计；⑦人事政策和实务。其中，关键的因素是与有效的控制政策和程序的制定与实施密切相关的管理当局和董事会对控制的态度。自此，控制环境成为内部控制理论研究的重要方面。

（三）内部控制整体框架阶段：控制环境成为内部控制五要素之一

1992 年，美国 COSO 委员会提出了著名的《内部控制——整体框架》报告。该报告指出内部控制应由控制环境、风险评估、控制活动、信息与沟通、监督等五要素组成。其中，控制环境是指提供企业纪律与框架，塑造企业文化，并影响企业员工的控制意识，是其他内部控制组成要素的基础。这些控制环境因素包括：①诚信原则和道德价值观；②评定员工的能力；③董事会和审计委员会；④管理哲学和经营风格；⑤组织结构；⑥责任的分配与授权；⑦人力资源政策及实务等。

（四）企业风险—管理框架阶段：将"控制环境"重新赋名为"内部环境"

2004 年，美国 COSO 委员会发布了《企业风险管理框架》。该报告将内部控制整体框架的五个要素扩展为基于风险管理的八个要素，即内部环境、目标制定、事项识别、风险评估、风险反应、控制活动、信息和沟通、监控。其中"内部环境"是由"控制环境"扩展而来，它主要包括：①风险管理哲学和风险偏好；②员工诚实度和道德观；③企业经营环境。同时，该报告还强调内部环境作为企业其他所有风险管理要素的基础，不仅影响企业战略和企业目标的制定、业务活动的组织和对风险的识别、评估和反应，还影响到企业的控制活动、信息和沟通以及监控活动的设计和执行。

二、内部控制系统的外部环境因素

虽然外部环境因素对企业而言是不可控的，但是它们对完善内部控制内容，提高内部控制效果仍然有着不可忽视的作用。这里仅对与企业内部控制相关的外部环境进行简单分析。

（一）经济环境

经济环境涉及很多因素，与企业内部控制工作相关的内容主要包括：

1. 经济体制

不同的经济体制决定了企业不同的组织形式和管理机制。而内部控制是企业管理机制中的重要组成部分，所以经济体制也就间接地决定了内部控制的内容。

2. 现代企业制度

现代企业制度的特征之一是产权明晰，企业所有者和经营者完全分离，二者之间的关系是委托代理关系。通过企业的内部控制制度，委托人可以了解经营者履行责任的情况并对工作业绩进行评价；同样经营者可向委托人报告自身职责的完成情况，以获取自己应得的利益。

3. 市场环境

市场是企业外部环境的主要组成部分。企业不仅要分析和研究与之密切相关的产出需求市场、投入供应市场，还应研究企业所处的市场竞争环境。企业效益与市场竞争程度密切相关，竞争将促使内部控制向效益改善的方向转变。

（二）法律法规及规范

内部控制是为企业取得经营效果、保证财务报告的可靠性、遵循适当的法规等而提供合理保证的一种过程。因此，所有对企业经济行为有约束力的法律法规及规范都应成为内部控制的法律环境的组成部分。内部控制有关法规的制定和执行直接影响着内部控制的效果，只有相关法规完善了，内部控制才能真正变成一个有法可依的过程，才能使内部控制本身更加严谨，更加有效。

（三）政府管制

在企业进行内部控制的过程中，政府为履行管制职能，一方面会颁布法规政策进行指导；另一方面政府还要监督企业对这些法规的执行情况。一般而言，政府对内部控制的管理作用主要体现在对内部控制制度的制定上。

（四）科学技术进步

科学技术进步对企业内部控制制度、控制手段、控制内涵以及各项控制工作产生了巨大的影响，引发了相关领域的变革和创新。科学技术进步带来了控制业务创新以及控制系统的信息化，因此，如何将科学技术进步所导致的新业务、新流程全部纳入控制体系成为内部控制建设的重要课题。

三、内部环境的主要构成要素分析

内部控制系统内部环境因素可以划分为四个部分：管理因素，组织因素，人的因素，新增因素。

（一）管理因素

1. 公司治理

公司治理是关于公司各利益主体之间责、权、利关系的制度安排，涉及决策、激励、监督机制的建立和运行等。公司治理对内部控制有重大影响。首先，公司治理是内部控制的基础和依据。根据 COSO 报告，内部控制五要素之首是"控制环境"，它是整个内部控制系统的基石，而公司治理是控制环境中最重要的组成部分。其次，公司治理是内部控制的组织保障。它具有权力配置功能、激励约束功能和协调功能。

2. 内部监督与内部审计

内部监督是指监控、评价企业内部控制的运行与结果。监督可以保证内部控制制度持续有效地运作。监督的过程，是由适当的人适当的时间，评估控制的设计和运行，并采取必要的行动。内部审计主要是对组织内部活动的节约性、效率性及效果性进行评价、鉴证，其目的是为了加强对整个企业的内部管理全过程的控制和监督。在企业实际运行过程中，内部监督的工作通常是由内部审计部门执行的。

（二）组织因素

1. 组织结构

组织结构从分工与协作的角度规定了公司内部各成员间的业务关系，它包括高层组织结构（股东会、董事会等）和执行层组织结构（中层、基层组织结构）。内部控制是伴随着组织的形成而产生的，随着组织结构的变化，内部控制内涵也发生变化。

2. 企业文化

企业文化是一切从事经济活动的组织之中形成的组织文化，是企业在长期的经营实践中形成的共同思想、作风、价值观念和行为准则，是一种具有企业个性的信念和行为方式。企业文化包含四个要素：企业制度文化；企业物质文化；企业行为文化；企业精神文化。这四者相互影响、相互作用，共同构成企业文化的完整体系。

（三）人的因素

1. 人力资源政策

人力资源政策一般包括：完善的招聘与选拔方针及操作性程序；对新员工进行企业文化和道德价值观的导向培训；对违反行为准则的任何事项制定纪律约束与处罚措施；对业绩良好的员工，制订具有奖励和激励作用的报酬计划等。良好的人力资源政策对更好地贯彻和执行内部控制有很大的帮助，还能确保执行企业政策和程序的人员具有胜任能力和正直品行。

2. 管理者素质

人是企业中重要的资源，亦是重要的内部控制环境因素，所以管理者素质影响着企业战略的选择和内部控制的有效性，并最终决定了企业的命运。

（四）新增因素

1. 会计信息

内部控制是控制主体通过信息的选择、传递和反馈，把行动和动作施加于被控制对象，将被控客体引入某一预定的目的的状态。如果离开了会计信息的加工和转换过程，就无法反馈信息，控制系统也就无法发挥作用。

2. 流程再造

流程再造理论是指利用信息技术和人的有机结合，重新设计业务流程等。在控制系统中最重要的组成部分就是企业的流程，流程代表了控制工作的程序。因此企业的流程一旦发生变化，内部控制也必须随之进行调整。

四、内部环境与内部控制互动

实际上，企业内部环境与内部控制之间，是一种相互依存、相互影响的互动关系，并非是一种单向的传递。企业的内部控制模式应该适应企业具体的内部环境条件，即根据企业具体的内部环境建立内部控制系统。一个有效的内部控制系统实际上是完善的内部环境的体现。反过来，内部控制的创新和深化也将促进企业内部环境的完善。

在国内外大量的企业管理实践中，很多证据表明内部环境变化是企业内管理者行为的直接结果。健全有效的内部控制通过产生高质量的会计信息能够改善和优化内部环境。如果缺乏完善的内部环境，内部控制制度即使再健全，也可能会被扭曲，难以得到有效的贯彻与执行。同样，如果没有健全的内部控制，内部环境也将因缺乏实际内容而难以落到实处。内部控制系统功能发挥的过程是内部控制与内部环境相互作用的过程，内部环境的完善直接影响着内部控制的结构与运作，关系到整个内部控制有效性和健全性的发挥。

五、内部环境的优化

我国上市公司内部环境的优化至少应该包含以下四项内容：

（一）股权结构的优化

合理分散股权，确立股东大会在公司治理中的核心地位，改变上市公司股权过于集中和国有股、法人股不能流通的问题，彻底改变由于一股独大情况的存在而导致的其他股东对董事会无法约束的状况。股权结构的多元化有利于形成不同利益主体的利益制衡，使得公司的经营决策更具科学性；同时要改进投票表决制度，完全推行委托投票制度、累积投票制度，以促进股东大会有效运作。

（二）董事会、监事会的构建机制优化

公司根据权力机构、决策机构、经营机构、监督机构相互分离、相互制衡的原则，形成了由股东大会、董事会、经理层和监事会组成的公司治理结构，其基本目的是弥补各相关利益者在信息、权利和责任等方面的不对等，以使各利害关系人在权力、责任和利益上相互制衡，实现企业效率和公平的合理统一。

（三）经理人员激励机制的优化

公司治理中的核心问题是经理人激励。相关研究成果表明，我国目前经理人的报酬水平与公司经营业绩之间的关系非常微弱，应当考虑从经理人激励的角度优化内部控制环境，如一方面设计、实施具有短期激励效应的收入分配激

励与具有长期激励效应的财产分配激励相结合的激励方案，另一方面加大经理人舞弊成本约束的力度，以便为内部控制的实施营造良好的环境。

（四）人力资源管理机制的优化

公司应建立以人为本的人力资源管理思想，注重提高人的综合素质、道德水准和法律意识，创造良好的氛围激发员工的积极性、主动性和创造性。首先，要实现文化建设中形式与内容的统一，注重实效，规章制度应该体现本企业的管理风格。其次，要注重文化建设中的整体性，避免文化建设中缺乏系统思考和顾此失彼的现象。再次，要突出管理者在企业文化建设中创造者、培育者、倡导者、组织者、示范者和激励者的作用，为管理层营造一个良好的环境，以便他们能够在企业文化建设中发挥示范的作用。最后，为员工素质的提高营造良好的环境。

第二节　治理结构

公司治理结构指的是内部治理结构，又称法人治理结构，是根据权力机构、决策机构、执行机构和监督机构相互独立、权责明确、相互制衡的原则实现对公司的治理。治理结构是由股东大会、董事会、监事会和管理层组成的，决定公司内部决策过程和利益相关者参与公司治理的办法，主要作用在于协调公司内部不同产权主体之间的经济利益矛盾，克服或减少代理成本。国内外关于公司治理或公司治理结构的定义有多种，主要类别有：一是强调公司治理结构的相互制衡作用，认为是股东、董事和高级管理人员形成的一种相互制衡关系；二是强调企业所有权或企业所有者在公司治理中的主导作用，认为公司治理结构只是企业所有权安排的具体化，企业所有权是公司治理结构的一个抽象概括；三是强调利益相关者在公司治理中的权益，认为公司治理结构包括董事会、监事会以及其他利益相关者代表，如职工代表、债权人代表等；四是强调市场机制在公司治理中的决定性作用，认为公司治理结构是所有者对一个经营管理和绩效进行监督和控制的一整套制度安排。

根据《企业内部控制基本规范》第十一条，企业应当根据国家有关法律法规和企业章程，建立规范的公司治理结构和议事规则，明确决策、执行、监督等方面的职责权限，形成科学有效的职责分工和制衡机制。

一、治理结构的类型

（一）单层制

单层制模式，也称一元制模式，即董事会集执行职能与监管职能于一身，其中监督职能在很大程度上是通过独立董事制度来实现的。通常包括内部（或执行）董事和外部非执行董事以及一些次级委员会，特点在于业务执行机构和监督机构并不分离。以英国、美国为代表的英美法系国家在公司治理结构上普遍采用单层董事会制度的模式。

单层制的董事会，不单独设立监事会，其监督功能由董事会下的内部审计委员会承担。内部审计委员会全部由外部独立董事组成，主要有两大特点：

第一，董事会大多由非执行董事（外部董事）组成，同时，董事会既是决策机构，又承担了监督功能。对经营者的监督在这种单层制的董事会模式中是一种内部化的形式。

第二，英美发达的证券市场收购监管机制和成熟的经理人市场约束了经理，外部市场对经理有很好的监管作用。在这种收购监管的外部威胁下，经理人员不得不尽职尽责。再加上国家的经理人市场相当发达，经理人的更替与业绩直接挂钩，这两种外部市场加强了对经理人的监督，客观上也使单层制的董事会有了存在的可能。

（二）双层制

双层制模式，也叫二元制模式，这种模式同一元制的主要区别在于执行职能和监督职能是分开的，即董事会负责执行职能，监事会负责监督职能。

双层制模式有两种变形，即垂直式和水平式。以德国、日本为代表的大陆法系国家普遍采用双层制模式。但以德国为代表的双层制模式，又普遍体现为垂直式双层制模式，即监事会在上，由股东代表和职工代表组成，主要发挥的是监督董事会（即监事会）的作用；董事会在下，主要由执行董事组成，实际发挥的是执行董事会的作用。由股东大会选举产生监督董事会，再由监督董事会公开招聘管理董事会成员，管理董事会负责企业的日常经营管理活动，其职能相当于美国公司的经理人员。监事会则主要代表股东利益监督管理董事会，但不直接参加企业的具体经营管理，其职能相当于美国公司的董事会。同时，管理委员会和监事会虽然同设于股东大会之下，但两者并非平行的机构，监督委员会的地位和权力在某些方面要高于管理委员会，而且，监督委员会的成员不能兼任管理委员会的成员。

而以日本为代表的双层制模式，通常实行的是水平式双层制模式，即监事会和董事会是平行的，都对出资人和股东代表大会负责。监事会主要行使监督执行董事和高级管理层的作用，而董事会则主要发挥执行的作用。

（三）我国实行的公司治理结构模式

从我国现行的相关法规和行政取向看，目前的公司治理制结构显然是两种模式交叉的混合模式，具有双重特征。一方面，从我国《公司法》的规定看，中国公司的治理结构采用的是类似于日本董事会和监事会并行的水平式双层制模式；另一方面，中国证监会在 2002 年颁布的《上市公司治理准则》中又突出强调了英美法系的独立董事制度下的单层制模式，但同时上市公司依据《公司法》要求成立的监事会制度在形式上也依然保留。

目前，在这种公司治理模式下，股东是公司的所有者，股东大会是公司的最高权力机构。董事会是由股东大会选举产生，由不少于法定人数的董事组成的，代表公司行使其法人财产权的必要会议体机关。监事会是由股东大会选举产生的监事组成，监事会主要是对董事和经理行使监督的职能。监事会的权力来源于股东大会。经营者或经理人是由董事会聘任负责企业经营管理的负责人。经理层也是公司的业务执行机关，与股东大会、董事会、监事会等机关不同的是，前三者都是会议体机关，而经理层则是由总经理一个人总负责的。

二、股东大会

股东大会是股东聚集在一起按照法定方式和程序决定公司法或章程规定的公司投资计划、经营方针、选举和更换董事与监事并决定其报酬等公司重大事项或方案的公司权力机关，是股东实现自己意志、行使自己权利的机构。

（一）股东大会的职能

根据《公司法》第一百零三条，股东大会行使下列职权：
（1）决定公司的经营方针和投资计划；
（2）选举和更换董事，决定有关董事的报酬事项；
（3）选举和更换由股东代表出任的监事，决定有关监事的报酬事项；
（4）审议批准董事会的报告；

（5）审议批准监事会的报告；

（6）审议批准公司的年度财务预算方案、决算方案；

（7）审议批准公司的利润分配方案、决算方案；

（8）对公司增加或减少注册资本做出决议；

（9）对发行公司债券做出决议；

（10）对公司合并、分立、解散和清算等事项做出决议；

（11）修改公司章程。

（二）股东的权利

我国《上市公司章程指引》第35条对股东权利做出了比较集中的规定：

（1）依照其所持有的股份份额获得股利和其他形式的利益分配；

（2）参加或者委派股东代理人参加股东会议；

（3）依照其所持有的股份份额行使表决权；

（4）对公司的经营行为进行监督，提出建议或者质询；

（5）依照法律、行政法规及公司章程的规定转让、赠与或质押其所持有的股份；

（6）依照法律、公司章程的规定获得有关信息，包括：缴付成本费用后得到公司章程和缴付合理费用后有权查阅和复印本人持股资料、股东大会会议记录、中期报告和年度报告、公司股本总额、股本结构；

（7）公司终止或者清算时，按其所持有的股份份额参加公司剩余财产的分配。

（三）股东大会的议事规则

我国《公司法》没有对股东大会的议事规则进行明确规定。例如《公司法》规定，普通决议须经出席会议的股东所持表决权的半数以上通过，特别决议须经出席股东大会股东所持表决权的2/3以上通过，但并没有对出席股东大会的法定人数作具体要求，因此，无论有代表多少股份的股东参加均可有效召开股东大会，并做出合法有效的决议，显然这样是不能保证所通过的决议能够反映多数股东的愿望。

1994年上海证券监督办公室发布了《关于上市公司股东大会议事规则的指导意见》对其进行了规范；中国证监会也于2000年5月发布了新的《上市公司股东大会规范意见》，其中对股东大会的议事程序作了很大改进。如就临时股东大会的召开权、股东大会召开程序的规范、股东大会的表决程序等作了较详细的规定。

三、董事会

董事会为公司最高业务执行机关，负有监督管理层的责任。董事会在性质上不同于股东大会。股东大会是公司的最高权力机构，而董事会是公司的最高决策机构，它们之间的关系也是一种委托—代理关系，董事会接受股东大会的委托，负责公司法人的战略和资产经营，并在必要时撤换不称职的经理人员。

（一）董事会的职能

（1）召集股东会会议，并向股东会报告工作；

（2）执行股东会的决议；

（3）决定公司的经营计划和投资方案；

（4）制订公司的年度财务预算方案、决算；

（5）制订公司的利润分配方案和弥补亏损方案；

（6）制订公司增加或减少注册资本以及发行公司债券的方案；

（7）制订公司合并、分立、解散或者变更公司形式的方案；

（8）决定公司内部管理机构的设置；

（9）决定聘任或者解聘公司经理及其报酬事项，并根据经理的提名决定聘任或者解聘公司副经理、财务负责人及其报酬事项；

（10）制定公司的基本管理制度。

《上市公司章程指引》第94条对此作了进一步的细化并加上了一条"兜底"条款，如规定："制定公司章程的修改方案；管理公司信息披露事项；向股东大会提请聘请或更换为公司审计的会计师事务所；听取公司经理的工作汇报并检查经理的工作；法律、法规或公司章程规定，以及股东大会授予的其他职权。"从《公司法》和《上市公司章程指引》的规定来看，董事会基本上是被定为股东会的执行机关。结合对股东大会的职权的规定看，董事会在很多事项上的"决定权"是必须报股东会批准。也就是，股东大会对公司重大事项享有最终的决定权，这也符合股东作为公司的最终控制者有权控制董事会的原则。

（二）董事会议事规则

从本质上讲，董事会就是一个通过董事之间的议事沟通、达成共识后共同努力经营管理好公司的制度框架，因此良好的议事机制是董事会充分发挥自身作用的关键因素，也是董事会独立性和有效性的重要保证。

《公司法》对我国董事会的议事程序做出了如下规定："董事会会议经三分之一以上的董事提议或有紧急事由时，即可召开董事会会议；董事会会议应由二分之一以上的董事出席方为有效。董事会做出决议，必须经全体董事的过半数通过；董事会会议，应由董事本人出席，可以书面委托其他董事代为出席董事会，委托书中应载明授权范围。董事会应当对会议所议事项的决定做成会议记录，出席会议的董事和记录员在会议记录上签名。董事应当对董事会的决议承担责任。董事会的决议若违反法律、行政法规或公司章程，致使公司遭受严重损失的，参与决议的董事对公司负赔偿责任。但经证明在表决时曾表明异议并记载于会议记录的，该董事可以免除责任。"

（三）董事会的任职资格

在董事会中，判断、决策、监督的主体是董事，因此，董事的职责直接影响到董事会的治理效率和工作成果。有关董事的任职资格规定主要有以下几个方面：

1. 年龄

我国公司法中未对董事最高年龄做出限制，对于最低年龄的限制则在董事消极资格中作了规定，即"无民事行为能力或者限制民事行为能力"的人不得担任董事，从而排除了未成年人担任董事的可能性。

2. 资格

我国公司法在规定董事资格时作了消极规定，规定了 5 种情形不得担任公司董事，包括：无民事行为能力和限制民事行为能力，经济犯罪执行期满未逾 5 年，或剥夺政治权利执行期满未逾 5 年；担任董事、经理或厂长的企业破产清算被吊销经营执照的公司、企业法定代表人，并负有个人责任的，该公司或企业被处罚之日起未逾 3 年的；个人所负数额较大债务到期未偿还的。另外，还规定了国家公务员不得兼任公司的董事、监事、经理。

3. 持股

随着公司股东的分散化，以及对董事专业技能的要求越来越高，对董事担任职务必须持有股份的规定已经并不十分严格。我国公司法中没有董事股份数额的具体规定，但是规定了"公司董事、监事、经理应当向公司申报所持有的本公司股份，并在任职期间内不得转让"，从而在一定程度上反映了我国公司法对董事持股重要性的重视。

4. 能力和专业知识

对于上市公司来说，一些证券交易所通过制定上市规划的办法，对董事的能力和专业知识提出一定的要求。一般来说，董事至少应具备包括会计或财务、国际市场、商务或管理经验、行业知识、客户基础的经验或角色、危机反应、领导或战略计划等方面的能力。

四、监事会

由于权力制衡的需要，公司治理结构中一般包含监事会。监事会是股东会领导下的一个专司监督的机构，是出资者监督权的主体，与董事会并立，并对董事会和总经理行政管理系统行使监督权的机构。

（一）监事会的职权

（1）检查公司的财务；

（2）对董事、经理执行公司职务时违反法律法规或者公司章程的行为进行监督，对违反法律、行政法规、公司章程或者股东会议决议的董事、高级管理人员提出罢免的建议；

（3）当董事和经理的行为损害公司的利益时要求董事或经理予以纠正；

（4）提议召开临时股东大会，在董事会不履行本法规定的召集和主持股东会会议职责时召集和主持股东会会议；

（5）向股东会会议提出提案；

（6）对董事、高级管理人员提起诉讼；

（7）公司章程规定的其他职权。

上市公司章程指引对此也并没有予以更多的强化或改变，只是在其第137条规定，监事会行使职权时，必要时可以聘请律师事务所、会计师事务所等专业性机构给予帮助，由此发生的费用由公司负担。

（二）监事的义务

（1）注意义务。因为监事与公司之间是一种基于信任的经营监督之法定代表关系。因而，他与董事一样在行使其权力时，应尽善良管理人的主要义务，履行好自己的监督职责。如英国判例法认为，审计员应当按照一个有适当能力而小心谨慎的审计员所应具备的技能，谨慎和细心地处理他的工作，此即审计员的注意义务。

（2）持股义务。关于监事"持股"义务的设计，与董事、经理一样，监事负有申报所持有的本公司的股份，并在任职期间内不得转让的义务。而对于监事在任职期间能否增加股份持有量，没有明文规定。

（3）对董事拟提交公司股东大会的各种财务账簿及其他文件进行核实调查，并向股东大会提出意见。

（4）不得兼任董事、经理或公司其他职员，以保证监事地位的超然独立。

（三）监事会议事规则

我国《公司法》规定，监事会决议应经半数以上的监事通过，并且赋予了公司自行制定监事会议事方式和表决程序的权利，对监事会如何召集、如何表决、决议通过的原则、一年内开多少次会议、可委托他人出席、会议记录保存、责任的承担均由公司自行在章程中规定。

《上市公司章程指引》规定相对详细，要求监事会每六个月至少召开一次会议。监事可以提议召开临时监事会会议，监事会应当对所议事项的决定做成会议记录，出席会议的监事需在会议记录上签名。

（四）监事会的任职资格和人数构成

监事的资格是担任监事的条件。从各国的立法情况来看，一般有积极资格和消极资格的规定。我国《公司法》详细规定了监事任职的消极资格。《公司法》第一百一十八条规定，董事、高级管理人员不得兼任监事。《公司法》第一百四十七条规定了不得担任监事的五种情况：

（1）无民事行为能力或者限制民事行为能力；

（2）因贪污、贿赂、侵占财产、挪用财产或破坏社会主义市场经济秩序，被判处刑罚，执行期满未逾五年，或者因犯罪被剥夺政治权利，执行期满未逾五年；

（3）担任破产清算的公司、企业的董事或者厂长、经理，对该公司、企业的破产负有个人责任的，自该公司、企业破产清算完结之日起未逾三年；

（4）担任因违法被吊销营业执照，责令关闭的公司、企业的法定代表人，并负有个人责任的，自该公司、企业破产清算完毕之日起未逾三年；

（5）个人所负数额大的债务到期未偿清。

可见，我国《公司法》仅规定了监事的消极资格，而没有规定监事任职的积极资格。

在监事会成员数目的设计上，除了遵照我国《公司法》的规定"股份有限公司设监事会，其成员不得少于三人。监事会应包括股东代表和适当比例的公司职工代表，其中职工代表的比例不得低于三分之一，具体比例由公司章程规定。监事会中的职工代表由公司职工通过职工代表大会、职工大会或者其他形式民主选举产生。……董事、高级管理人员不得兼任监事"，还应考虑公司规模、职工人数以及投资者与经营者之间的关系，区别对待。对规模大、职工多的公司，监事人数可多些；而规模小、职工人数少的公司，监事人数可适当少些。当投资者与经营者两者一体时，公司可少设监事人数；当两者不同时，监事人数可适当增加。

五、经理层

经理层由董事会委任，是公司的代理人，具体负责公司经营管理的日常工作，主要包括协助董事会制定公司战略并负责具体实施，如制定公司长短期计划；制定、建议并实施公司财务总战略；制定并实施有关公司预算和管理控制程序，确保公司管理者能够掌握正确信息，以明确目标、做出决策、监督绩效；具体管理公司的劳动人事、生产经营、市场营销以及财务事项。

（一）总经理的职权

总经理受董事会之委托，承担公司日常经营管理，必须拥有一定的职权。我国《公司法》规定，总经理行使下列职权：

（1）主持公司的生产经营管理工作，组织实施董事会决议；

（2）组织实施公司年度经营计划和投资方案；

（3）拟订公司内部管理机构设置方案；

（4）拟订公司的基本管理制度；

（5）制定公司的具体规章；

（6）提请聘任或者解聘公司副经理、财务负责人；

（7）聘任或者解聘应由董事会聘任或者解聘以外的负责管理人员；

（8）公司章程和董事会授予的其他职权。

（二）总经理的责任

总经理拥有一定职权的同时，也承担相应的责任，主要有：

（1）应当遵守公司章程，忠实履行职务，维护公司利益，不得利用在公司的地位和职权为自己牟取私利；不得利用职权收受贿赂或者其他非法收入，不得侵占公司的财产；

（2）不得挪用公司资金或者把公司资金借贷给他人；不得将公司资产以其个人名义或者其他个人名义开立账户存储；不得以公司资产为本公司的股东或者其他个人债务提供担保；

（3）不得自营或者与他人经营与其所任职公司同类的营业或者从事损害本公司的利益的活动；

（4）除依照法律规定或者经股东会同意外，不得泄露公司秘密。

（三）总经理的聘任体制

总经理的聘任是经理机关运行的首要环节，也是非常重要的一个环节。聘任总经理是董事会的职权，董事会通过投票，以多数通过的方式决定总经理的人选，继而与受聘总经理签订聘任合同，从而完成聘任过程。另外，公司副总经理和财务负责人的聘任是以总经理提名，董事会通过的方式来聘任的。在聘任过程中，总经理的素质是董事会考虑的关键要素，主要包括品质因素，即事业心、道德和工作作风；知识素质，即专业知识、经济学、法律知识；能力素质，即决策能力、创新能力和指挥领导能力；身心素质，即身体和心理素质。

六、审计委员会

2008 年，中国内部控制标准委员会发布的《企业内部控制基本规范》第十三条规定，企业应当在董事会下设立审计委员会。审计委员会负责审查企业内部控制，监督内部控制的有效实施和内部控制自我评价情况，协调内部审计及其他相关事宜等。审计委员会负责人应当具备相应的独立性，良好的职责操守和专业胜任能力。

审计委员会的运行机理

设立审计委员会的过程是一个对公司内部治理结构进行调整的过程。审计委员会向董事会负责，其工作的本质是对公司的财务报告和经营活动进行独立的评价，从而对公司的经营管理层进行有效的监督，达到有效控制代理人的目的。随着审计委员会制度的发展，审计委员会的功能得到了拓展，其不仅为企业的经营提供有效的决策支持，而且能够为投资者、债权人等企业的利益相关人传递一种有益于企业发展的信息，这使其具备了通过外部治理来促进内部治理的功能。

1. 审计委员会与董事会的关系

审计委员会是董事会下的一个专门委员会，对董事会负责并代表董事会对经理层进行监督，侧重于加强对经理层提供的财务报告的监督和控制，同时通过监督内部审计和外部审计工作，提高内部审计和外部审计的独立性，在董事会内部对公司的信息披露、内部审计及外部审计建立起一个控制和监督的职能机制。从这个角度来说，审计委员会的侧重点是对财务报告呈报体系的治理，提高财务报告的透明度，可以更好地评价经理层受托责任的履行情况，所以审计委员会还是对股东负责的。

2. 审计委员会与监事会的关系

在组织机构层次上监事会高于审计委员会，它是作为董事会的制衡机制而出现的。因此，监事会职责的重点是对董事会的监督，即对董事会中的董事及董事会的经营管理者行为的监督。它是一种事后的监督，没有参与公司经营决策的职能。而审计委员会则可以通过监督公司内部控制的有效性、财务报告的公允性以及为董事会的决策提供依据，把监督机制引入到公司的决策层面上来。这种事前、事中、事后的监督机制比起监事会单纯的事后监督体制具有明显的优越性，可以在很大程度上弥补监事会的功能缺陷。

3. 审计委员会与内部审计的关系

审计委员会为董事会的控制监督服务，内部审计为经营管理服务，但双方目标相同，都致力于内部控制系统的独立评估。审计委员会隶属于董事会，内部审计隶属于管理层，从而审计委员会比内部审计的地位更高，形成对内部审计的监督关系。

4. 审计委员会与外部审计的关系

审计委员会最初产生的原因肇始于众多的公司舞弊案与财务失败，因此需要在董事会中建立一支独立的财务监督力量，以强化注册会计师的独立性。由董事会下属的审计委员会代表董事会与注册会计师提供适当的沟通渠道，可减少管理层对注册会计师审计的干涉，进而大大增进注册会计师审计的独立性，起到保护注册会计师审计体制、维护资本市场的正常运作的重要作用。

第三节　内部机构设置与权责分配

公司制企业中股东大会（权力机构）、董事会（决策机构）、监事会（监督机构)、总经理层(日常管理机构)这四个法定机构为内部控制机构的建立、职责分工与制约提供了基本的组织框架,但并不能满足内部控制对企业组织结构的要求,内部控制机制的运作还必须在这一组织框架下设立满足企业生产经营所需的职能机构。《企业内部控制基本规范》第十四条规定,企业应当结合业务特点和内部控制要求设置内部机构,明确职责权限,将权利与责任落实到各责任单位。因此,我国的企业应该根据相关法规规定并结合企业自身的特点建立适合企业内部控制需要的组织结构。

一、组织结构设置

企业组织结构的设置是把实现企业目标所需要的工作进行分解,并根据专业化分工、有效协调和精简节约的原则进行机构与部门的设计,以规范企业成员的工作及其相互间联系,使企业成员能在一定的组织规范内既分工又协作地为实现企业目标而共同努力。

(一) 组织结构设置遵循的原则

组织所处的环境、采用的技术、制定的战略、发展的规模不同,所需的职务和部门及其相互关系也不同,但任何组织在进行结构设计时,都需要遵守一些共同的原则。

1. 任务目标原则

组织结构设置的目的是更好地实现企业的经营任务和目标,企业经营任务的好坏,又是衡量组织设计是否有效的最终标准。因此,在组织设置时要分析岗位部门设置的必要性与合理性,以及保证其有效运转的组织方式。

2. 有效管理幅度原则

管理幅度过宽或者过窄都会给企业带来管理上的问题,因而在设计组织结构时应充分考虑环境、工作性质、人员素质等有形的与无形的影响因素,选择合理的管理幅度从而既保证任务执行的效率又保障经营成本的合理化。

3. 分工协作原则

企业组织结构的设置要实行专业化分工的原则,以利于提高管理工作的质量和效率,具体的表现就是将人、财、物恰当地分配在组织结构中。在实行专业分工的同时,要重视部门间的协作配合,加强横向协调,以发挥管理的整体效率。

4. 权责对等的原则

企业是企业利益相关者权力寻租和权利诉求的综合体，所以在进行组织变革时首先且必须遵循的原则就是权责对等原则。要避免由于权力小于责任，导致责任无法履行，或者是由于权力大于责任，导致权力滥用情况的发生。

5. 便于操作的原则

组织变革是一项极其复杂、极其困难的工作。在组织结构设置时应根据公司的实际情况按照"功能越全越好，用人越少越好"的要求来进行内部协调与人力分配。

6. 动态适应性原则

企业的组织管理活动总是在一定的环境中，受制于一定的技术条件，因此企业组织结构的设置必须考虑组织现有的规模及其所处的生命周期，例如：不同的战略要求开展不同的业务活动，这会影响管理职务的设计；战略重点的改变，会引起组织工作重点的改变，需要对各管理职务及部门之间的关系做出相应的调整；信息处理的计算机化，必将改变组织中会计、文书、档案等部门的工作形式，会造成企业内部业务流程重组。

（二）组织结构设计的程序

1. 确定组织设计的基本方针和原则

根据企业的任务、目标以及企业的外部和内部条件，确定企业进行组织设计的基本思路，规定一些设计的主要原则和主要参数。这些都是进行组织设计的基本依据。

2. 进行职能分析和职能设计

确定为了完成企业任务、目标而需要设置的各项经营职能和管理职能，明确其中的关键性职能；不仅要确定全公司总的管理职能及其结构，而且要分解为各项具体的管理业务和工作。

3. 设计组织结构的框架

设计组织结构的框架即设计承担这些管理职能和业务的各个管理层次、部门、岗位及其权责。这是组织设计的主体工作。框架设计可以有两种方法：①自下而上的设计方法。即先具体确定企业运行所需的各个岗位和职务；然后按一定的要求，将某些岗位和职务组合成多个相应独立的管理部门；再根据部门的多少、设计和幅度要求，划分出各个管理层次。②自上而下的设计方法。它的确定程序同上一种方法相反，首先，根据企业的各项基本职能及集权程度的设计原则，确定企业的管理层次；其次，进一步确定各管理层次应设置的部门；最后，将每一部门应承担的工作分解成各个管理业务和岗位。

4. 管理规范的设计

确定各项管理业务的管理工作程序、管理工作应达到的要求（管理工作标准）和管理人员应采用的管理方法等。这一步工作是组织结构设计的细化，它使设计出来的组织结构合法化和规范化，起到巩固和稳定组织结构的作用。

5. 人员配备和训练管理

完成上一步任务后，组织结构本身的设计工作可以说已经完成，但是组织结构最终要通过人来实施和运行，所以以组织结构运行的一个重要问题是配备相应的人员。一般来说，结构设计先暂不考虑现有人员的具体情况，而是在设计实施时按设计要求的数量和质量来配备各类管理人员。

6. 反馈和修正

组织设计是个动态的过程。在组织结构运行的过程中，会发现前述步骤中尚有不完善的地方，新的情况不断出现，这就要求对原设计做出修改。因此，企业要将组织结构运行中的各种信息反馈到前述各个环节中去，定期或不定期地对原有组织设计做出修正，使之不断完善，不断符合新的情况。

（三）组织结构设置合理性的要求

组织设计就是对组织的构想和规划，其最终结果是组织图和职务说明书。组织设计的目的是建立一种与环境及组织目标相一致的职务结构。因此，合理的结构设置实际上还需要以下要素的实现：

1. 企业组织的权力分配

主要通过对人员岗位的安排和制度的设计予以分配，这实际上分成两个层次：一是公司战略层面的治理；二是公司经营层面的权力分配。对于经营层面的权力分配可有至少两种选择：一是以传统的职能部门为主进行设计；二是以流程为主进行设计。

2. 企业组织权利配置

主要通过有关的制度设计进行，包括公司高层、中层和底层的权利配置，这种配置主要以一类人群为对象进行研究。

3. 企业组织运行机制的设计

主要研究企业组织如何建构运行机制，使企业成为动态的弹性敏捷系统，通过动态变化应对权力和权利的变化。

4. 组织变革过程的管理

主要研究组织变革的内容间的互动关系、互动过程，通过对企业组织权力——权利系统的分析确定组织变革的内容，并根据这些内容研究实施变革的途径及变革的管理。

二、内部控制权责定位

从某种意义上说，内部控制由谁负责，是关系到内部控制能否发挥实效的根本问题。对于内部控制的评价必须从公司治理环境的角度审视内部控制，考察内部控制责任是否落到实处，否则内部控制制度再完善也是徒有其表。

（一）萨班斯法案的规定

萨班斯法案总的原则是把财务报告可靠性和有关内部控制的责任落实到实际执掌公司权力的关键人物身上，实际是从美国公司的现实情况出发，突破了内部公司治理和内部控制的机械分割，加强董事会和管理层的责任。具体要求包括：

首席执行官、首席财务官及类似职能人员必须签字保证：建立和维持内部控制；设计的内部控制能够保证签字官员了解公司及合并范围内的子公司的重大信息；在定期报告披露的 90 天内对内部控制的有效性做出评价；在定期报告中提供对内部控制有效性评价的结论性意见。同时，签字官员还必须向公司的审计师和公司董事会的审计委员会报告：包括设计和运行内部控制中是否存在影响公司记录、处理、汇总和报告财务数据的重大缺陷；涉及管理当局或在内部控制系统中担任重要角色人员的舞弊，不论舞弊情况严重与否都要报告。

（二）我国的规定

董事会在公司管理中居于核心地位，董事会应该对公司内部控制的建立、完善和有效运行负责。原因在于：

（1）对于董事会而言，建立内部控制框架是为了通过"不丧失控制的授权"来保证公司有效运行、完成公司的目标；

（2）内部控制是董事会抑制管理人员在获取短期盈利机会中的机会主义倾向，保证法律、公司政策及董事会决议切实贯彻实施的手段；

（3）内部控制以及涉及内部控制的信息流动构成解决信息不对称、保证会计信息真实可靠的重要手段，而确保信息质量是董事会不可推卸的责任。

监事会对董事会建立与实施内部控制进行监督。我国法律法规没有明确规定监事会对内部控制的责任主体，间接涉及的有三处文件：

（1）《关于上市公司做好各项资产减值准备等有关事项的通知》（1999年），要求上市公司本着审慎经营、有效化解资产损失风险的原则责成相关部门拟定或修订内部控制制度，监事会对内部控制制度制订和执行情况进行监督；

（2）《年度报告编报规则》（1999年修订），规定监事会应发表的独立意见包括"是否建立完善的内部控制制度"；

（3）《上市公司治理准则》（2001年），指出审计委员会的职责包括"监督公司的内部审计制度及其实施"、"审查公司的内控制度"等。

公司管理层对内部控制制度的有效执行承担责任，其中处于不同层级的管理者掌握着不同的控制权力并承担相应的责任，同时相邻层级之间存在着控制和被控制的关系。这种观点的出发点是承认内部公司治理和内部控制的明确划分。内部公司治理解决所有者、董事会和经理层的制衡关系，是用来约束、激励和监督经营者的控制制度；内部控制则是管理当局与其下属之间的管理控制关系，是面向次级管理人员和员工的控制。

我国的公司法规定，公司应设立内部稽核部门协助董事会及管理层检查发现内部控制制度的缺陷和实施中存在的问题，考核经营的效果和效率，评价战略目标实现的风险，并及时提供改进建议，确保公司有效实施内部控制制度。同时，还需根据公司实际情况制定相关内部稽核实施细则，实施细则至少应包括如下内容：

（1）董事会对稽核的授权；

（2）公司下属机构对稽核的配合义务；

（3）对内部控制制度检查的项目、时间、程序及方法；

（4）稽核工作报告的方式；

（5）稽核工作相关的责任；

（6）稽核工作的激励方式。

第四节　内部审计

《企业内部控制基本规范》第十五条规定，企业应当加强内部审计工作，保证内部审计机构设置、人员配备和工作的独立性。

内部审计机构应当结合内部审计监督，对内部控制的有效性进行监督检查。内部审计机构对监督检查中发现的内部控制缺陷，应当按照企业内部审计工作程序进行报告；对监督检查中发现的内部控制重大缺陷，有权直接向董事会及其审计委员会、监事会报告。

内部审计控制是内部控制的一种特殊形式。根据中国内部审计协会的解释，内部审计是指组织内部的一种独立客观的监督和评价活动，它通过审查和评价经营活动及内部控制的适当性、合法性和有效性来促进组织目标的实现。内部审计的范围主要包括财务会计、管理会计和内部控制检查。

一、内部审计的职能和作用

（一）内部审计的职能

现代内部审计主要具有监督、评价、控制和服务四种职能。

1. 监督职能

监督职能就是监察和督促企业内部人员在其授权范围内有效地履行其职责，以保证企业的各项活动在符合企业内部的方针、政策、程序、政府的法律法规的条件下正常运行。监督职能是内部审计最原始、最基本的一种职能。无论是早期的查错防弊，还是现代各种检查和评价活动，都蕴涵着监督的性质。现代企业分权化管理越来越显著，从而出现部门责任制和经营责任制，这样使各级部门都享有更多的自治权，企业最高管理层对其掌管资产的使用情况以及他们制定的方针政策的贯彻执行程度就会产生更多的关心和疑虑，于是内部审计人员便会被授权代表企业最高管理层去监督检查企业内部运行情况。

2. 评价职能

评价职能是指内部审计人员依据一定的审计标准对所检查的活动及效果进行合理的分析和判断。评价是建立在掌握实际情况的基础上进行的，审核、检查是评价的前提。为实现组织目标所从事的一切生产、经营、管理活动，都是评价的对象。评价过程实质就是针对审核、检查中发现的问题和缺陷进行评议，从而肯定成绩、指出不足的过程。审计的结论和建议也是从评价的角度做出判断和提出改进措施的，评价职能是内部审计的核心职能，它隐含在整个审计过程中。

3. 控制职能

控制职能是指内部审计作为一种管理控制，通过内部审计人员独立的检查和评价活动，衡量和评价其他内部控制的适当性和有效性的功能。内部审计是企业整体内部控制系统的一个重要环节，它是对其控制的一种再控制，相比较其他控制形式，它更具全面性、独立性。内部审计不仅需要评估内部控制本身是否存在缺陷，还要评估内部控制是否得到有效的执行。内部审计人员应当实行必要的审计程序，对风险识别过程进行审查与评价，重点关注组织面临的内、外部风险是否已得到充分、适当的确认。内部审计部门已经是企业内部一个具有管理性质的职能部门。

4. 服务职能

服务职能是指通过对被审查活动的分析、评价，向组织内成员提供改进工作的建议和咨询服务，从而帮助组织内成员有效地履行其职责，提高其工作质量的功能。监督和服务是同时的，服务职能存在于监督职能之中。在现代内部审计中，服务职能得到了越来越多的重视。在美国的内部审计实务中，与被审查活动相关的管理人员和作业人员被看作是内部审计人员的顾客。内部审计人员对管理原则和内部经营情况比较熟悉，常常被邀请向需要帮助的管理人员提供咨询服务。由于内部审计对本单位的程序、风险及战略有全面的了解，其工作具有综合性。

现代企业对客观的、高质量的信息需求已经不局限于单纯的财务信息，内部审计人员的专业胜任能力、独立性，促进内部审计职能向更综合、更全面的方向发展。

（二）内部审计的作用

内部审计的作用，是随着审计目标的变化而变化的。传统内部审计侧重于对财务报表的审查，主要是起到了防护性的作用。而现代内部审计领域的逐步扩大，内部审计的范围也不再局限于传统的财务领域，已经涉及了企业单位的管理活动。内部审计的建设性作用，即促进改进管理和控制的作用就显现出来了。内部审计的作用可以概括为以下两个方面：

1. 防护性作用

防护性作用是指通过内部审计的检查和评价企业内部的各项经济活动，发现那些不利于本企业目标实现的环节和方面，防止给企业造成不良后果。防护性作用主要表现在以下方面：

（1）有利于健全企业内部控制制度。通过内部审计部门对组织内部系统的检查评价，可以改进控制系统中的薄弱环节，避免因管理和控制的缺陷带来各种损失，促使内部控制制度的进一步健全和完善。

（2）有利于保护资产的安全完整和信息的真实可靠。通过内部审计部门对组织经济活动的检查、分析、及时追回款项。另外，通过审查评价，查证账簿资料及其他信息资料反映的内容是否真实、正确、及时，检查信息沟通渠道是否健全、通畅，避免因信息错误或不及时导致决策的错误。

2. 建设性作用

建设性作用是指通过对审查活动的检查和评价，针对管理和控制中存在的问题和不足，提出富有建设性的意见和改进方案，从而协助企业改善经营管理，提高经营效益，以最好的方式实现组织的目标。建设性作用主要表现在以下方面：

（1）督促被审计单位建立符合成本效益原则的内部控制制度，促进现代化管理水平的提高，使实现目标的各种活动都得到有效的控制，杜绝实际和潜在的管理漏洞。

（2）可以推荐更经济、有效的资源管理方式，帮助管理者优化资源配置，提高经济效益，增加企业价值，增强企业的竞争能力。

二、内部审计机构

（一）内部审计机构设置

目前，我国内部审计机构的设置存在多种模式，归结起来主要有以下五种：

1. 隶属于财务会计部

内部审计的一个重要部分就是对财务信息的审计，财务会计部就是被审计部门之一，而将内部审计部设置在财务会计部下，则很难保证内部审计的独立性。在这种设置方式下，内审机构只是开展部分日常性的审计工作，极大削弱了内部审计的功能作用，独立性严重受损。这种设置方式是不可取的。

2. 隶属于纪委或监察室

纪委和监察室也是对企业内部相关职能的监督，内部审计机构隶属于它们，监督职能可以突出，但内部审核的其他职能则会相对削弱。同时纪委是党的办事机构，监察室隶属于行政监察机构，将内审机构隶属于纪委或监察室，容易造成党政不分，政企不分，内部审计职能不清晰。因此这种设置方式也不利于内部审计功能的发挥。

3. 隶属于总经理

总经理是公司的最高层经营管理人员，直接对董事会负责。内部审计机构隶属于总经理，有利于为经营决策服务。同时这种设置方式可以使内部审计部门与财会等职能部门相对平行独立，能够在一定程度上保持内部审计的独立性和较高层次的地位，便于内部审计对这些职能部门进行有效的评价和监督。但这种设置却不利于内部审计机构对总经理决策及其经济行为进行监督。此外，总经理下属部门的很多活动是在其授意下进行的，内审机构对这些部门的检查，可能会受到一定程度的限制和阻碍，造成审计范围相对窄小，审计工作受到限制，不能完全保证内部审计职能的正常发挥。

4. 隶属于监事会

监事会是公司的监督机构，由股东代表和职工代表组成，主要是对董事、经理执行公司职务时违反法律、法规或公司章程的行为进行监督。将内部审计机构设在监事会，虽然从独立性和设置层次上来说都较高，但内部审计机构设在监事会下，突出了检查的职能，却容易忽略控制和咨询服务的职能，实际中往往会将两者的工作混为一谈，或顾此失彼，从而削弱彼此应有的作用。此外，内部审计容易与管理层脱钩，不利于公司改善经营管理，提高经济效益。

5. 隶属于董事会

董事会是公司的经营决策机构，直接对股东大会负责。董事会下设置内部审计机构，这样能够形成相互制约、相互联系的严密内控系统，即股东大会通过监事会对董事会实施内控，董事会通过内部审计对总经理及其他管理者实施内控。内部审计协助高级管理层，使其能够有效履行管理职责，是对内部会计控制执行情况的再控制。将内部审计机构设在董事会，可以保持内部审计较强的独立性、较高的地位，同时也便于其与经营管理层沟通，便于对管理层的评价监督。不足的是，董事会是集体讨论制，并且每年仅仅有几次集中会议，凡事都通过董事会集体讨论决定，日常的汇报工作难以进行，正常的审计工作就会受到影响。因此，可在董事会下设审计委员会，审计委员会通过批准内部审计机构负责人的任免、内部审计部门工作日程、人员预备计划、费用预算的审查和批准以及和决策管理人员一起复查组织内部审计人员的业绩等方式，与决策管理部门共同承担管理内部审计部门的职责。因此，这种方式是较合适的设置。

（二）内部审计机构的职责

根据《审计署关于内部审计工作的规定》第9条中自主权规定，内部审计机构按照本单位主要负责人或者权力机构的要求，履行下列职责：

（1）对本单位及所属单位（含占控股地位或者主导地位的单位，下同）的财政收支、财务收支及其有关的经济活动进行审计；

（2）对本单位及所属单位预算内、预算外资金的管理和使用情况进行审计；

（3）对本单位内设机构及所属单位领导人员的任期经济责任进行审计；

（4）对本单位及所属单位固定资产投资项目进行审计；

（5）对本单位及所属单位内部控制制度的健全性和有效性以及风险管理进行评审；

（6）对本单位及所属单位经济管理和效益情况进行审计；

（7）法律、法规规定和本单位主要负责人或者权力机构要求办理的其他审计事项。

（三）内部审计机构的管理

根据《内部审计具体准则第 24 号——内部审计机构的管理》的规定，内部审计机构的管理，是指内部审计机构对内部审计人员和内部审计活动实施的计划、组织、领导、控制和协调工作。内部审计机构应当接受组织董事会或最高管理层的指导和监督，内部审计机构负责人对内部审计机构管理的适当性和有效性负完全责任。

内部审计机构应建立内部审计章程，章程内容应涵盖审计目标、内部审计机构在组织中的地位以及内部审计机构的职责和权限范围。

内部审计机构实行项目管理制，内部审计机构负责人对审计项目的管理负领导责任，其职责范围主要包括：

（1）选派审计项目负责人并对其进行有效的授权；

（2）审批项目审计计划；

（3）对审计项目的实施进行总体督导；

（4）审定并签发审计报告；

（5）其他有关事项。

审计项目负责人对审计项目的管理负直接责任。其职责范围主要包括：

（1）制定项目审计计划；

（2）制定审计方案；

（3）组织审计项目的实施；

（4）对项目审计工作进行现场督导；

（5）编制审计报告；

（6）组织后续审计的实施；

（7）其他有关事项。

三、内部审计程序

内部审计程序通常包括准备阶段、实施阶段、终结阶段以及后续审计四个环节。内部审计机构应根据管理层确定的职责范围和委托的工作任务对审计项目按必要的程序开展内部审计工作。

应注意的是，虽然内部审计应遵循一定的程序，但内部审计人员的工作过程却不是一个机械单一的过程。内部审计人员应充分运用自己的专业技能和职业判断力完成审计工作。

第五节　人力资源政策

《企业内部控制基本规范》第十六条规定，企业应当制定和实施有利于企业可持续发展的人力资源政策。人力资源政策应当包括下列内容：

（1）员工的聘用、培训、辞退与辞职。

（2）员工的薪酬、考核、晋升与奖惩。

（3）关键岗位员工的强制休假制度和定期岗位轮换制度。

（4）掌握国家秘密或重要商业秘密的员工离岗的限制性规定。

（5）有关人力资源管理的其他政策。

人力资源政策是影响企业内部环境的关键因素，它所包括的雇佣、培训、评价、考核、晋升、奖惩等业务向员工传达着有关诚信、道德行为和胜任能力的期望水平方面的信息，这些业务都与公司员工密切相关，而员工正是公司中执行内部控制的主体。一个良好的人力资源政策，能够有效地促进内部控制在企业中的顺利实施，并保证其实施的质量。

一、员工职业生涯管理

员工的职业生涯计划和企业内部控制是否能够得到有效运行是息息相关的，职业发展计划将直接影响到员工对内部控制的态度，如果企业对员工的职业生涯规划不清晰，员工的晋升途径过慢，员工就很可能会对内部控制产生消极的态度。因此，企业建立起完善的职业生涯管理体系，则能增强员工的忠诚度和主动性，增强员工对企业的认可度，有利于内部控制在企业内部的推行。职业生涯计划是协调员工职业发展需要和企业人力资源需要的重要方面。

（一）职业生涯管理的含义

职业生涯管理，是指企业和员工个人对职业生涯进行设计、规划、执行、评估和反馈的一个综合性过程。通过员工和企业的共同努力与合作，使每个员工的职业生涯目标与企业目标相一致，使员工的发展与企业的发展相吻合。因此，职业生涯管理包含两个方面：一是员工的职业生涯自我管理，员工是自己的主人，自我管理是职业生涯成功的关键；二是企业协助员工规划其职业生涯发展，并为员工提供必要的教育、训练、轮岗等发展的机会，促进员工职业生涯目标的发展。对内部控制产生影响的主要在后者，因此，我们在此主要关注职业生涯管理在企业层面的实施。

企业层面的职业生涯管理的内涵有以下几点：

（1）职业生涯管理的主体是企业；

（2）职业生涯管理的客体是企业员工及其所从事的职业；

（3）职业生涯管理是一种动态管理；

（4）职业生涯管理是将企业目标同员工个人职业发展计划融为一体的管理活动。

（二）影响职业生涯管理的因素

1. 企业环境

企业环境包括企业的经营理念、企业文化、领导者的管理风格、经营策略、产品（服务类别及市场）等。其中最重要的是领导者，他的素质和价值观决定了一个企业的文化、管理方式和经营哲学。如果企业领导者不重视员工的职业发展，职业生涯管理就很难有效地推行下去。

2. 企业内其他管理系统的配合

这里指的是企业内各种制度间的相互协调。职业生涯管理系统所涉及的范围不仅仅局限于职业生涯计划本身，还包括合理的培训制度、晋升制度、考核制度、激励制度等，是员工职业发展的制度保障。制度不健全或者不合理，员工的职业发展就难以实现。

企业职业生涯管理系统的发展，是一个循环往复的过程，是必须持续进行的。它是必须不断修正改进的，再以长期、分阶段方式实施推动，制定各阶段工作与相关人员的职责，并建立充分的沟通渠道以使其达成团体共识。只有不断发展改进，才能真正发挥职业生涯管理的功效，增强企业的竞争力。

3. 职业生涯管理的实施过程

（1）协调企业目标与员工个人目标。现今社会中，企业员工是企业发展的重要因素，也是企业竞争力的有力体现。员工职业目标的实现与企业成长是一致的。企业目标和员工个人是可以有效统一起来的。职业生涯管理是培养员工的重要途径，企业只有树立了人力资源开发的思想，才能真正实施职业生涯管理。

（2）企业要给员工设计道路。企业应该帮助员工制定职业生涯计划，直接为员工的职业生涯发展提供咨询和指导，提供企业有关职务工作和绩效考核的资料，直接参与其职业生涯计划的制订或给予建议。

（3）帮助员工实现职业生涯计划。企业应通过以下途径帮助员工有计划、分阶段地实现其职业生涯计划。

①提供阶段性的工作轮换。工作轮换可以使员工在不同的工作岗位中了解自己的职业倾向，便于寻找到更适合自己的工作岗位。此外，工作轮换还可以使员工拓宽视野，培养其跨专业解决问题的能力，熟悉企业各个工作环节之间的联系。

②通过需求分析，确定培训内容。企业可以根据员工的职业生涯计划中的不同阶段，以及员工的切身需要，确定培训内容，对员工提供多样化的培训。

③确定以职业生涯为导向的考核。一般人认为考核的主要目的是评价员工的工作业绩、态度和能力，为分配、晋升提供依据。实质上保证企业目标的实现、激励员工积极向上以及促进人力资源的开发才是考核真正应达到的效果。考核不能仅仅局限于只为过去下结论，更应帮助员工在将来取得更好的表现。以职业发展为导向的考核就是要着眼于帮助员工发现问题和不足，明确努力方向和改进方法，促进员工的成长进步。

④适时晋升和调动管理。晋升和调动是员工职业发展需要的主要途径和直接表现。企业在管理过程中，应了解员工所处的职业发展阶段，帮助他们在各个阶段上处在最合适的工作岗位，获得最大程度的发展。

企业在实施职业生涯管理工作时，首先，应建立企业人力资源开发综合计划，并纳入企业总体战略发展计划之中，并与其他方面计划相互协调一致。其次，企业应建立企业的人力资源档案，通过绩效考评等手段了解员工现有的才能、特长、绩效和兴趣，评估出他们在专业技术、管理才能等方面的潜力，确定他们目前所处的职业发展阶段，并将这些信息记录于档案中，以便更好地制定具体的培养计划。

在整个过程中，要保持上下沟通渠道畅通，经常开展纵向对比，直接了解下级的进展和不足，并促进相互需要的满足，适时地调整、修正原订的计划，以符合实际的情况。

二、员工素质控制

从某种意义上说，企业内部控制的成效取决于员工素质的合格程度。因为任何内部控制制度的成效都取决于其设计水平和高素质的人员贯彻执行。因此，员工素质控制是内部控制的一个重要因素。员工素质控制包括企业在招聘、培训、约束与激励、考核、晋升与奖惩等方面对员工素质的控制。

（一）招聘

企业招聘是保证员工素质的第一环。企业人事部门应严格审查应聘人员的专业技术等因素，以便保证其能满足具体的工作要求。招聘人员可以通过资格审查、初选、面试、测试以及甄选等方式评估应聘人员的技术情况和掌握的技能，以及调查其过去有无不诚实行为和渎职情况的发生。面试和测试是招聘选拔中的主要手段。通过面试，可对应聘人员有深层次的了解；测试是在面试的基础上进一步了解应聘者的一种手段，一般包括心理测试和智能测试。

（二）培训

企业应该定期通过员工培训和继续教育的方式对员工进行培训，并通过一定的考核办法，对培训的结果进行评价。培训是提高员工素质的最重要的方式，例如日本的一些公司对员工素质的培训就非常重视，一旦有员工完不成任务，或者履行职责不理想，公司立即决定将其选出参加培养学习，保持员工整体素质的优良状态。

（三）员工的约束与激励

约束是控制员工素质的一个重要途径，可以促使员工自觉提高其自身素质。约束主要包括对员工确立责任、考勤和处罚方面的内容。确立责任是明确员工的职责范围。考勤与处罚是促使员工自觉遵守纪律，严格完成任务。

激励同样是控制员工素质的一个重要方面，可以激发员工内在的工作动力，激发他们努力工作，更好地去实现企业既定的目标和任务，更好地履行其工作职责。激励的方式有物质激励和精神激励。物质激励在企业的应用方式主要有增加薪酬、颁发奖品、奖金以及休假疗养、旅游等福利待遇。精神激励的形式多样化，大到让员工参与企业管理，小到对员工嘘寒问暖，具体方式有榜样激励、目标激励、文化激励和参与激励等多种形式。激励方式在实施时要根据具体情况采取不同的激励方式，才可以达到最合适的效果。

（四）考核

考核即为按照一定标准，采用科学的方法，检查和评定企业员工对职务所规定的职责的履行程度，以确定其工作成绩的一种有效管理的方法。简言之，它是指主管或相关人员对员工的工作所作的系统评价。考核是人力资源管理中的一项主要的控制手段。员工在完成其工作职责和任务后，可以通过考核结果的即时反馈，了解到自己的工作状况，包括成绩有哪些，哪些地方还存在不足，有待改进。考核的过程不仅可以促使员工改善现有的工作，还可以在考核过程当中提高自身的专业素质。

考核一般包括以下四个步骤：

1. 制定考核计划，设计考核计划标准

考核应该按照计划进行，首先应明确考核的目的和对象，再根据目的和对象确定考核的内容、时间和安排。

考核标准是否合理是考核能否发挥实质作用的关键。这种标准应该是通过协商制定的，得到考核者和被考核者的共同认可，标准的内容也应该标准化、定量化，而且是员工可以达到的。

2. 实施考核

对员工的工作结果进行综合评价，将其实际工作绩效与工作期望进行对比和衡量，按照考核计划体系，确定出考核结果。

3. 考核结果反馈

考核结果反馈是指将考核的意见反馈给被考核者。只有将结果反馈回来，才能够达到考核的目的，因此，这是考核中必不可少的步骤。结果反馈可以有两种方式：一是绩效考核意见认可；二是绩效考核面谈。绩效考核意见认可，即考核者将书面的考核意见反馈给被考核者，由被考核者予以同意认可，并签名盖章。绩效考核面谈，则是通过考核者与被考核者之间的谈话，将考核意见反馈给被考核者。在面谈过程当中，可以协助被考核者认识到工作的不足，以及找到改进的方法等。

4. 考核结果运用

考核并不是最终目的，它是晋升、奖惩、培训以及员工职业生涯规划等众多工作的基础。企业综合运用考核的结果，进一步执行其他工作。

（五）晋升与奖惩

晋升是可以根据考核结果以及其他因素为基础而实现的。通过职位晋升，可以给员工赋予更多的责任，为其提供充分发挥能力的更大的舞台，同时也极大地调动了员工的积极性，促使其更加努力提高自己的素质，以适应更高的工作要求。

奖惩则通常是以考核结果为依据而实现的。奖惩的作用主要在于营造积极向上的氛围，避免消极不良情绪的滋生。奖惩可以一方面在员工做得好的方面予以鼓励；另一方面也可以让员工积极改进不好的一面，有利于员工素质的提高。

三、员工培训

《企业内部控制基本规范》第十七条规定，企业应当将职业道德修养和专业胜任能力作为选拔和聘用员工的重要标准，切实加强员工培训和继续教育，不断提升员工素质。

员工素质是内部控制得以有效实施的关键所在，员工的素质控制是内部环境的重要组成部分。培训则是保证和提高员工职业素质和专业胜任能力的重要途径。培训是指企业通过各种方式使员工具备完成现在或者将来工作所需要的知识、技能并改变他们的工作态度，以改善员工在现有或将来职位上的工作业绩，最终实现企业整体绩效提升的一种计划性和连续性的活动。

（一）培训原则

培训原则是将培训经验经过理论提高而制定的对于培训的基本要求。它产生于培训实践经验总结而又经过长期的实践检验，具有实践性，是人力资源主管和培训教师从事培训活动所应遵循的准则。企业人力资源培训原则概括起来有如下五条：

1. 激励原则

培训是一种重要的人力资本投资。它不仅可以满足企业发展的需要，还可以使受训者个人的素质增长。培训可使员工个人受益，提高其自身价值，从而对员工产生一种激励作用。

2. 因材施教原则

因材施教的前提是认识和承认个体的差异，这对于制定合适的学习计划是非常重要的。企业内不同的岗位要求的知识技能都不相同，而员工的个人素质、兴趣爱好也都有很大的差异。因此，企业在进行员工培训时，应做好针对不同岗位、不同员工，制定不同的培训内容和培训方法。

3. 实践原则

培训的目的是提高员工的工作素质，帮助他们更加胜任各自的工作。这样，培训就不可以脱离实际，必须给员工提供实践操作的机会，使他们在实际操作中提高能力，这对于一些涉及工作技能的工作尤为重要。

4. 明确目标

目标管理是企业行为管理的有效手段之一，培训也应服从这一原则。培训目标的确定非常重要，必须合理、适中，太难或太容易都会失去培训的价值。培训目标的设置还要与每个人的具体工作相联系，才可以更好地实现培训的意义。

5. 统筹安排、合理规划的原则

培训是一项长期的、经常性的工作，应根据企业和员工的实际情况，制定短期、中期和长期的培训计划，有计划、有步骤地对各级各类员工进行培训，使企业的培训规划与企业、部门、个人的工作计划妥善地接轨，与人力资源开发和管理的各个环节密切相联系。

（二）培训需求分析

培训需求分析是指在正式运作培训活动之前，采用一系列相关的方法和技术，对企业的发展状况和员工的资质水平进行系统地调查分析，从而确定出具体的培训内容、培训对象、培训方式的过程。培训需求分析既是确定培训目标、培训计划的前提条件，也是进行培训评估的实施基础之一，因而是培训、开发体系的第一个工作实务环节。

培训需求分析包括企业、任务和人员等三个层面的分析。通常回答企业（或岗位）员工具有什么水平的理想能力（职业道德、知识、专业技能）、员工的现实能力水平是什么状况、现实能力水平和理想能力水平的有效期差距有多大以及通过什么培训方式解决这些差距的问题。

1. 企业层面分析

从企业层面分析培训需求是站在宏观角度进行分析企业或部门的基本战略

和目标，需要考虑的是培训是在怎样背景下发生的。也就是说，通过企业分析来决定在公司的经营战略、可用的培训资源以及员工的上级管理者和同事对培训活动的支持的情况下，培训是否符合需要。在不断变化的市场经济环境中，企业层面分析主要集中在企业的使命和工作岗位方面。

2. 任务层面分析

任务层面分析所要做的则是首先明确员工需要完成哪些方面的主要任务，然后再来确定为了帮助员工完成他们的这些工作任务，应当在培训过程中关注哪些方面的知识、技能。

3. 人员层面分析

人员层面分析则有助于确定哪些人需要接受培训。分析内容包括：

（1）判断业绩不良是因为知识或技能的不足而引起的，还是由于工作动力不够或者其他原因导致的。

（2）确定谁需要得到培训。

（3）确定员工是否已经做好接受培训的准备。

需求分析过程得出的结果性信息包括谁需要接受培训以及受训者需要接受哪些内容的培训。培训需求分析还有助于公司决定选择何种培训方式，如是从咨询公司等外部公司购买培训服务，还是应以企业内部的资源自己开发培训计划。

（三）决定培训目标

在决定了培训需求以后，必须建立培训目标以满足这些需求，许多企业的培训项目往往缺乏明确的目标，"为培训而培训"的现象大量存在。没有明确的培训目标就不可能设计出一个有效的培训项目，也很难对培训项目的优劣做出正确的评估。一般来说，目标应该详细说明员工在接受培训之后所能到达的标准。

（四）培训的层次和内容

企业中的人员，按层次可分成基层人员、基层管理人员、中层管理人员和高层管理人员。不同层次岗位人员培训的内容和课程设置是有所不同的。企业培训应该根据员工个人的知识结构、能力特征，将其划分为不同的层次，如操作工人、基层管理者、中层管理者和高层管理者。然后根据不同层次的要求确定不同的培训内容，做到有目标地进行分层施教。

（五）培训评估

培训评估就是依据培训目标、应用科学的评估方法，评价培训效果。只有经过培训评估，培训者和培训管理人员才能知道培训是否达到预定的效果。因此，培训评估是培训过程中必不可少的环节。培训评估不仅仅在培训结束时要进行，在培训过程中也要适时进行，这样培训管理者才能根据评估结果适时做出调整。

员工培训评估的内容主要体现在三个方面：培训者、培训本身和培训效果。培训效果的评估是最常见、最主要的。

1. 培训者评估

培训者评估不仅是为了了解培训工作质量如何，更重要的是帮助培训者根据评估结果改进培训工作。主要的评估内容是：培训者的培训时间效益；有效调动学员的学习积极性；培训效果等相关内容，评估方法常用的是学员评估和自我评估两种，前者应用较为广泛。

（1）学员评估。学员是培训对象，培训者的培训工作成果是通过学员的行为或工作态度体现出来的，而且许多学员不仅参加培训班，自己也作为培训者或培训工作的管理者开展培训工作，因此，培训者培训工作的效果，学员最有发言权。但有一点需要注意：在开展学员评估前，对培训者和被培训者都应进行有效的评估动员工作，保证评估结果的客观性，减少学员与培训者之间产生矛盾的几率。

（2）自我评估。培训者对自己的培训工作有一定程度的了解，通过自我评估，培训者对培训工作进行回忆、盘点和反省的过程，从而实现培训者的自我改进，提高培训水平。利用这种方法进行培训的评估时，一般借助由相关部门设计的自我考评表进行。

2. 培训本身评估

评估培训本身包括对培训工作进行过程中的准备工作、管理工作、后勤工作等方面的环节进行评估。评估方法一般有：培训者或培训管理人员进行自我评估、闭卷考试、学员评估、技能竞赛、外聘专家评估等方法。

3. 培训效果评估

培训效果指学员将培训过程中所学到的知识、技能运用于工作的程度。培训是企业人力资源开发的一项重要工作，培训有无成效，即员工接受培训后素质的提高是否达到预期目标，是衡量培训工作的唯一尺度。

培训效果有三种：积极的培训效果，培训后员工绩效比未培训时有所改善；中性的培训效果，培训后员工的工作绩效无明显改善；消极的培训效果，培训后员工的工作绩效变得比以前更差。后两种情况是企业、培训者和被培训者都不愿见到的，是企业培训资源和学员精力的浪费。

第六节　企业文化

《企业内部控制基本规范》第十八条规定，企业应当加强文化建设，培育积极向上的价值观和社会责任感，倡导诚实守信、爱岗敬业、开拓创新和团队协作精神，树立现代管理理念，强化风险意识。

一、企业文化的定义

企业文化概念最早出现于美国，是美国的一些管理学家总结日本管理经验之后提出来的。最早提出企业文化概念的人是美国的管理学家威廉·大内，他对日本企业研究后提出，日本企业成功的关键因素是它们独特的企业文化。那么究竟什么是企业文化呢？

从广义上讲，企业文化是社会文化的一个子系统，是一种亚文化。企业文化通过企业生产经营的物质基础和生产经营的产品及服务，不仅反映出企业的生产经营特色、组织特色和管理特色等，更反映出企业在生产经营活动中的战略目标、群体意识、价值观念和行为规范，它既是了解社会文明程度的一个窗口，又是社会当代文化的生长点。

从狭义上讲，企业文化体现为人本管理理论的最高层次。企业文化重视人的因素，强调精神文化的力量，希望用一种无形的文化力量形成一种行为准则、价值观念和道德规范，凝聚企业员工的归属感、积极性和创造性，引导企业员工为企业和社会的发展而努力，并通过各种渠道对社会文化的大环境产生作用。

二、我国企业文化建设的内容

我国的许多学者、经济管理实际工作者，根据西方企业文化的模式，结合我国企业的实际，提出了我国企业文化的内容。他们认为，我国企业文化的内容包括：

（1）企业哲学即企业的经营思想、经营战略、企业目标等有关企业宏观决策的内容；

（2）企业精神即反映企业文化灵魂的价值观、信念和追求等，它是企业职工的精神支柱和活力源泉，是企业文化最重要的因素；

（3）企业民主即企业职工的民主意识、民主权利和义务；

（4）企业道德，即企业法律制度的一种有效补充，是约束企业职工的规范之一；

（5）企业制度，包括企业的各项基本制度、计划、标准等规范性文件；

（6）企业形象即企业的产品或服务在顾客中形成的印象，是企业文化的外部反应。

三、企业文化建设的主体及其素质

（一）企业文化建设的主体

企业文化，就是企业的"人化"，人是文化的创造者和传播者，也是文化的实践者。人是企业文化理论和实践的中心和主旋律，是企业文化建设的主体。我们可以把企业文化建设的主体区分为三个层次：企业家、企业英雄模范人物、企业员工。

1. 企业家

企业家是企业文化人格化的代表，是企业文化建设的主要和核心力量。企业家的领导风格、领导艺术和个性风采对企业文化建设的实效性具有重要作用。一个企业的文化，必然打上企业家的个性烙印和人格特征。企业家在提出思路、制定纲领、提炼企业理念、升华企业精神、形成企业文化建设方案的过程中，起着主导和"总设计师"的作用，同时也只有企业家积极倡导并率先垂范，才能切实影响企业员工的思想和行为，使企业文化建设具有实效性。

2. 企业英雄模范人物

企业英雄模范人物是企业文化建设成就品质化的体现，是企业先进文化的体现者。因为英雄模范人物处于生产经营管理的各个层次或各个部门，他们如同企业的中枢，一方面沟通和协调企业高层领导和员工之间的关系，另一方面要起模范带头作用。从企业文化本身的角度来看，企业英雄模范人物具有具体化、品质化、规范化、凝聚化以及形象化的作用，对形成具有实效的企业文化具有积极的促动作用。

3. 企业员工

企业文化建设，需要全体员工共同参与。人人建设，才能提高企业文化建设的实效性。

（二）建设主体的素质要求

1. 政治素质

在任何国家，企业文化建设总是在特定的政治环境和国情下围绕着特定的现实环境而展开的。企业文化建设主体的政治素质包括正确的政治方向和政治观点，坚定的政治立场、高度的政治责任感、政治纪律性等多个方面。这些素质是企业文化建设沿着正确的政治方向前进的保证，也是企业文化建设能否做得深入、能否取得良好效果的根本所在。

2. 人格素质

企业文化建设主体的人格素质是企业文化建设主体作为人格健全的个体所应具备的基本素质。是否具有良好的人格素质，直接关系到企业文化建设主体能否卓有成效地进行企业文化建设。

3. 理论素质

企业文化建设主体的理论素质，即建设者为有效开展企业文化建设活动所应具有的相应理论准备。这种理论准备包括与企业文化建设活动的实际组织、实施相关的理论准备及与企业文化建设内容相关的理论准备两个方面。

4. 能力素质

企业文化建设主体的能力素质，即建设者将自己的理论准备成功地运用于实际并顺利开展企业文化建设活动所应具备的能力条件，是建设主体从事企业文化建设所应具备的实践能力的总括。

第七节　法律环境

《企业内部控制基本规范》第十九条规定，企业应当加强法制教育，增强董事、监事、经理及其他高级管理人员和员工的法制观念，严格依法决策、依法办事、依法监督，建立健全法律顾问制度和重大法律纠纷案件备案制度。

观察西方国家如美国的 COSO 框架、加拿大的 COCO 报告、英国的

Turnbull 指南发现：虽然内部控制目标都要求企业的经营管理应符合相关法律法规，但都是将法律环境作为内部控制的外部环境。此次我国出台的企业内部控制基本规范则首次将法律环境作为内部控制的内部环境加以明确。此次我国出台的企业内部控制基本规范对法律环境的规定，主要是基于以下两点的考虑。

（1）符合内控目标。企业内部控制的目标之一是合理保证企业经营管理的合法合规，即企业的各项经济活动必须遵循国家的法律法规，换言之，企业必须熟悉各项法律法规，这表现为企业各级员工的法律意识。

（2）控制法律风险。企业内部的法律环境直接影响了企业所面临的法律风险，企业经营者、各岗位职员的法律意识、相关法律制度建设的完善程度都会对法律风险发生的可能性、潜在损失的大小产生影响。并且，随着企业市场化程度的提高、资本市场的逐渐完善，企业经营管理中的法律含量也逐步提高，企业对法律环境的依赖程度逐渐加大，法律风险在企业风险中的比重越来越大，对这一风险进行控制已是企业刻不容缓的任务。

从国内外的一些案件可以看出，企业如果不具有较强的法律意识，不能充分认识到法律风险的存在，并对其进行有效控制，轻则给企业带来经济损失，重则会给企业带来灭顶之灾。因此，企业必须建立良好的法律环境，通过采取各种措施降低法律风险，避免风险转化为现实。

企业的内部法律环境建设包括三个方面：企业内部各级人员法律意识、法律顾问制度以及重大法律纠纷案件备案制度。

一、法律意识

（一）关注的原因

法律风险转化为实际损害，很大程度上源于企业的经营管理行为，进一步讲源于企业经营者以及相关岗位人员的法律意识淡薄，对法律环境认知不够，经营决策不考虑法律因素，甚至故意违法经营等。同样，企业其他岗位人员的不当行为也会给企业带来一定的法律风险，例如，企业销售人员在与客户签订合同或做出承诺时，他们的任何忽视都可能给企业带来法律风险。

可见，企业各级人员法制观念的强弱都将影响到企业的法律风险，提高企业各岗位人员的法律意识是企业建设良好法律环境的必要条件。

（二）建设途径

提高企业各岗位人员法律意识的途径主要包括以下三种：

1. 提高企业经营者的法律意识

增加对企业经营者法律意识的培养，使企业经营者树立法律至高无上的观念，放弃钻法律空子的想法。从某种意义上讲，企业能否真正地避免法律风险与企业领导的法律意识有着很大的关系。

2. 全面开展法制教育

企业人力资源部应根据工作需要，结合岗位职责全面开展法律知识培训工作，定期组织员工学习相关法律法规，并将学习情况纳入业绩考核体系。这种强制性的法制教育可以在一定程度上消除或减少法律风险的人为因素，达到降低法律风险的目的。

3. 充分发挥企业法律顾问机构或相关法律人员如企业法律顾问在企业法制教育中的作用

公司内部的法律人员以及聘请的外部律师熟悉与企业业务相关的法律法规，并且可以直接参与企业的一些重大决策，对企业的法制状况以及可能出现法律风险的环节了解甚深，因此由这些专业人员对各岗位人员进行法制宣传最为合适。

企业通过以上措施可以有效降低法律风险的人为因素，从而控制法律风险。正如多米诺骨牌理论中所强调的，人的因素是社会各项活动的首要因素，每个人在生产、生活中都可能出现不安全行为，从而导致风险和损失的产生，因此消除了人为因素也就意味着控制了风险。

二、法律顾问制度

（一）关注原因

企业法律顾问制度，是指企业设置法律顾问机构或配备专职法律工作人员，专门负责处理企业涉及的法律事务和有关法律问题的制度。而企业法律顾问，是具有企业法律顾问执业资格，由企业聘任并经注册机关注册的专职从事企业法律事务工作的企业内部专业人员。

在现今的经济环境下，企业的各项经济活动都会受到相应的法律约束，法制越健全，市场越规范，企业规模越大，国际化程度越高，企业对法律的需求就越大。对于国内的法律法规，企业尚不能完全掌握，对于国际上的一些法律法规就更无能为力了，例如我国自加入 WTO 以来所受到国际反倾销案件接连不断，给企业尤其一些制造企业带来了巨大损失，部分企业甚至放弃了在国外经过多年打拼所占有的市场，这一形势下企业建立法律顾问制度迫在眉睫。

同样，企业重大经营决策问题，按照《公司法》的相关规定，应分别由股东大会，董事会或经理层做出，但由于这些决策涉及公司及全体股东的利益，除在经济、技术上可行外，还必须在法律上可行，即符合国家的产业政策，不能与国家政策和法律法规相冲突，确保股东的合法权益得以实现。这就要求企业法律顾问在企业经营决策过程中进行法律可行性论证，提出法律意见。

企业法律顾问制度的建立能够为企业的经营活动提供法律保障，企业经营者可以凭借法律顾问提供的意见，确保经营决策的合法性，同时也能维护企业的合法权益。

（二）建设途径

企业法律顾问制度的建立可以从以下四个方面开展：

1. 企业应该配备专业的法律顾问人员，在条件许可的情况下还可设置法律顾问机构

明确机构和人员在企业中的职责和地位，可以通过发布规章制度等形式对法律顾问行使主权的方式、内容、程序、权利与义务等进行规定，对于这方面内容，企业可以借鉴国资委颁布的《国有企业法律顾问管理办法》。

2. 企业应该把培养法律人才纳入人力资源管理的范畴

一方面，根据企业法律顾问的任职条件，从企业内部选择精通法律、熟悉企业各项业务管理的人员来充实法律顾问队伍；另一方面，企业要注意加强企业法律顾问的培训工作，通过定期不定期开展一些法律案件的研讨会，支持法律顾问参加政府相关部门开设的学习课程，鼓励法律顾问之间的联系与交流等，确保企业有一支专家型的法律顾问队伍。

3. 法律顾问应参加企业的活动

（1）为企业的重大经营决策提供法律意见。企业的重大经营决策是指企业针对经营活动的重大问题，按照规定的权限和程度进行的决策，这些决策是企业经营管理的重要方面，决定着企业的成败兴衰。因此，法律专业人员应当对这些决策的合法性、可行性进行法律论证，并且提供书面的法律意见。

（2）参与起草、审核企业重要的规章制度，督促、检查各项规章制度的贯彻落实，为企业实现规范、科学、有序管理提供强有力的制度保障。

（3）参与企业重大经济、技术合同的审查、谈判，保证合同的合法性。此外，对合同的执行情况进行监控，确保合同的执行过程遵循相关法律法规。

（4）为企业生产经营管理中的专业法律问题提供咨询意见；代表企业参加经济纠纷的解决，维护企业的合法权益；通过法律程序，代表企业解决纠纷，运用法律武器维护企业的合法权益。

（5）组织开展执法监察，保证国家法律法规在企业的贯彻执行，检查中发现的违法行为及时纠正，通过检查进一步增强企业依法经营的自觉性。

4. 设置企业总法律顾问

如有需要，大型企业可以设置总法律顾问。总法律顾问是指具有国家授予的企业法律顾问执业资格，由企业聘任，全面负责本企业法律事务的企业内部高级管理人员。总法律顾问对企业法律顾问机构实施领导，直接对企业法定代表人负责。

企业的总法律顾问在企业中与总会计师、总工程师的职位相似，直接参与企业经营决策，可以从源头上及时发现和解决重大法律问题，有效地预防法律风险，保障企业决策的合法性。同时，总法律顾问还直接负责企业法律工作的组织、部署、监督、考核等，确保企业法律信息的畅通。

三、重大法律纠纷案件备案制度

（一）关注原因

重大法律纠纷案件备案制度的建立是企业法律环境建设的重要方面。企业通过对重大法律纠纷案件的备案，一方面，能够根据需要对案件进行分析，了解案件发生原因，有针对性地采取相应措施加以控制，降低同类案件再次发生的可能性，减少损失；另一方面，完善的备案为再次发生的同类案件提供了借鉴的依据，企业可以通过分析之前的案件寻求最佳的处理方案。此外，在企业领导及相关岗位人员换届时，重大法律纠纷案件的备案为新上任的相关人员了解企业相关情况提供便利。

（二）建设途径

企业重大法律纠纷案件备案制度的建设包括以下三个方面：

（1）明确规定企业应对重大法律纠纷案件进行备案，可以制定相应的制度，如《企业重大法律纠纷案件处理规定》，或是在企业相关的法律事务管理办法中体现。

（2）企业应当定期对发生的重大法律纠纷案件的情况进行统计，对案件的发生原因，处理情况等进行综合分析和评估完善防范措施。

（3）对于需要上报相关主管部门的重大案件，企业应根据相关规定及时向相关部门上报备案，如中央企业发生重大法律纠纷案件，必须遵照《中央企业重大法律纠纷案件管理暂行办法》及时报国务院国资委备案，备案内容包括：基本案情，包括案由、当事人各方、涉案金额、主要事实陈述、争议焦点等；处理措施和效果；案件结果分析预测；企业法律事务机构出具的法律意见书等。

第八节　案例分析

巨人集团的失败对内部环境建设的启示

巨人集团曾经是我国民营企业的佼佼者，一度在市场上叱咤风云。该企业以闪电般的速度崛起后，又以流星般的速度迅速在市场上陨落了。其失败的原因是多方面的，但内部环境建设的不到位，应是其失败的主要原因。

1993 年以前，该企业的经营状况还是非常乐观的，但是在 1993 年国家有关进口电脑的禁令解除后，国外众多大企业蜂拥进入我国市场，一些头脑清醒的相关企业压缩规模调整结构，可巨人集团的管理当局因急于寻求新的支柱产业，轻易地迈出了房地产和保健饮品的多角化经营的脚步。而当时巨人集团的资金不足，又没能得到银行等金融机构的资金支持，同时在两个领域大规模的投入很快就使企业资金链条出现了问题。

到了 1994 年，巨人集团的管理中存在的隐患逐渐开始显现，但管理当局还是回避了企业内部产权改造及经营机制重塑的关键问题，想通过再一次掀起的发展和扩张热潮，将企业重新带回到过去辉煌的时期。可很快企业的问题暴露无遗：企业整体协调乏力；人员管理失控；产品供应链和销售链脱节等。针对这些问题，企业管理当局进行了整顿，但是未能从根本上扭转局面，最终全线崩溃。

总结巨人集团失败的教训，公司治理结构的不完善是其主要原因。巨人集团总裁史玉柱在检讨失败时曾坦言：巨人的董事会是空的，决策是一个人说了算。决策权过度集中在少数高层决策人手中，尤其是一个人手中，负面效果同样突出。特别是这个决策人兼具所有权和经营权，而其他人很难干预其决策时，其危险更大。其计划过程失控是另一个重要原因，主要表现在：计划动因不明确；计划非理性，试图超越规范；过程失控，如计划制定较为粗放，计划执行过程中缺乏必要的反馈与检讨；计划柔性不足，在市场状况即企业经营状况发生变化时缺乏对策，企业原有经营管理模式及经营管理层的经营理念与计划不匹配；人才的压力也是导致计划失控的原因之一等。

海尔的企业文化

1984 年，海尔集团曾一度因巨额亏损而濒临破产，然而经过 18 年的奋斗，到 2001 年，海尔集团实现全球营业额 600 亿元人民币。目前，海尔集团在 49 个国家和地区有 18000 多个营销点，产品销往 87 个国家和地区。海尔是中国家电行业唯一一家五大产品全部通过 ISO9001 国际质保体系认证和国内首家通过 ISO 14001 认证的家电企业。海尔的成功与其注重企业文化建设密不可分。

海尔的企业文化包括企业理念和具体体现两大部分，企业理念的主要内容是敬业报国、追求卓越的海尔精神，迅速反应、马上行动的海尔作风，独特的海尔管理模式等内容，这些理念在企业经营的各个方面都有不同的体现。

（1）企业管理的海尔定律——斜坡球体理论：企业在市场上的地位犹如斜坡上的小球，需要有上升力（目标的提升），使其不断向上发展；还需要有止动力（基础管理），防止下滑。

（2）海尔管理模式——"OEC"管理法：O－Overall 全方位；E－Everyone 每人，Everything 每件事，Everyday 每天；C－Control 控制，Clear 清理。"OEC"管理法也可表示为：日事日毕、日清日高，即每天的工作每天完成，每天工作要清理并要每天有所提高。

（3）80/20 的原则：管理人员与员工责任分配的 80/20 原则，"关键的少数制约次要的多数"。

（4）市场观念："市场唯一不变的法则是永远在变"，"只有淡季的思想，没有淡季的市场"，"卖信誉不是产品"，"否定自我，创造市场"。

（5）创名牌方面：要么不干，要干就要争第一的名牌战略："国门之内无名牌"。

（6）质量观念：高标准、精细化、零缺陷；优秀的产品是优秀的人干出来的。

（7）售后服务理念：用户永远是对的。

（8）海尔发展方向：创中国的世界名牌。

本章小结

内部控制的内部环境是指企业内部的、对内部控制有直接或间接的要素总和。内部环境是企业实施内部控制的基础，一般包括治理结构、机构设置及权责分配、内部审计、人力资源政策、企业文化等。

公司治理结构指的是内部治理结构，又称法人治理结构，是根据权力机构、决策机构、执行机构和监督机构相互独立、权责明确、相互制衡的原则实现对公司的治理。治理结构是由股东大会、董事会、监事会和管理层组成的，决定公司内部决策过程和利益相关者参与公司治理的办法，主要作用在于协调公司内部不同产权主体之间的经济利益矛盾，克服或减少代理成本。

公司制企业中股东大会（权力机构）、董事会（决策机构）、监事会（监督机构）、总经理层（日常管理机构）这四个法定机构为内部控制机构的建立、职责分工与制约提供了基本的组织框架，但并不能满足内部控制对企业组织结构的要求，内部控制机制的运作还必须在这一组织框架下设立满足企业生产经营所需的职能机构。

内部审计机构应当结合内部审计监督，对内部控制的有效性进行监督检查。内部审计机构对监督检查中发现的内部控制缺陷，应当按照企业内部审计工作程序进行报告；对监督检查中发现的内部控制重大缺陷，有权直接向董事会及其审计委员会、监事会报告。

人力资源政策是影响企业内部环境的关键因素，它所包括的雇佣、培训、评价、考核、晋升、奖惩等业务向员工传达着有关诚信、道德行为和胜任能力的期望水平方面的信息，这些业务都与公司员工密切相关，而员工正是公司中执行内部控制的主体。一个良好的人力资源政策，能够有效地促进内部控制在企业中的顺利实施，并保证其实施的质量。

企业文化重视人的因素，强调精神文化的力量，希望用一种无形的文化力量形成一种行为准则、价值观念和道德规范，凝聚企业员工的归属感、积极性和创造性，引导企业员工为企业和社会的发展而努力，并通过各种渠道对社会文化的大环境产生作用。

本章的重点与难点：通过本章学习，要求重点了解公司治理结构的含义和内容；企业内部机构的设置、权责分工及相互制衡；内部审计机构的职能和作用；企业人力资源政策及企业文化建设的内容。难点在于如何理解公司治理机构的内涵以及如何实现各内部机构之间的相互制衡。

复习思考题

1. 构成企业内部环境的要素有哪些？
2. 我国上市公司的内部环境需从哪些方面进行优化？
3. 什么是公司治理结构？不同类型的治理结构各有什么优缺点？
4. 公司内部机构的设置应注意哪些问题？
5. 应如何认识内部审计的职能和作用？
6. 企业人力资源政策应包括哪些内容？
7. 如何认识企业文化对企业经营成败的影响？
8. 改进和完善企业内部法律环境的建设应从哪几方面着手？

第三章　风险评估

【引言】不同的企业、同一企业的不同时期以及同一企业内部不同的业务层面和工作环节，都可能面临不同的风险，企业应当有针对性地开展风险评估。风险评估是指企业及时识别、系统分析经营活动中与实现内部控制目标相关的风险，合理确定风险应对策略。通过风险评估，企业可以及时识别并分析经营活动中与实现内部控制目标相关的风险，进而采取合理的风险应对策略。《企业内部控制基本规范》规定，企业应当根据设定的控制目标，全面系统持续地收集相关信息，结合实际情况，及时进行风险评估。

第一节　概　述

一、风险评估规范出台的背景

近年来，风险管理备受关注。随着科技的发展、资本市场的成熟，以及内外部环境的变化，企业所涉及的不确定因素日益增多，面临的风险也越来越大。企业面临的风险，除了来自内部的运营风险外，还有来自外部的风险，如全球范围内日益激烈的竞争引起的市场风险，灾害天气引起的自然风险等。面对不确定性因素增加、风险不断加剧的环境，企业需要一个健全的内部控制制度以有效地识别、评估并管理风险。2001 年，COSO① 聘请普华永道会计公司

---

① The Committee of Sponsoring Organization of the Treadway Commission。COSO 发布了内部控制（1992）和企业风险管理（2004）的指南，旨在帮助美国上市公司能够处理欺诈、控制、风险和法规遵从等问题。2002 年，美国通过"萨班斯－奥克斯利法案"（SOX），COSO 框架成为美国证券交易委员会（SEC）认可的内部控制框架。

开发了一个对管理层合理有用的、用于评价并改进组织风险管理的框架。框架开发时正值企业丑闻与失败的高发期，[①] 企业的丑闻与失败使投资者、公司员工及其他利益相关者遭受重创。之后，改善公司治理与风险管理、颁布新的法律、规则及上市准则的呼声日益高涨。社会各界强烈呼吁出台一套企业风险管理框架，冀望由此提供有关企业风险管理的关键性原则与概念。2004 年 9 月，COSO 在《企业内部控制框架》（1992）的基础上，发布了《企业风险管理综合框架》，描述了适用于各类规模组织的企业风险管理的重要构成要素、原则与概念。该框架为董事会与管理层识别风险、规避陷阱、把握机遇进而增加股东价值提供了清晰的指南。《企业风险管理综合框架》拓展了内部控制的内涵，强调了风险管理对企业发展的重要性。

随着经济全球化进程的加快，企业经营环境的急剧变化，我国迫切需要实现企业管理理念的国际转变，其中重要的一点就是强化企业应对风险的能力。企业高级管理层必须从内在需要的角度重新审视内部控制的内涵，确立风险管理意识，培育风险意识的企业文化，建立有效的风险评估机制，防止风险管理失控，才能为企业战略目标、营运目标的实现提供合理的保证。基于此，我国《企业内部控制基本规范》（以下简称《基本规范》）规定企业应当根据设定的控制目标，全面系统持续地收集相关信息，结合实际情况，及时进行风险评估。

二、风险评估规范的主要内容

不同的企业、同一企业的不同时期以及同一企业内部不同的业务层面和工作环节，都可能面临不同的风险，企业应当有针对性地开展风险评估。风险评估是指企业及时识别、系统分析经营活动中与实现内部控制目标相关的风险，合理确定风险应对策略。企业应对识别的风险进行分析，以便形成确定如何对风险进行管理的依据。风险评估要按照一定的程序来进行，一般有目标设定、风险识别、风险分析、风险应对四个步骤。

在风险评估过程中，有五个关键的问题需要考虑：第一，确定评估对象或者资产，明确它的直接和间接价值以及管理目标；第二，分析资产面临的潜在威胁和导致威胁的问题所在以及威胁发生的可能性；第三，资产中存在哪些弱

---

① 2002 年，美国安然公司破产后，世界通讯、施乐公司相继曝出金额高达数十亿美元的财务欺诈丑闻。

点可能会被威胁所利用；第四，一旦威胁事件发生，企业会遭受怎样的损失或者面临怎样的负面影响；第五，组织应该采取怎样的安全措施以便将风险带来的损失降低到最低限度。解决以上问题的过程，就是风险评估的过程。因此，风险评估的主要任务有以下几点：识别企业面临的各种风险；评估风险概率和可能带来的负面影响；确定组织承受风险的能力；确定风险消减和控制的优先等级；推荐风险消减对策，适时调整应对策略。

第二节　风　险

一、风险的概念

对于风险的概念，有两种主要观点：一种观点强调风险表现为不确定性；[①] 而另一种观点则强调风险表现为损失的不确定性。[②] 若风险表现为不确定性，说明风险产生的结果可能带来损失、获利或是无损失也无获利，属于广义风险。而风险表现为损失的不确定性，则说明风险只能表现为损失，没有从风险中获利的可能性，属于狭义风险。按照一般理解，我国企业内部控制基本规范中的风险是指狭义风险。

在理解风险的概念时，应注意风险源于不确定性，但并不是所有的不确定性都是风险，只有那些对"特定目标起作用的不确定性"才是风险。有些不确定性与目标并不相关，那么它们应被排除在风险评估过程之外。举一个简单的例子，如果在中国实施一个 IT 项目，那么伦敦是否会下暴雨这个不确定性就是不相关的。但是，如果项目是重新规划英国白金汉宫的女王花园，那么伦敦下暴雨的概率就不再仅仅是一个不确定性了，它成为项目应考虑的风险因素之一。把风险与目标联系起来，可以使我们很清楚地看到，风险无处不在。我们所做的一切事情都是为了达到一定的目标，包括个人目标（例如快乐和健康），

---

① C. A. Williams 将风险定义为在给定的条件和某一特定的时期，未来结果的变动；March 和 Shapira 认为风险是事物可能结果的不确定性，可由收益分布的方差测度；Brnmiley 认为风险是公司收入流的不确定性。

② J. S. Rosenb 将风险定义为损失的不确定性；F. G. Crane 认为风险意味着未来损失的不确定性；Ruefli 等将风险定义为不利事件或事件集发生的机会。

项目目标（例如准时并在预算期内交付成果），公司商业目标（例如增加利润和扩大市场份额）。一旦确定了目标，在实现目标的过程中，就会有风险随之而来。

《基本规范》涉及的风险是指对实现内部控制目标可能产生负面影响的不确定性因素。要明确这里的风险概念，必须明确内部控制目标。《基本规范》将内部控制目标定位于：

1. 企业经营管理合法合规

企业作为社会公民，在从事经营和其他特定活动时必须遵守相关法规。法律和法规确定了企业行为的最低标准。一个违反相关法律法规、丧失道德底线、声名狼藉的企业，必然会遭遇环境的摒弃。为此，企业建立健全内部控制的一个重要目标就是使企业的各项活动和事项遵守相关的法律规范。

2. 资产安全

资产是资本赖以存在的自然形态，是对企业未来经济效益有用的经济资源，企业实现资本保值增值也有赖于资产的安全完整，因此，资产安全完整既是自然物质和权利形态的安全完整，也是财产价值形态的安全完整。保证资产安全完整，不仅是财产经管和使用部门的内部控制目标，也是企业出资者及管理当局的内部控制目标。

3. 财务报告及相关信息真实完整

具有相关性和可靠性的财务报表是获得权益资本和债权资本的前提。股东借助财务报表来评估管理层业绩，债权人、供应商、潜在投资者、政府等利益相关者通过财务报表来了解企业的财务状况和经营成果。因此，企业需要实现财务报告及相关信息真实完整的目标。

4. 提高经营效率和效果

企业存在的首要目标之一就是盈利，因此董事会及高级管理层应关注企业的经营效率和效果。内部控制是企业管理制度的重要内容，应在提高企业经营效率和效果方面做出贡献。

5. 促进企业实现发展战略

企业发展是不断成长、壮大的过程，既包括量的增加，也包括质的变化。对企业发展做出整体性、长期性、基本性规划的谋略就是企业发展战略。实现企业发展战略是管理层应长期关注的目标，也是企业内部控制的目标。

把风险和内部控制目标相联系，就可以确保风险评估过程关注于那些对实现目标起作用的不确定性，而不会被不相关的不确定性分散精力。

二、风险的特征

风险具有下列特征：

1. 客观性

风险的存在取决于决定风险的各种因素的存在，也就是说，不管人们是否意识到风险，只要决定风险的各种因素出现了，风险就会出现，它是不以人们的主观意志为转移的。因此，要避免和减少风险，就必须及时发现可能导致风险的因素，并进行有效管理。产生风险的因素是多种多样的，有些风险不可能被完全消除或有效控制，如技术、环境、汇率、通胀率等。对于这些风险，人们只能在一定的范围内改变风险发生和发展的条件，降低其发生的概率，减少损失程度。风险的客观性要求人们应充分认识风险、承认风险，采取相应的管理措施，以尽可能降低或化解风险。

2. 突发性

风险的产生往往给人以一种突发的感觉，当人们面临突然产生的风险，往往不知所措，其结果是加剧了风险的破坏性。风险的这一特点，要求我们加强对风险的预警和防范研究，建立风险分析和风险应对机制，强化对风险的管理。

3. 多变性

风险的多变性是指风险会受到各种因素的影响，在风险性质、破坏程度等方面呈现动态变化的特征。例如，企业产品所占有的市场份额就是一种处在不断变化过程之中的风险。当市场容量、消费者偏好、竞争结构、技术资金等环境要素发生变化时，风险的性质和程度也将随之改变，因而应实施动态、弹性的风险评估和应对措施。

4. 相对性

一方面，人们对于风险都有一定的承受能力，这种风险承受能力受到投入的大小、收益的大小、拥有财富状况等因素的影响。例如，损失的可能性和数额越大，人们希望为弥补损失而得到的收益也越大；反之，收益越大，人们愿意承担的风险也越大。另一方面，和任何事物一样，风险也是矛盾的统一体，在一定的条件下，风险性质、风险后果等都存在可变性。例如，人类目前不能对地震做出较为准确的预测，但随着科学技术的发展，将来对发生地震的风险进行准确估计将是可能的事。

5. 无形性

风险不像一般的物质实体，能够非常确切地描绘出来。因此，在分析风险中，应运用系统理论、概率、方差等数学概念和统计方法进行界定或估计、测定，从定性和定量两个方面进行综合分析。虽然风险的无形性增加了人们认识和把握风险的难度，但只要掌握了风险管理的科学理论，系统分析产生风险的内外部因素，恰当地运用技术方法和工具手段，就可以有效地对风险进行识别、分析和应对。

三、风险的分类

对企业风险进行分类是基于风险评估的需要，因为各种各样的风险在性质、形态、成因及损失状况上都会表现出不同的特点，企业可以对风险进行分类以明确哪些风险容易预测和控制，哪些风险难以估计和控制。进行分类不仅有利于对风险的研究，也便于确定应采取的应对措施。

1. 按风险所致的后果划分

若按风险所致的后果分类，则企业风险可分为纯粹风险和投机风险。纯粹风险是指只有损失机会而无获利机会的风险。纯粹风险所导致的结果只有两种，或者给企业带来损失，或者无损失，它无获利的可能性。投机性风险是指那些既存在损失可能性，也存在获利可能性的风险，它所导致的结果有三种可能性：损失、无变化、获利。

2. 按风险的可控程度划分

若按风险的可控程度分类，则企业风险可分为可控风险和不可控风险。可控风险是指由人为因素造成的，在一定程度上可以控制或部分控制的风险。人们对此类风险的运行规律已有较多的了解并能较好把握，能够利用现有科学技术采取有效的方法进行预测和控制，如企业的资产负债率，企业采取的广告策略等。不可控风险是指企业自身无法左右和控制的风险。它主要指经营者仅仅依靠自己的力量不能预防、抵御和较难进行管理的风险，如可能发生的自然灾害、战争、国际贸易保护等。

3. 按风险发生的地点划分

若按风险发生的地点划分，则企业风险可分为经营内部风险和经营外部风险。经营内部风险是指风险事故的发生，是由于内部经营不善，管理不善导致企业财产的损失。经营外部风险是指风险事故的发生是由于外部事故而导致的。

4. 按风险发生的形态划分

若按风险发生的形态划分，则企业风险可分为潜在风险和意外风险。潜在风险是指风险事故发生之前相当长的时间内不暴露出来，处于潜伏的状态，以后逐渐发展扩大造成的风险事故。意外风险是指完全没有防备突然发生的风险事故。

5. 按风险管理的具体内容划分

若按风险管理的具体内容划分，则企业风险可分为自然环境风险、社会环境风险、人员风险、财务风险、技术风险、管理风险等。自然环境风险包括地震、火灾、洪水、雷电、暴风雨、冰雹、泥石流等。社会环境风险包括战争、社会动乱、宏观经济调整、政策法律法规变化、通货膨胀、金融动荡等。人员风险包括工作人员的变动、关键人员离职、员工素质不高等。财务风险包括资金筹措方式不合理、汇率浮动、通货膨胀、外汇管制、税率变化等。技术风险包括产品设计存在严重缺陷、技术方案不合理、新技术未经充分检验等。管理风险包括管理机构设置不合理、市场调查失真、发生安全事故等。

第三节　风险识别

一、风险识别的概念

风险识别是指尽可能全面地辨别可能对组织产生负面影响的风险事件发生的可能性，即找出影响预期目标实现的主要风险，并对风险加以分类的过程。企业要进行风险管理，首先必须明确风险在哪里。倘若不能准确地确认风险所在，就无法分析及预测企业风险，当然也无从制定对策以控制风险。因此，风险识别是风险管理的第一个步骤，也是最重要的一步。通过风险评估，企业可以清楚风险的性质以及企业暴露于该项风险的程度。

风险识别过程具有以下特点：①全员性。风险识别不是个别人的工作，风险识别的内容涉及企业经营管理活动的各个环节，因此，它是由企业全体员工共同参与完成的。②动态性。风险识别不是一次就可以完成的任务，应当贯穿于企业生产经营活动的各个阶段。③信息性。信息的全面性、及时性、准确性和动态性决定了风险识别工作的质量和识别结果的可靠性。④综合性。风险识别是一项综合性较强的工作，需要企业各个业务部门的配合。

　　例如，某企业拟进行一项热力工程项目的开发，首先就需要进行风险识别，即需要确定可能会影响该热力工程项目的风险事件，把工程项目中可能遇到的风险一个一个地列举出来，并对每种风险的特征进行分析和记录。该热力工程的风险识别可以分四步来进行：首先是将工程目标细化，其次是收集资料，再次是分析工程变数，最后是确定识别的风险。应注意的是，该热力工程的风险识别是一个反复作业的过程，需要各参与人重复识别、相互验证。在项目生命周期内，随着工程的进展，随着获取资料的细化，识别的风险可能也有所变化，因此需要不断地进行复合和识别。

　　风险识别的主要目的不仅要帮助企业认识和发现风险，同时还要为企业提供如何管理风险的思路。具体而言，就是要发现潜在的风险隐患，使企业能及时采取措施，防患于未然；充分了解和认识造成风险隐患的原因和过程，便于企业采取适当的技术和手段控制损失发生的概率或降低损失的程度；初步判断这些隐患将对企业造成的影响，便于管理层引起重视并做出决策：是否应采取恰当的、有效的措施来控制风险。只有充分地识别风险才能有效地管理风险。

二、风险识别的基本原则

　　企业在风险识别过程中应遵循以下原则：

　　1. 系统性原则

　　由于企业的不同部门之间有着必然的联系，因此不同风险也有这样那样的联系。系统性原则要求识别风险应系统地分析这些内在的联系，科学把握其相互之间的影响，发现主要的潜在重大风险。

　　2. 连续性原则

　　由于万事万物总处于不断变化之中，事物在变，风险的质和量也会变，甚至还有可能出现以前没有的风险。连续性原则要求持续关注风险动态，了解风险的进展。如果不是连续性的工作，就很难发现经济企业面临的潜在风险。

　　3. 全面性原则

　　全面性原则是指企业在识别风险时，应尽可能对各个部门、各个重要环节或各个重要阶段的风险进行识别和检测，不要放过任何可能存在的重大隐患，不要轻易否定或排除某些风险。

　　4. 由小到大，由大到小原则

　　由小到大是指从小处开始对风险因素进行识别分析，得到全面的风险清单。由大到小是指从风险清单的众多风险中，选择那些对企业实现内部控制目标有较大影响的风险作为主要风险，即选择主要风险作为风险分析和风险应对的对象。

三、风险识别的内容

风险识别包括识别内在风险和外在风险。内在风险指企业能加以控制和影响的风险，如人事任免和成本估计等。外在风险指超出企业控制力和影响力之外的风险，如市场转向或政府行为等。风险识别的内容主要包括以下三个方面：

1. 识别企业面临的潜在风险及其特征

这是风险识别的第一个目标。因为只有首先确定可能会遇到哪些风险，才能够进一步分析这些项目的性质和后果，所以在风险识别工作中，要全面分析影响企业生产经营的各种因素，从中找出可能存在的各种风险，并整理汇总成风险清单。

2. 识别风险的主要影响因素

只有识别清楚各个项目风险的主要影响因素，才能够把握项目风险发展变化的规律，才能度量项目风险的可能性与后果的大小，从而才有可能对项目风险进行有效地应对和控制。

3. 预测风险可能会引起的后果

风险识别的根本目的就是要减轻甚至避免风险可能带来的不利后果。在识别出风险和风险的主要来源之后，必须全面分析项目风险可能带来的后果及其后果的严重程度。当然，这一阶段的识别和分析主要是定性分析。

四、风险识别的方法

任何能识别潜在问题的信息源都可用于风险识别。信息源有主观和客观两种，主观信息源一般是基于有经验的专家的经验判断；客观的信息源包括过去项目中记录的经验和表示当前项目进展情况的文件，如工程文档、计划分析、需求分析、技术性能评价等。风险识别的方法有很多，以下是一些常用的方法：

（一）从主观信息源出发的方法

1. 头脑风暴法

头脑风暴法，也称为集体思考法，是以专家的创造性思维来索取未来信息的一种直观预测和识别方法。此方法由美国的 Osborne 于 1939 年首创，从 20 世纪 50 年代起就得到了广泛应用。头脑风暴法一般在一个专家小组内进行，以"宏观智能结构"为基础，通过专家会议，发挥专家的创造性思维来获取未来信息。这要求专家会议的主持人在会议开始时的发言中能激起专家们的思维"灵感"，促使专家们感到急需回答会议提出的问题，通过专家之间的信息交流和相互启发，从而诱发专家们产生"思维共振"，以达到互相补充并产生"组合效应"，获取更多的未来信息，使预测和识别的结果更准确。

2. 德尔菲法

德尔菲法，又称为专家调查法，它是 20 世纪 50 年代初由美国兰德公司研究美国受前苏联核袭击风险时提出的，并在世界上快速地盛行起来。它是依靠专家的直观能力对风险进行识别的方法，现在此法的应用已遍及经济、社会、工程技术等各领域。用德尔菲法进行风险识别的过程如下：由风险小组选定相关领域的专家，并与这些适当数量的专家建立直接的函询联系，通过函询收集专家意见，然后加以综合整理，再匿名反馈给各位专家，再次征询意见，这样反复经过四至五轮，逐步使专家的意见趋向一致，作为最后识别的根据。我国在 20 世纪 70 年代引入此法，已在许多项目管理活动中进行了应用，并取得了比较满意的结果。

3. 故障树分析法

故障树分析法在航天工业、电子设备、化学工业、机械制造、核工业及一般电站的可靠性分析中得到广泛应用。故障树分析法是一种由上到下的方法，通过对可能造成项目风险的硬件、软件、环境、人为等因素进行分析，采用树形图的形式，画出故障原因的各种可能组合方式及其发生概率，由总体至部分，按树状结构，逐层细化的一种分析方法。故障树分析法首先以系统不希望发生的事件作为目标（称顶事件），然后，按照演绎分析的原则，从顶事件逐级向下分析各自的直接原因事件（称基本事件），根据彼此间的逻辑关系，用逻辑门符号连接上下事件，直至所要求的分析深度。

4. 情景分析法

情景分析法由美国的 Pierr Wark 于 1972 年提出。该方法根据发展趋势的多样性，通过对系统内外相关问题的系统分析，设计出多种可能的未来前景，然后用类似于撰写电影剧本的手法，对系统发展态势做出自始至终的情景和画面的描述。当一个项目持续的时间较长时，往往要考虑各种技术、经济和社会因素的影响，可用情景分析法来预测和识别其关键风险因素及其影响程度。情景分析法对以下情况是特别有用的：提醒决策者注意某种措施或政策可能引起的风险；建议需要进行监视的风险范围；研究某些关键性因素对未来过程的影响；提醒人们注意某种技术的发展会给人们带来哪些风险。情景分析法是一种适用于对可变因素较多的项目进行风险预测和识别的系统技术，它在假定关键影响因素有可能发生的基础上，构造出多重情景，提出多种未来的可能结果，以便采取适当措施防患于未然。情景分析法从 20 世纪 70 年代中期以来在国外得到了广泛应用，并产生了目标展开法、空隙添补法、未来分析法等具体应用方法。一些大型跨国公司在对一些大项目进行风险预测和识别时都陆续采用了情景分析法。因其操作过程比较复杂，目前此法在我国的具体应用还不多见。

（二）从客观信息源出发的方法

1. 风险清单

风险清单是指由一些专业人员设计好标准的表格或者问卷，上面全面地罗列了企业可能会面临的风险。这些清单试图将所有可能的损失全部包括在其中，使用者对待清单的每一项都要回答："我们公司会面临这样的风险吗？"通过回答这些问题，风险管理者逐渐构建出本公司的风险框架。其优点是经济方便，适合新公司、初次构建风险管理制度的公司或缺乏专业风险管理人员的公司使用，帮助他们识别最基本的风险，降低忽略重要风险的可能性。其局限表现在：第一，因为这些清单是标准化的，适合于所有企业，所以针对性差，可能一些特殊风险没有涵盖其中；第二，这些清单是基于传统风险管理设计出来的，不涉及投机风险，所以风险清单中也就没有关于投机风险的项目。企业在使用这些表格时，要认识到这些局限性，使用其他的风险识别方法来配合风险清单的使用。

2. 核对表法

核对表一般根据项目环境、产品或技术资料、团队成员的技能或缺陷等风险要素，把经历过的风险事件及来源列成一张核对表。核对表的内容可包括：以前成功或失败的原因；项目范围、成本、质量、进度、采购与合同、人力资源与沟通等情况；产品或服务说明书；管理成员技能；可用资源等。管理人员对照核对表，对本企业的潜在风险进行联想。检查表适用于有先例可参照的项目。表 3—1 就是某公司项目管理成功与失败原因检查核对表。

表 3－1　某公司项目管理成功与失败原因检查核对表

项目管理成功的原因：
（1）项目目标清楚，对风险采取了现实可行的措施。 （2）从项目一开始就让项目各有关方面共同参与决策。 （3）项目各有关方的责任和应承担的风险划分明确。 （4）在项目施工之前，对所有可能的设计方案都进行了细致的分析和比较。 （5）在项目规划阶段，对可能出现的问题都事先预计到了。 （6）项目经理拥有所有应该有的权限。 （7）对外部环境的变化都采取了及时的应对行动。 （8）表彰和奖励及时、有度。 （9）对项目成员进行了培训。
项目管理失败的原因：
（1）项目业主不积极，缺少动力。 （2）沟通不够，决策者远离项目现场。 （3）项目各有关方面责任不明确，合同上未写明。 （4）规划工作做得不细，或缺少灵活性。 （5）把工作交给工作能力不足的人，又缺少检查、指导。 （6）随意进行各种变更，更换负责人、改变责任、项目范围或项目计划。 （7）决策时未征求各方面意见。 （8）未能对经验教训进行分析。

3. 流程图分析法

流程图分析法，是指首先按企业生产经营过程的内在逻辑制作出作业流程图，然后对其中的重要环节和薄弱之处进行调查和分析的方法。基本步骤为：

（1）认识产品加工等过程的各个阶段；

（2）设计流程图，把流程中的风险揭示出来；

（3）解释流程图，寻找事故的原因；

（4）预测可能的损失。

流程图有助于识别企业经营过程中所要面临的风险。其优点是可以将复杂的生产过程或业务流程简单化，从而发现风险；缺点是流程图的绘制要耗费时间，而且不可能进行定量分析从而无法判断风险发生的可能性。

4. 现场调查法

现场调查法相当于对风险进行一次全面的检查，其优点是可以获得第一手资料，有助于与基层人员建立良好关系；缺点是时间较长，成本高，有时为应付调查而引起员工的反感。

现场调查法的主要步骤是：

（1）调查前进行准备工作，包括确定调查的时间，其中需要明确开始时间、结束时间和持续时间等，还要搞清调查的对象，包括调查人数等；

（2）进行现场调查和访问，认真填写表格，表格的填写要符合规范，避免出现一些不符合要求的问卷，从而影响到调查结果；

（3）将调查的结果及时进行反馈，及时发现潜在的问题。

在实际工作中为了不忽略重要事项，可事先设计出需要的表格，这类调查表的内容通常包括调查对象的名称、职位、目前状况、故障情况和应采取的措施。

5. 问卷调查法

问卷调查法，是企业根据自己的需要，收集和统计与风险相关的信息。调查的对象可以是职工、消费者或是顾客；调查方式可以采用当面填写、邮寄、网络传递等。它的优点是形式多样，简单易行；缺点是需要各级领导认真负责、协调一致、仔细分析，否则不能真正及时发现潜在的风险。

6. 财务报表法

财务报表是企业在一定期间内经济活动以及经济效果的综合反映，因此，分析财务报表有助于认识经营风险可能的来源。财务报表分析法主要是通过分析企业的资产负债表、利润表、现金流量表和所有者权益变动表以及补充资料来识别企业潜在的风险。虽然财务报表不能反映企业所有的经营和管理活动，但是它们含有很多能反映企业所面临的风险的重要的数据信息。例如，依据利润表可了解公司业务盈亏风险的来源；依据现金流量表可认识现金流量风险的来源。管理人员还可根据各种财务比率运算的结果，进一步以其他相关资料为佐证，追踪可能的风险来源。

这种方法的优点是：首先，因为财务报表的数据来源有据可查，所以用财务报表法对风险进行研究会非常的可靠和客观；其次，财务报表很容易得到，不像现场调查法或流程图法那样需要花费大量的时间实地采集资料或绘制特别的图表；再次，应用财务报表分析法进行风险识别的结果是用财务术语的形式表达的，信息客观、准确、清晰，而且容易被外部人员接受，具有较强的说服力；最后，财务报表的数据较为全面，能够反映企业经营活动的各个重要方面。

应注意的是，尽管这些风险识别方法是分别被介绍的，但在实际应用过程中可以同时应用多种不同的方法来识别风险，以便减轻风险被主观夸大或缩小程度和减小风险被遗漏的可能性。例如，管理人员可运用流程图法和核对表法，大概拟出企业各个环节可能会出现的风险列表；各个环节实施之前再应用头脑风暴法，补充和完善该风险列表。

五、《基本规范》中的风险识别

《基本规范》第二十二条规定：企业识别内部风险，应当关注下列因素：

1. 董事、监事、经理及其他高级管理人员的职业操守、员工专业胜任能力等人力资源因素

公司董事、监事、经理及其他高级管理人员对公司负有忠实义务和勤勉义务，应该具有良好的职业操守。比如，公司董事、监事、经理及其他高级管理人员不得利用职权收受贿赂或者其他非法收入，不得侵占公司的财产，不得利用职务便利为自己谋取属于公司的商业机会等。如果公司董事、监事、经理及其他高级管理人员的职业操守存在风险，这些高级管理人员可能会利用自己的职权损害公司的利益。如果员工的专业胜任能力存在风险，可能导致不能胜任自己的工作，而使企业正常的生产经营活动受到威胁。

2. 组织机构、经营方式、资产管理、业务流程等管理因素

科学的管理方法是对企业进行有效控制，使企业步入良性发展轨道的保证。管理因素包含组织机构、经营方式、资产管理、业务流程等。如果企业存在管理因素方面的风险，长此以往，将无法正常运行。例如组织机构这一要素，如果企业将内部审计委员会设置于总会计师之下，则内部审计工作可能流于形式，无法发挥内部审计的作用，最好应让内部审计委员会直接对董事会负责。

3. 研究开发、技术投入、信息技术运用等自主创新因素

企业独立自主地进行技术的研究开发及其他创新活动是有很大风险的。首先，企业自主创新面临着激烈的竞争，要求抢时间、赶速度和高投入，在技术领域领先于竞争对手，而自主创新能否成功、能否经得起市场考验还有很多不确定性和不可控因素。另外，自主创新是相对独立的一系列活动的动态综合过程，要求将技术过程、管理过程、经营过程、组织过程有机地加以整合，需要组织好人、财、物等很多资源，如果没有各个环节、职能之间的良性互动，企业自主创新将难以实现。

4. 财务状况、经营成果、现金流量等财务因素

资产负债表是反映企业在某一特定日期财务状况的报表；利润表可以帮助

— 111 —

报表使用者分析企业某一时期的经营成果；现金流量表是以现金为基础编制，反映了会计主体一定期间内现金的流入和流出。财务报表是对企业各项经营活动的综合反映，通过分析财务报表可以揭示出企业所面临的风险。比如，如果企业的流动比率（流动资产/流动负债）小于行业平均水平，则说明企业的短期偿债能力可能没有保障。

5. 营运安全、员工健康、环境保护等安全环保因素

安全环保对于企业的生存和发展也是不容忽视的，它包含营运安全、员工健康、环境保护等因素。比如，对铁路、公路、航空等行业来说，如果营运安全出现问题，将会面临巨额的诉讼赔偿；对于化工企业来说，如果不能较好地处理环境保护问题，企业可能面临被责令关闭的风险。

6. 其他有关内部风险因素

《基本规范》第二十三条规定：企业识别内部风险，应当关注下列因素：

（1）经济形势、产业政策、融资环境、市场竞争、资源供给等经济因素。企业处在市场经济的大环境中，经济因素必然影响着企业的生产经营和发展壮大，因此识别风险的过程中，一些外在的经济因素也是我们需要了解和掌握的，企业应考虑经济形势、产业政策、融资环境、市场竞争、资源供给等因素对企业后续发展的影响。比如融资环境，国家金融政策中的货币发行量、信贷规模等因素都能影响企业的资金来源和投资的预期收益，企业应考虑这些经济因素所带来的风险。

（2）法律法规、监管要求等法律因素。法律规定了企业行为的底线，是必须遵守的行为准则。法律法规和监管要求为企业经营活动规定了活动空间，也为企业在相应空间内自由经营提供了法律上和制度上的保护。知法守法是企业正常运行的必经之路，所以，对一些法律因素，企业管理当局应引起重视。

（3）安全稳定、文化传统、社会信用、教育水平、消费者行为等社会因素。社会因素包罗万象，在风险识别过程中，外部的一些风险因素如安全稳定、文化传统、社会信用、教育水平、消费者行为等，也是风险识别的对象。比如文化传统，当企业设立分公司或分部时，要尊重地方文化，适应当地文化，应考虑当地的文化氛围可能带来的风险。

（4）技术进步、工艺改进等科学技术因素。随着知识经济时代的到来，科学技术如工艺改进等日益成为生产力发展和经济增长的决定性因素。企业应评估技术进步、工艺改进等科学技术因素所带来的风险，比如，科技进步可能使企业的固定资产存在减值风险，可能使企业的生产工艺落后而不能满足社会需求等。

（5）自然灾害、环境状况等自然环境因素。自然灾害、环境状况等所带来的风险主要有地震、泥石流、海啸、干旱、土地沙漠化等，自然环境风险因其突发性和难以预测性可能给企业带来极大的破坏力，虽然自然环境风险难以准确测量，但在风险识别过程中，也应加以考虑。

（6）其他有关外部风险因素。除上述风险因素外，凡是能预见到的可能存在的潜在风险我们都应当给予一定程度的关注，从而有效地进行风险识别。

第四节　风险分析

一、风险分析的概念

风险分析是在风险识别的基础上，确定相应的风险评价标准，对有关因素进行量化，计算出风险概率、风险后果和风险值，进而判断该风险是否可被接受，是否需要采取进一步的安全措施。风险分析的结果是风险应对的主要依据，它是决定如何管理风险的基础，一旦风险得到识别，就应该对风险进行分析，这样，管理层就能根据被识别的风险的重要性来计划如何应对风险。

风险分析是风险评估过程中必不可少的阶段，通过风险分析，应达到以下目的：

（1）对各个风险进行比较，通过分析风险的不确定性和后果，确定它们的先后顺序。

（2）确定风险事件之间的关系，表面上看起来不相干的多个风险事件可能是由一个共同的风险源所造成，因此应理顺风险事件之间的关系。

（3）进一步量化已识别风险的发生概率和后果，减少风险发生概率和后果估计的不确定性，必要时根据形势的变化重新评估风险发生的概率和可能的后果。

二、风险分析的方法

风险分析的方法主要有基于知识的分析方法、基于模型的分析方法、定量分析方法、定性分析方法以及定量和定性混合的分析方法。

（一）基于知识的分析方法

基于知识的分析方法又称为经验法。采用这种分析方法时，风险分析团队不需要通过繁琐的流程和步骤，可节省大量人力、时间和资源。风险分析团队应识别企业当前的资产、资产所存在的漏洞、组织所面临的风险和当前采取的安全措施等信息，与企业特定的标准或以往的最佳实践进行比较，从中找出不符合的地方，从而对企业当前风险进行分析的方法。

基于知识的分析方法，最重要的在于完整详细地收集和评价信息，主要方法一般有：

（1）会议讨论：通过会议对企业风险进行相关讨论。

（2）人员访谈：通过深入访谈，可以了解更详细的信息，进而分析风险。

（3）对相关文档进行复查：通过对文件资料的核查来深化对某一问题的认识，从而达到分析风险的目的。

（二）基于模型的分析方法

基于模型的分析方法可以分析出企业自身内部机制中存在的危险性因素，同时又可以发现企业生产经营过程中的有害行为，从而完成对企业内部控制机制中的脆弱点和外部安全威胁的分析。

基于模型的分析方法主要有蒙特卡洛法。蒙特卡洛法是一种随机模拟数学方法，该方法可以用来分析风险发生的可能性、风险的成因、风险造成的损失等变量在未来的概率分布。具体操作步骤如下：

（1）量化风险。将需要分析评估的风险进行量化，明确其度量单位，得到风险变量，并收集历史相关数据。

（2）根据对历史数据的分析，借鉴常用建模方法，建立能描述该风险变量在未来变化的概率模型。

（3）计算概率分布初步结果。利用随机数字发生器，将生成的随机数据应用到上述概率模型，生成风险变量的概率分布初步结果。

（4）修正完善概率模型。通过对生成的概率分布初步结果进行分析，利用实验数据验证模型的正确性，并在实践中不断修正和完善模型。

（5）利用该模型分析评估风险情况。

（三）定量分析方法

定量分析就是对风险的程度用直观的数据表示出来。其主要思路是对构成风险的各个要素和潜在损失的程度赋予数值或货币金额，这样风险分析的整个过程和结果都可以被量化了。在度量风险的所有要素（资产价值、脆弱性级别等）、计算资产暴露程度、计算控制成本以及确定的所有其他值时，应尽量具有相同的客观性。

常用的定量分析方法有敏感度分析法和主观评分法。

敏感度分析法研究在项目寿命期内，当项目变数（例如产量、价格、变动成本等）以及项目的各种前提与假设发生变动时，项目的性能（例如现金流的净现值、内部收益率等）会出现怎样的变化，以及变化范围如何。敏感度分析能够回答哪些项目变数或假设的变化对项目的性能影响最大。

主观评分法是由专家对风险进行量化评分，然后确定风险是否在可控范围之内的方法。首先由管理人员召集各个专家，对项目每一阶段的每一风险因素给予一个主观评分，将项目中每一单个风险按照等级赋予一个权值。其次由管理人员对每一专家赋予一个权重，把各个风险的评价值乘上权重加起来。最后再与事先确定的可接受风险基准进行比较，确定项目的风险是否在企业可以接受的范围之内。

从理论上讲，通过定量分析可以对风险进行准确的定义和分级，但是这种方法也有一些难以克服的缺点：首先，定量分析法对风险所赋予的各种数值的准确性可能并不高，没有正式且严格的方法来有效计算资产价值和控制措施的成本，很多数据的选择在很大程度取决于个人的主观判断。其次，使用定量分析的方法需要同单位各相关人员充分交流以了解并掌握其业务流程等信息，这需要耗费大量的成本、大量的人力资源和大量的时间。在定量分析过程中，经常会出现员工对如何计算具体数值发生争论的情形，影响风险分析的结果，影响项目的进展。

（四）定性分析方法

定性分析法与定量分析法的区别在于不需要对资产及各相关要素的分配确定数值，而是赋予一个相对值。例如，通过问卷、面谈及研讨会的形式进行数据收集和风险分析，涉及各业务部门的人员，这个过程带有一定的主观性，往往需要凭借专业咨询人员的经验和直觉，或者业界的标准和惯例，因此，为风险各相关要素（资产价值、威胁、脆弱性等）的大小或高低程度定性分级时，可以运用定性分析方法将风险分为"高"、"中"、"低"三等级。通过这样的方法，对风险的各个分析要素赋值后，可以定性地区分这些风险的严重等级，避免了复杂的赋值过程，简单且又易于操作。

与定量分析相比较，定性分析的准确性稍好但精确度不细；定性分析消除了繁琐的容易引起争议的赋值，实施流程和工期大为降低，只是对相关咨询人员的经验和能力提出了更高的要求；定性分析过程相对较直观，定量分析较客观；此外，定量分析的结果很直观，容易理解，而定性分析的结果则很难有统一的解释。

（五）定量和定性混合的分析方法

当前最常用的分析方法一般都是定量和定性的混合方法，对一些可以明确赋予数值的要素直接赋予数值，对难于赋值的要素使用定性方法，这样不仅可以清晰地分析企业资产的风险情况，也极大地简化了分析的过程，加快了风险分析进度。

企业在选择风险分析的方法和判断标准时，应考虑行业情况及企业自身特点，灵活制定具体的风险分析方法。例如：对于金融行业来说，丢失数据风险的损失比短时间业务停顿的风险所带来的损失更为严重；而对于通讯行业来说，业务停顿风险带来的损失比少量数据丢失的风险更难以接受。

三、《基本规范》中的风险分析

《基本规范》第二十四条规定：企业应当采用定性与定量相结合的方法，按照风险发生的可能性及其影响程度等，对识别的风险进行分析和排序，确定关注重点和优先控制的风险。企业进行风险分析时，应当充分吸收专业人员，组成风险分析团队，按照严格规范的程序开展工作，确保风险分析结果的准确性。

风险分析就是运用各种技术方法，从定性和定量两方面，对已识别出的风险事件加以估计，分清主次轻重，分析风险的可能性、后果的严重性以及企业对风险的承受能力。由于风险分析需要搜集大量的详细损失资料，需要运用概率论和数理统计等专业知识来估计和预测风险发生的概率和损失幅度，因此应当由专业人员进行分析。社会上一些保险公司及中介机构也提供相关的风险分析服务，企业可以进行咨询。由于风险分析的结果是企业采取风险应对措施的依据，分析结果不准确将导致企业采取错误的应对措施，因此风险分析应遵循严格的程序，确保风险分析结果的准确性。

第五节　风险应对

一、风险应对的概念

风险应对就是在风险分析的基础上，针对企业所存在的风险因素，根据风险分析的原则和标准，运用现代科学技术知识和风险管理方面的理论与方法，提出各种风险解决方案，经过分析论证与评价从中选择最优方案并予以实施，来达到降低风险目的的过程。在风险识别、风险分析之后，管理人员必须根据风险的性质及其潜在影响，并以企业总体战略目标为依据，规划并选择合理的风险应对策略，尽可能地减少风险的潜在损失，提高企业对风险的控制能力。在事故发生前，力求降低事故的发生概率；在事故发生后，力求将损失减少到最低限度。因此，风险应对的本质是减少损失概率或降低损失程度。

风险应对可以从改变风险后果的性质、风险发生的概率和风险后果三方面提出多种策略，对不同的风险可用不同的处置方法和策略。企业所面临的各种风险，都可综合运用各种策略进行处理。风险应对策略有风险规避、风险降低、风险分担和风险承受四类。风险规避是指采取措施退出会给企业带来风险的活动。风险降低是指减少风险发生的可能性、减少风险的影响或者同时减少。风险分担是指通过转嫁或与他人共担一部分风险来降低风险发生的可能性或影响。风险承受则是不采取任何改变风险发生的可能性或影响的行动。

二、选择风险应对措施的主要依据

企业制定风险应对措施的主要依据是：

1. 风险的特性

制定风险应对措施，必须以风险的特性为依据，对不同特性的风险制定与之相应的应对措施。

2. 企业抵抗风险的能力

企业抵抗风险的能力决定了企业能够承受多大的风险，也决定了企业对风险应对措施的选择。企业抵抗风险的能力取决于许多因素，包括管理人员承受风险的心理能力、企业对风险的态度、企业拥有的资源和财务实力等。

3. 可供选择的风险应对措施

对于某一特定的风险，如果可以采取多种措施和手段去进行风险的规避或转移，那么风险应对措施的制定就需要在多个措施中进行比较，选择最有效的风险应对措施。如果只有一种或少数几种措施和手段可以采用，则风险应对措施的制定就比较简单。

一般来说，风险规避措施是在其他应对措施的成本超过期望的收益，或者可供选择的措施不能将风险的影响或风险发生的可能性降低到企业可接受的水平之下的情况下采用的。风险降低和风险分担应对措施是将剩余风险减少到与企业风险承受度相一致的水平。风险承受应对措施则表明风险已经在企业的风险承受度以内，不需要采取任何改变风险发生的可能性或影响的行动。

三、风险应对的方法

（一）风险规避

风险规避是一种事前的风险控制手段，是指在风险发生前，风险管理者发现从事某种经营活动可能带来的风险及其所致损失都很大时，有意识地采取规避措施，主动放弃或拒绝承担该风险。

风险规避是各种风险管理技术中最简单，亦最为消极的一种，如同一个人为了避免被淹死的风险而拒绝在任何情况下接近水。例如，一个经销家庭日用品的企业在其经销的产品有导致小儿麻痹症的情况出现时，决定终止这种经销活动，以免引致产品责任索赔案。

风险回避是处理风险时一种有用的方法。企业通过中断风险源，将避免可能产生的潜在损失或不确定性，但企业同时失去了从风险源中获得收益的可能性，更何况有些风险根本就无法避免。企业在采用规避方法来处理风险时必须考虑以下几个方面的因素：第一，欲避免某种风险也许不可能。对企业而言，有些基本风险如世界性的经济危机、能源危机等难以避免。第二，采用避免风险在经济上也许不适当。对某些风险即使可以避免，但就经济效益而言也许不合适。在成本和效益的比较分析下，如果企业避免风险所花的成本高于避免风险所产生的经济效益时，仍然采取避免风险的方法，经济上可谓不适当。第三，风险规避使企业失去了从中获益的可能性，而企业存在的最大动机无非是赚取利润。第四，避免了某一风险可能产生另外新的风险，新风险产生的可能性和危害程度可能更甚于先前的风险。例如，一个位于小岛上的企业在用汽车把产品运往大陆销售时要经过一座桥，为了避免桥断裂翻车的风险改用船运，但又产生了新的船舶失事的风险。

基于以上因素的考虑，最适合采用风险规避方法的情况有以下三种：第一，某种特定风险所致的损失概率和损失程度相当大；第二，应用其他风险处理技术的成本超过其产生的效益；第三，采用风险回避方法可使企业受损失的可能性等于零。

（二）风险降低

风险降低是企业在权衡成本效益之后，准备采取适当的控制措施降低风险或者减轻损失，将风险控制在风险承受度之内的策略。风险降低的目的是要降低风险发生的可能性，或者减少风险造成的损失，或者二者兼而有之。风险降低可以积极改善风险的特性，使其能为企业所接受，而又使企业不丧失获利的机会。因此，相对于风险规避而言，风险降低是风险应对方法中更为重要的一种，也是企业最适用的一种。

降低风险主要通过两种途径实现：风险预防和减少风险。风险预防即采取各种措施防止风险的发生，做到事先防范，也就是消除或减少风险因素，以便降低损失发生的概率。例如在施工合同签订时，明确索赔权力，防止违约；项目施工前，建立安全规程和制度，并对员工进行安全教育，防止事故发生。再比如，防火工程的"火灾三脚架"——燃料、氧气、火源，三者为一次火灾发生的必备条件，因此预防火灾的发生只需要消除这"三脚架"中的至少一只"脚"，那么火灾就不会发生了。将金融资产、实物资产或信息资产分散放置在不同地方，也可以降低遭受灾难性损失的风险。减少风险即在风险已经发生，造成损失的情况下，采取措施防止风险的恶化和扩大。事实上，一项风险降低的实践计划往往将风险预防和减少风险两者加以结合，如美国在20世纪70年代限制高速公路车速，这一举措既减少了车祸发生概率，因为司机有更多的时间来认识风险，同时又减少了车祸发生时或发生后的损失程度。一般而言，损失发生前采取预防措施来降低风险发生的概率或其后果比损失发生后再采取减少措施更为有效。

企业实行风险降低策略应符合成本效益原则。预防措施需要付出一定的代价，因此应测算拟采取的预防措施所需要的费用。此外，还应考虑到一旦预防措施不成功，风险发生后应采取补救措施以减少损失，从而使风险损失最小化。

（三）风险分担

风险分担也叫风险转移，是企业准备借助他人力量，采取业务分包、购买保险等方式或采取其他适当的控制措施，将风险控制在风险承受度之内的策略。风险分担是一种事前的风险管理措施，即在风险发生之前，通过各种交易活动，把可能发生的风险转移给其他人承担，避免自己承担全部风险损失。通过分担方式应对风险，风险本身并没有减少，只是风险承担者发生了变化。

保险是最重要的风险分担方式，保险的理论研究和实践活动在风险管理发展的早期就得到了充分发展。保险型风险分担是指通过保险合约去对冲风险，以投保的形式将风险转移到其他人身上，根据保险条文，保险公司应替投保者承担风险。采用保险型分担方式，一方面，风险转移到保险公司之前，投保人需履行其义务，有责任缴付保险金；另一方面，当损失出现时，保险公司将会代替投保人承受因风险所带来的损失。

除保险型分担方式外，还有合同型分担方式，即指企业将风险可能导致的损失通过合同的形式转嫁给另一方，其主要形式有租赁合同、保证合同、委托合同、分包合同等。采用合同型分担方式来转移风险有以下局限性：①对合同条文理解的差异可能会引起一些问题。有些合同文字晦涩难以理解，企业以为已经将全部风险转移出去了，而实际上可能只转移了一部分风险，所以要求风险管理者仔细推敲合同的文字来确定其真正的含义。②转移风险需付出一定的代价。比如，合同相对人答应承担某种可能的损失，但同时要求转移风险方承担另一种义务，或者要求提高合同价格等。企业在采取风险分担策略时，应充分考虑到这些因素的影响。

（四）风险承受

风险承受也叫风险自留，是指由企业自行准备基金以承担风险损失的风险应对方法。风险承受是一种风险财务技术，企业明知可能会有风险发生，但在权衡了其他风险应对策略之后，出于经济性和可行性的考虑将风险留下，如果风险损失真的出现，则依靠企业自身的财力去弥补风险所带来的损失。风险承受的前提是自留风险可能导致的损失比转移风险所需费用小。风险管理人员在做出承受风险决策前，应考虑自留风险一旦发生应该采取的措施，如预留应急费、采取安全防护措施等，以便能在风险发生时从容应对。

风险承受分为两种：一是非计划性风险承受；二是计划性风险承受。当风险管理人员没有意识到风险的存在，或者没有承受风险的准备，自留风险就是非计划的和被动的。如果在风险管理规划阶段已对一些风险有了准备，当风险事件发生时马上执行应急计划，自留风险就是计划性风险承受或主动接受。风险自留的计划性主要体现在风险自留水平和损失支付方式两方面。风险自留水平是指选择哪些风险事件作为风险自留的对象。确定风险自留水平可以从风险发生的概率及损失期望值大小的角度考虑，一般应选择风险发生概率较小、损失期望值较少的风险事件作为风险自留的对象。损失支付方式是指风险自留应预先制定损失支付计划。常见的损失支付方式有从现金净收入中支出；建立非常基金储备；建立风险准备金等。

风险承受是最省事的风险规避方法，在许多情况下也最省钱。当采取其他风险规避方法的费用超过风险事件造成的损失数额，并且损失数额没有超过项目主体的风险承受能力时，可采取自留风险的方法。但企业也应考虑到，若仅从降低成本、节省费用出发，将风险承受作为一种主动积极的方式应用时，可能会由于风险意外扩大，而使企业面临着严重的损失后果。甚至在极端情况下，风险承受可能使企业承担巨大风险，以至于可能危及企业的生存和发展，所以，掌握完备的风险事件的信息是采用风险自留的前提。

风险承受不能单独使用，应与其他风险应对策略结合使用。在确定实施风险承受时，应保证重大和较大的风险已经进行了保险或实施了其他风险控制计划。在一般情况下，企业首先应分析风险事件是否可以规避，如果确定可以规避又不损害根本利益，应确定具体措施规避。若不能规避，则应考虑下一策略，如风险降低或风险分担，最后才是考虑风险承受。

四、《基本规范》中的风险应对

《基本规范》第二十五条规定：企业应当根据风险分析的结果，结合风险承受度，权衡风险与收益，确定风险应对策略。企业应当合理分析、准确掌握董事、经理及其他高级管理人员、关键岗位员工的风险偏好，采取适当的控制措施，避免因个人风险偏好给企业经营带来重大损失。

在风险识别和分析后，企业要选择一个旨在使风险的可能性和影响处于风险承受度之内的应对方案。管理当局在确定风险应对方案的过程中需要考虑的事项有：①应对方案的可行性和处理风险的效果。②应对方案的成本和效益。

一般应考虑应对方案的直接成本以及可以实际计量的间接成本，还可考虑耗费资源的相关机会成本。

在选择过程中，企业应当客观合理分析，避免管理人员的个人风险偏好给企业带来重大损失。风险偏好就是个人对待风险的态度，个人的风险偏好和他的财富、教育、性别、年龄等因素有关。由于风险偏好在很大程度是个人的主观态度，具有很大的不确定性，因此企业应当采取适当的控制措施，避免由于董事、经理及其他高级管理人员、关键岗位员工的风险偏好而给企业带来不利后果。

《基本规范》第二十六条规定：企业应当综合运用风险规避、风险降低、风险分担和风险承受等风险应对策略，实现对风险的有效控制。

风险规避是企业对超出风险承受度的风险，通过放弃或者停止与该风险相关的业务活动以避免和减轻损失的策略。风险降低是企业在权衡成本效益之后，准备采取适当的控制措施降低风险或者减轻损失，将风险控制在风险承受度之内的策略。风险分担是企业准备借助他人力量，采取业务分包、购买保险等方式和适当的控制措施，将风险控制在风险承受度之内的策略。风险承受是企业对风险承受度之内的风险，在权衡成本效益之后，不准备采取控制措施降低风险或者减轻损失的策略。

《基本规范》第二十七条规定：企业应当结合不同发展阶段和业务拓展情况，持续收集与风险变化相关的信息，进行风险识别和风险分析，及时调整风险应对策略。

由于风险事件处于不断变化的动态发展之中，因此，企业应当重视风险评估的持续性，及时收集与风险相关的各种信息，定期或不定期地开展风险评估，适时更新、维护风险数据库并调整风险应对策略。

第六节　案例分析

在前面五节，我们解析了《内部控制基本规范》里有关风险评估的规定，本节将引用两个与风险评估相关的案例进行分析。

包头东华热电有限公司 2×300MW 供热机组工程项目风险评估案例分析[①]

（一）基本情况

包头东华热电有限公司 2×300MW 供热机组工程是由中国华电集团公司、北京能源投资（集团）有限公司、内蒙古蒙电华能热电股份有限公司共同投资，由中国华电集团公司控股建设的热电联产项目。项目计划总投资 25.87 亿元，其中资本金 20％，银行贷款 80％。

2003 年 7 月组建包头东华热电有限公司后，按照国家现行基建管理制度管理本期工程，全面贯彻工程招投标制及工程监理制，具体情况为：

2003 年 5 月采取公开招标方式确定内蒙古电力勘测设计院为工程的勘察设计单位。

2003 年 5 月采取公开招标方式确定内蒙古康远工程建设监理有限责任公司对工程进行全过程监理。

主设备于 2003 年 6 月进行招标并签订合同，供货厂家为：

锅炉：哈尔滨锅炉厂有限责任公司

汽轮机：东方汽轮机厂

发电机：哈尔滨电机厂有限责任公司

2003 年 9 月采取公开招标方式确定施工单位，主体施工单位为：

内蒙古电建一公司（1♯机组安装）

天津电力建设工程公司（2♯机组安装）

内蒙古电建三公司（主厂房及烟囱施工）

2004 年 9 月采取公开招标方式确定内蒙古电力科学研究院为工程调试单位。

东华热电有限公司作为项目的业主，面临的风险贯穿于项目的始终。由于项目在建设过程中不可预见的因素很多，如人员、材料、设备的情况变化，投资决策、设计、施工及运行各阶段出现的诸多问题均会影响项目的实施，在项目之初就对整个项目的风险进行准确的分析和评估是很困难的，因此需要对在整个项目实施过程中可能遇到的风险及实际遇到的风险进行动态的分析和评

[①]　孟繁瑾：《中国华电集团东华热电项目风险管理案例研究》，华北电力大学硕士学位论文，2007。

价，及时提出风险处理的办法。

基于此情况，东华热电有限公司选派了富有经验的员工担任项目经理，并建立了相对比较完整的风险管理体系。在项目实施过程中，风险管理的过程是动态和循环的，目的就是为了对工程项目所面临的风险进行实时的监控、评价和管理。

（二）风险识别

风险识别是项目风险管理的第一步，也是最重要的一步，应尽可能全面地找出影响项目质量、进度、投资等目标顺利实现的主要风险。

这一阶段主要侧重于对风险的定性分析。可分三步进行：第一步，收集资料；第二步，估计项目风险形势；第三步，根据直接或间接的症状将潜在的风险识别出来。简单地说，工程项目的风险识别主要是通过风险调查及信息分析、专家调查等手段进行，认识项目风险，建立项目风险清单。风险清单必须客观、全面，一定不能遗漏主要风险。将风险清单中的风险进行分类，可使风险管理者更彻底地了解风险，管理风险时更有目的性、更有效果，并为下一步的风险分析做好准备。

一般认为风险是由于数据或信息的不对称而引起的，所以搜集的资料和数据是否齐全会影响项目风险的大小。风险识别应注重以下各方面的数据和信息的收集。在东华热电项目风险识别过程中，特别注意收集了：

（1）与项目相关的自然和社会环境等资料。如自然环境方面的气象、水文、地质、地貌等，社会环境方面的政治、经济、文化等资料。

（2）类似工程的有关数据资料。类似工程实施过程中的经验教训对新建项目的风险管理有着重要的参考价值，因此在风险识别过程中注意收集了类似工程（如包头第二热电厂、大同热电厂）建设中的档案记录、工程总结、验收资料、质量与安全事故处理文件以及工程变更和索赔等资料。

（3）工程设计和施工文件。工程设计文件规定了工程的结构布置、形式、尺寸、采用的材料、质量标准和技术规范等，这些内容的改变都会带来风险。工程施工文件明确了工程的施工方案、质量控制要求和工程验收标准等，施工中常会对施工方案优化，此时应对工程进度、成本、质量和安全目标的实现进行风险分析，选择合理的方案。

东华热电项目在风险识别过程中主要采用专家调查法和故障树分析法。在收集各种资料的基础上，特别召开了有关专家及业主负责人等参加的会议，在会上，与会各位专家听取了业主单位、设计院及相关单位的情况介绍，提出了能考虑到的各种问题。通过会议，认真分析后，总结出该项目从设计到电厂进入运营期间面临的风险，得到了东华热电工程项目风险清单表，如表 3－2 所示。

表 3－2 东华热电项目风险清单表

风险因素	项　　目
设　　计	1. 设计内容是否齐全？有无漏项、错误或缺陷？ 2. 设计是否符合规程要求？ 3. 是否考虑到施工的可能性？
施　　工	1. 施工工艺是否落后？ 2. 施工技术方案是否合理？ 3. 采用的新方案、新技术是否合理？ 4. 施工安全措施是否得当？ 5. 是否考虑了现场施工条件？ 6. 汽机房施工是否符合咨询意见？
自然环境	1. 是否有洪水、地震或其他等不可抗拒的自然灾害发生？ 2. 对工程地质与水文气象条件是否清楚？ 3. 施工对周围环境有何影响？
经　　济	1. 设备造价控制是否得当？ 2. 煤价上涨是否超出预算范围？ 3. 通货膨胀、汇率的变动等因素？ 4. 资金是否到位？万一没能到位有何措施？ 5. 有无费用控制措施？
合　　同	1. 合同类型的选择是否得当？ 2. 合同条款有无遗漏？ 3. 项目成员在合同中的责任、义务是否清楚？ 4. 索赔管理是否有力？
人　　员	1. 所需人员是否到位？ 2. 对项目目标及分工是否明确？ 3. 关键成员变动或离岗时有何措施？
管　　理	1. 项目是否获得明的授权？ 2. 能否与项目利益相关者保持良好的沟通？ 3. 是否具备有效的激励与约束机制？

风险因素	项　　目
设备材料	1. 项目所需设备及各种材料是否可以按时供应？ 2. 出现规格、数量、质量问题时如何解决？
组织协调	上级部门、投资方、设计单位、施工和监理各方如何保持良好的协调？

通过以上的风险清单表，与会专家通过分析，从可能存在的一系列风险中，识别出东华热电工程项目主要存在以下风险：

（1）汽机房屋架球型网架结构风险。本工程汽机房屋架采用了和内蒙古新丰热电厂相同的球型网架结构，设计和施工单位是涿州蓝天钢结构有限公司晋中分公司。鉴于该结构在新丰热电出现过质量事故，建科院建研公司在咨询意见中，建议对汽机房网架所有支座进行加固处理，且不能在现场不采取措施直接补焊。支座底板与预埋板必须保证至少有三面围焊，焊缝高度应不小于18毫米。汽机房网架螺栓套筒与杆件存在间隙，应拧紧间隙大于1毫米的杆件，并补查螺栓杆套筒。适当减轻屋面荷载，并在使用时严格遵守荷载设计条件，绝不能超载。该加固工程会对工期产生一定的影响。

（2）确定项目总工期及按期完工的风险。如果建设项目总工期目标制定的不合理或工期管理的各项管理制度不能确保工期目标的实现，这些都将造成工期不能按时完成，投入的资金不能按时收回来，甚至会造成业主及合作单位的经济索赔。此项目的总工期非常紧张，按合同工期来安排施工是不合理的，肯定会造成完成情况与计划进度相差很大。在这种情况下，应实事求是地对工期目标进度做出调整，尽量减少工期损失，保证调整后计划工期的实现。

（3）项目施工单位的选择具有一定的风险性。如果选择的施工单位具有较高的施工资质和较强的施工组织能力，则可以使项目的质量、工期得到较好的控制和保障，但相应会造成施工费用的增加；如果选用施工资质较低、施工组织能力差的施工单位施工，虽然在一定程度上能够降低施工费用，但可能使建设项目的工期、质量等目标实现出现问题。此项目的施工单位都是通过招标选定的，但因为施工单位同时有很多项目在建，是否能选派高水平的施工队伍是存在风险的。

（4）组织协调可能引发的风险。包括业主与上级主管部门的协调、业主与设计单位的协调、施工方与监理方的协调、业主内部的组织协调等。协调对于现场监理人员来讲显得相当重要，因为一个项目工程建设中，工期往往都比较长，在这么长的时间里，施工单位与业主之间难免会有摩擦，监理单位作为公正的第三方，这时就要出面协调好承包方与业主之间的关系，以便工程能保质保量如期完成，降低工程投资的风险。

（5）人员风险。包括人员流动及各相关部门人员素质低等风险。

（6）自然风险。包括地震、火灾、雷电及不良地质构造等风险。

（7）煤价上涨的风险。本项目开工之时，正是我国电力紧张的阶段，煤价持续上涨，这对管理组织提出了很高的要求，煤价上涨必然使得发电成本增加，使得公司利润降低，若想保持公司既得利润，就要降低管理成本，此外还包括通货膨胀、劳动力成本上浮、汇率浮动等风险。

（8）合同风险。包括合同条款遗漏或表达有误等风险。

（三）风险分析

在风险识别的过程中，已经识别出了此工程项目所面临的所有风险，列出了风险调查表。在风险分析的过程中利用专家经验，对可能的风险因素的重要性进行评估，得出项目的综合风险。在对此工程项目进行风险分析时，主要采用的是专家主观评分法，就是利用类似项目的数据进行分析，用某一项目的历史记录对新的类似项目可能遇到的风险进行分析，当然这还得充分考虑新环境的各种变化。东华热电工程项目综合风险分析表如表3—3所示。

表3—3　东华热电工程项目综合风险分析表

可能发生的风险	权数	风险发生的可能性					
		很小 0.2	较小 0.4	中等 0.6	较大 0.8	很大 1.0	Fr
不良地质条件	0.1		√				0.04
进度计划不合理	0.1				√		0.08
承包商选择不当	0.05			√			0.03
组织协调不力	0.05			√			0.03
材料供应	0.1				√		0.08
汽机房安全隐患	0.1					√	0.1
煤价上涨	0.05					√	0.05
设计存在缺陷	0.05				√		0.04

可能发生的风险	权数	风险发生的可能性					
		很小 0.2	较小 0.4	中等 0.6	较大 0.8	很大 1.0	Fr
各种安全事故	0.1			√			0.06
内部人员流动	0.04		√				0.016
人员素质较低	0.05		√				0.02
质量不达标	0.05		√				0.02
自然灾害	0.01	√					0.002
合同条款有遗漏、表达有误	0.1			√			0.06
物价浮动	0.05		√				0.02
$\sum Fr=0.648$							

从上表可以看出，该项目的风险因素得分为 0.648，风险属于中等水平。同样，利用这种方法可以对各个工作阶段进行风险分析，以确定各阶段中风险的大小。

对项目风险进行分析是应对风险的前提，是制订和实施风险应对计划的科学根据，因此一定要对风险发生的概率及其后果做出尽量准确的定量估计。但由于历史资料的不完整、项目的复杂性、环境的多变性以及人们认识的局限性，可能会使人们分析项目风险时出现一些难度。东华热电工程项目风险评估就遇到这样的问题，风险发生的损失值无法精确量化，只能评估出项目的综合风险值，估计出大概的风险度。

（四）风险应对

经过风险识别，知道项目面临的风险；经过了风险分析，了解了项目风险的整体水平。对于整体风险在可接受范围内的，不必改变项目的原定计划；对于整体风险超过评价基准很多的，则应立即停止、取消项目，以免造成较大的损失；而对于整体风险超过评价基准不多的，则应该采取措施避免和减弱项目风险，使之达到可接受的水平。在东华热电工程项目中，项目整体风险度 0.648 低于公司确定的项目整体风险承受度，这样的风险水平在公司可接受范围之内，该项目可以实施。

东华热电项目风险应对的具体措施：

1. 施工招投标阶段

项目公司发布工程招标信息后，有二十多家施工企业要求参加投标。在选择施工单位时，除了对标书及报价考察之外，着重对施工单位的信誉进行了调查，尽量选择那些施工单位信誉好、施工技术先进、施工质量有保证的施工企业，而不是仅以报价作为赢标的依据。最后选择了内蒙古电建一公司安装1号机组；天津电力建设工程公司安装2号机组；内蒙古电建三公司负责主厂房、烟囱施工。在此阶段，主要考虑的风险是承包商选择不当的决策错误风险。在这个阶段的决策决定了由谁承接这个项目，能否很好地执行这个项目，关键就看选择的施工单位。

2. 签订合同阶段

在此阶段产生的风险通常是因为责任不清、权利不明所致。一般表现为合同条款不平等、合同条款遗漏或合同中的一些概念模糊等。着重考虑有关合同管理方面的风险，由施工企业及项目公司的风险管理者共同参与签订合同。

3. 项目开工后的实施阶段

主要由项目的风险管理者对整个项目在实施过程中可能会面临的风险进行逐一识别和分析，找出以后的工作重点，同时提出可行的预防和应对方案。主要面临的风险有自然风险、社会风险、管理风险、技术风险、安全风险、材料及人员风险等。在项目实施的过程中同时要时刻关注国家宏观经济和政策的变化情况，及时对施工管理进行调整和修订。东华热电项目的风险应对计划表如表3—4所示。

表3—4　东华热电工程项目风险应对计划表

风险种类	风险因素	应对方法	应采取的措施
政策风险	战争、动乱。	风险分担	购买保险。
	污染及安全规则约束。	风险降低	制定安全计划、预防及保护措施。
市场风险	劳动力成本上浮。	风险承受	执行价格调整、预留应急费。
	投资环境恶劣。	风险规避	放弃承包。
	价格波动。	风险降低	控制成本、加强管理、节约开支。
	承包商经营不善。	风险降低	对承包商进行严格的资格审查。

风险种类	风险因素	应对方法	应采取的措施
资金风险	利率、汇率变化。	风险分担	合同中规定汇率保值。
	通货膨胀。	风险承受	执行价格调整、投资预算中考虑应急费用。
管理风险	工作决策失误。	风险降低	完善决策程序，充分做好可行性研究。
	合同条款遗漏或表达错误。	风险降低	加强合同管理、争取索赔。
	合作方违约。	风险分担	严格约定合同条款。
	进度计划编制不合理。	风险降低	调整进度计划，重新审核施工方案。
	质量不达标。	风险降低	严格按照合同及规范施工，健全质量管理体系。
	劳务争端。	风险降低	采取预防措施，加强沟通协调。
工程风险	地震、火灾、雷电等。	风险分担	购买保险。
	不良地质构造。	风险降低	对地质情况事先调查，制定完整的地质处理方案。
安全风险	工伤事故。	风险分担	购买保险。
	结构安全隐患。	风险降低	制定质量控制计划。
	设备安全。	风险降低	经常维修设备，制定操作规程。
人员风险	内部人员流动。	风险降低	健全用人机制。
	人员素质较低。	风险降低	加强培训及监督指导。
技术风险	设计存在错误或遗漏。	风险分担	在合同中分清责任。
	技术方案不合理。	风险降低	放弃该技术方案，重新制定技术方案。
	新技术不成熟。	风险规避	暂停该项目。
	材料设备不合格。	风险分担	按合同条款规定退货、索赔。
	不能及时到货。	风险分担	根据合同条款规定退货、索赔。

制定出风险应对计划后，东华热电工程项目组还应根据具体情况制定详细的控制措施，控制措施属于《企业内部控制基本规范》中控制活动的内容，本章暂不展开。

济宁高新区热力工程项目风险评估案例分析[①]

（一）基本情况

济宁高新区热力工程是高新区总体热力规划项目，由济宁高新区市政工程处投资、由山东省城乡规划设计研究院设计。该工程于 2006 年 3 月立项，总投资预算为 3600 万元，主管线沿世纪大道铺设，穿越日菏铁路涵桥，两处河流，多处公路。介质为过热蒸汽，最大管径为 DN720×9。管线总长度为 4800 米。设计参数为：压力 13 公斤；温度 300 摄氏度；最大供汽量 280 吨每小时。管道在穿越日菏铁路时，在慢车道下直埋敷设。直埋管采用软质保温钢套钢结构。外管防腐采用环氧煤沥青玻璃丝布，设计寿命为 20 年。

济宁高新区热力工程计划一年内完工，竣工验收后即为企业及民用供气。由于区内数家企业生产等待供气，所以该工程一定程度上是政府招商引资的形象工程，必须在质量目标、工期目标、成本目标方面进行风险管理。工程招投标由济南市政招投标公司代理，工程建设由济宁建伟安装工程公司和济宁华维热力工程公司承担。工程监理公司为济宁东方监理公司。该工程规模较大，工期要求比较紧，再加上工程地质复杂，需要穿越铁路、公路、河流等障碍，工程承包单位不止一家，必然会面对一系列风险。为了有效地规避、控制这些风险，济宁高新区市政工程处设立了一个基于建设单位、立足项目本身整体效益的项目风险管理部门。由风险管理部门负责整个项目生命周期内的全部风险管理事务，负责制定整个项目风险管理规划、风险识别、分析和应对措施。

（二）风险识别

该项目在管理方面主要达到质量达标、在工期内及时完成项目建设、成本控制在预算范围之内三大目标。风险管理人员根据对工程概况和项目策划的详细分析和以往项目管理的经验，将风险管理与项目管理的目标统一起来，编制了工程风险识别表。如表 3—5 所示。

---

① 李乐：《济宁高新区热力工程项目风险管理研究》，山东大学硕士学位论文，2008。

表3-5　工程风险识别表

项目阶段	可能存在的风险	质量	工期	成本
（一）投资决策阶段				
1. 可行性研究	项目投资可行性分析不全面；前提调研不充分；存在边设计、边报建、边施工三边工程。	√		√
2. 项目立项、资金规划	项目未经立项擅自实施；投资预算编制不合理；资金使用无计划；资金不到位。		√	√
3. 项目组成员	建设单位管理队伍专业知识和管理经验不足；没有专业人员全程参与；缺乏应有的职业道德和责任意识。	√	√	√
（二）设计阶段				
1. 选定设计单位	设计单位资质不够；设计能力饱和，不能确保现场指导。	√		
2. 制定设计方案	设计存在缺陷或临时变更；设计单位人员素质不高。	√	√	
3. 项目建设审批	项目建设审批不顺利，与市政规划存在冲突；政策、法规的变化给项目的审核、批准、实施带来各种不确定的影响。		√	
4. 选定招标代理公司	招标代理机构的从业人员素质不高，诚信不佳。		√	√
（三）项目施工阶段				
1. 选定的施工单位	施工单位临时聘请员工；负责人不负责任，不能对安全、质量把关，造成返工或其他经济损失。	√	√	√
2. 选定的监理单位	监理单位临时聘请员工；监理工程师不负责任，不能对安全、质量把关，造成返工或其他经济损失。	√	√	√
3. 合同签订	合同存在缺陷，合同条款规定不严谨、有疏漏。	√	√	
4. 关键材料采购	通货膨胀造成材料价格大幅度上涨。			√

续表

项目阶段	可能存在的风险	质量	工期	成本
5. 施工安装	地震、火灾、洪灾等不可抗拒因素；施工道路不畅通、停水、停电导致施工不能正常进行；地质资料不清楚或不准确导致修改设计，可能出现质量安全事故；施工方案安排不合理；项目经理素质不高；施工人员水平较差。	√	√	√
6. 工程签证变更	施工单位故意制造一些变更，找借口要求建设单位追加投资；监理单位在工程质量签证时偏袒施工单位。		√	√
（四）项目验收营运				
1. 竣工验收	工程质量验收不合格；施工单位隐瞒质量缺陷。	√		
2. 审计决算	审计单位选择不当；审计决算大大超出预期。			√
3. 设施运行	运营管理不善；运行人员素质不高。	√		

（三）风险分析

济宁高新区热力工程项目采用主观评分法对识别的风险进行分析。风险管理人员召集各方面专家，包括设计、监理、招投标、施工、审计单位等方面的决策，对项目运行过程中每一阶段的每一个风险因素给予一个主观评分。

具体操作如下：选定项目主管人员、风险管理员、财务主管、设计人员、评标专家、监理工程师、项目经理、造价工程师、安监员、技术专家共10名，分别用 A 到 J 表示。把风险分为不同等级，对项目中的每个风险都赋予一个权值，取 1 到 10 之间的整数，1 代表没有风险，10 代表最大。项目小组考虑专家的权威程度及专业方向，讨论确定每一专家对风险因素的权重值，权重可取 1 到 5 之间的值，权威最低取 1，权威最高取 5。各专家分别对上述各阶段的风险因素进行评估。最后把各个风险的评估值乘上权重加起来，再与风险承受度进行比较。本工程 10 位专家的打分、权重值和计算结果如表 3－6 所示。

表 3－6　项目风险分析评分表

风险因素		评分结果										计算结果
可行性研究	专家	A	B	C	D	E	F	G	H	I	J	7.60
	权重	5	4	3	3	4	3	4	2	2	5	
	评分	8	8	7	7	8	8	8	5	7	8	
项目立项、资金规划	专家	A	B	C	D	E	F	G	H	I	J	6.06
	权重	4	4	5	3	4	3	2	2	2	5	
	评分	6	7	7	4	7	5	5	6	6	6	
项目组成员	专家	A	B	C	D	E	F	G	H	I	J	7.76
	权重	3	4	3	2	3	3	3	2	2	4	
	评分	7	8	9	6	7	8	8	7	7	9	
选设计单位	专家	A	B	C	D	E	F	G	H	I	J	6.53
	权重	4	4	3	4	3	2	2	2	2	4	
	评分	7	6	6	8	6	7	6	6	5	7	
制设计方案	专家	A	B	C	D	E	F	G	H	I	J	7.63
	权重	4	3	3	4	3	3	2	2	2	4	
	评分	9	8	8	6	6	9	8	7	7	8	
项目审批	专家	A	B	C	D	E	F	G	H	I	J	4.66
	权重	5	4	3	2	3	3	2	2	2	3	
	评分	5	4	4	4	6	5	6	4	3	5	
选招标公司	专家	A	B	C	D	E	F	G	H	I	J	3.50
	权重	4	3	2	1	4	2	3	2	2	3	
	评分	4	4	3	3	5	4	3	2	2	3	
选施工单位	专家	A	B	C	D	E	F	G	H	I	J	8.27
	权重	4	4	3	2	5	4	3	2	2	4	
	评分	9	9	8	7	8	7	9	8	8	9	
选监理单位	专家	A	B	C	D	E	F	G	H	I	J	5.09
	权重	3	3	2	1	3	3	2	1	1	3	
	评分	5	5	4	4	6	5	7	3	3	6	

续表

风险因素	评分结果											计算结果
合同签订	专家	A	B	C	D	E	F	G	H	I	J	7.23
	权重	3	5	3	2	2	2	3	2	1	3	
	评分	7	8	8	6	7	7	8	6	6	7	
材料采购	专家	A	B	C	D	E	F	G	H	I	J	5.53
	权重	4	4	4	2	2	3	4	3	2	4	
	评分	6	8	6	5	4	6	6	3	4	5	
施工安装	专家	A	B	C	D	E	F	G	H	I	J	6.95
	权重	5	5	3	3	2	4	5	3	4	5	
	评分	8	8	6	7	6	7	7	6	6	7	
工程签证	专家	A	B	C	D	E	F	G	H	I	J	3.70
	权重	4	4	5	3	2	4	5	4	2	4	
	评分	5	4	5	2	2	3	4	4	3	3	
竣工验收	专家	A	B	C	D	E	F	G	H	I	J	3.81
	权重	5	3	2	2	1	3	4	2	1	3	
	评分	4	3	2	5	3	5	3	4	6	4	
审计决算	专家	A	B	C	D	E	F	G	H	I	J	4.59
	权重	3	3	4	2	2	3	3	4	1	2	
	评分	6	5	5	3	3	4	5	5	4	4	
设施运行	专家	A	B	C	D	E	F	G	H	I	J	3.27
	权重	4	3	2	1	1	3	1	1	4	2	
	评分	3	3	2	4	3	5	1	2	4	3	

从项目风险分析评分表可知，各风险因素的排序如下：风险最大的是招投标选定施工单位，接着依次是项目组人员组织，制定设计方案，项目可行性研究，合同签订，工程施工安装，选定设计单位，项目立项，资金规划，关键材料采购，选定监理单位等。

（四）风险应对

根据风险分析结果，项目风险管理人员对前十大风险因素做出了风险应对计划。具体的风险应对措施如下：

1. 招投标选定施工单位，采用风险降低、风险分担的应对措施

项目组在招标前组织有关人员对本工程项目进行详细研究，认真审核设计图纸，请专业的审图公司进行审核，尽量减少工程项目在结构上和功能上的修改。工程项目的招标范围做到清楚、具体，避免使用含混不清的工程内容说明的语句。在选定施工单位过程中，严格制定招投标方案，杜绝人情标。在与招投标代理公司签订的代理合同中明确规定双方的责任，防止招投标单位与施工单位相互串标。

2. 项目组人员组织，采用风险降低的应对措施

建设单位应建立一支懂专业、了解基本建设程序的管理队伍。风险管理小组负责制定风险管理总体目标，对工程项目潜在的风险因素进行全面系统地认识和充分论证，及时掌握风险动态，采取合理的风险应对措施，提高抵御风险的能力。

3. 制定设计方案，采用风险规避、风险降低的应对措施

建设单位和设计单位严把设计质量关，积极预防设计风险。首先，设计委托书要有专人负责，应经过实地勘察、专家指导，对待建项目的外围环境、地质资料以及日后的使用情况等提出具体的要求，以确保委托书的翔实、科学。其次，要全过程参与、监督设计。由于工程项目的设计是分阶段、分专业完成的，易造成整体设计缺乏科学性、合理性，因此应全过程参与监督、管理和会审，确保其合理性，形成一套科学合理的施工设计图纸。如果在设计方案时发现现阶段无法解决的问题，应立即终止该项目。

4. 项目可行性研究，采用风险规避、风险降低的应对措施

工程项目风险的形成及大小，大多与工程前期工作质量的好坏有关，所以在工程的可行性研究阶段要加大投入力度。项目小组在编制可行性研究报告时，通过充分调研和收集相关资料，结合热电厂生产能力及东区30多家企业、小区供气负荷要求，在充分论证的基础上，制定项目可行性报告。如果项目可行性研究没有通过，应立即终止该项目。

5. 合同签订：采用风险降低、风险分担的应对措施

项目组会同济南市政招投标公司的专家制定了与各单位相关合同，即通过业主与设计单位、承包单位、监理单位等分别签订的合同，通过合同转移措施来应对相关风险（技术风险、质量风险、价格风险、工期风险等）。在合同签订过程中，对合同条款仔细斟酌，施工合同的计价形式、设计合同分期付款以保证设计质量、违约责任等都可视实际情况加以约定。

6. 施工安装：采用风险降低、风险分担的应对措施

如果施工单位资质不够，缺乏管理、技术人员，施工力量不足，在工期紧张的时候容易出现安全、质量事故和工期滞后现象，所以在施工期间不能以包代管、放任自由，项目组派技术人员应会同监理工程师全程监督，确保安全、质量和工期。

配合监理单位监督施工单位，要求其认真研究施工图纸，制定切合实际的施工方案及措施，听取专家意见，采用成熟的技术手段。每道工序施工前要进行技术交底，确保使用技术符合规范要求。现场设技术专职人员，负责监督各工序的科学合理进行。要求施工单位购买保险以转移风险。对于一些无法排除的风险，可以通过购买保险的办法解决。在施工过程中要求施工单位提高施工组织水平，加强资源配置。编制先进合理、切实可行的施工组织设计，积极而慎重地采用先进的施工方法和工艺，组织均衡施工，优化资源配置，合理确定工、料、机需求，减轻窝工、返工、无序施工所造成的风险。

7. 设计单位选定：采用风险降低、风险分担的应对措施

选择信誉好、有实力的设计单位，还要选择一个好的项目设计小组。对参与设计的人员要逐一筛选，确保其专业熟练、诚实守信，保证设计质量。由于设计小组的设计失误索赔，建设单位可将索赔转移到设计单位。

8. 项目立项、资金计划：采用风险降低应对措施

有些项目在申请立项阶段为了能使项目尽快通过批准，故意压缩工程投资预留资金缺口。为了避免人为因素造成概算低估，需要充分重视编制投资预算的必要性。投资预算是研究分析建设项目经济效果的重要依据。在可行性研究报告批准后，须切实做到将预算数作为投资限额，对初步设计概算进行控制，并将其作为资金筹措的依据。

9. 关键材料采购：采用风险降低、风险承受的应对措施

由建设单位、监理单位、施工单位共同决定关键材料采购，避免存在私下交易。施工过程中会遇到通货膨胀，材料涨价的情况，要求施工单位根据市场行情，及时做出判断材料在未来的采购时间内是否会上涨。如果有上涨倾向，应根据经验适当储备一部分材料。与材料供应商达成长期供货协议，通过合同管理控制材料上涨幅度在可接受范围。在投资预算中，预留材料采购应急费用。

10. 选定监理单位：采用风险降低、风险分担的应对措施

选择信誉好、有实力的监理单位，还要选择一个好的监理工程师，确保其专业熟练、诚实守信，以保证施工质量。由于监理小组的监理失误索赔，建设单位可将索赔转移到监理单位。

本章小结

风险评估是指企业及时识别、系统分析经营活动中与实现内部控制目标相关的风险，合理确定风险应对策略。企业应当根据设定的控制目标，全面系统持续地收集相关信息，结合实际情况，及时进行风险评估。风险评估要按照一定的程序来进行，一般有目标设定、风险识别、风险分析、风险应对四个步骤。

风险识别是指尽可能全面地辨别可能对组织产生负面影响的风险事件发生的可能性，即找出影响预期目标实现的主要风险，并对风险加以分类的过程。企业开展风险评估，应当准确识别与实现控制目标相关的内部风险和外部风险，确定相应的风险承受度。

风险分析是在风险识别的基础上，确定相应的风险评价标准，对有关因素进行量化，计算出风险概率、风险后果和风险值，进而判断该风险是否可被接受，是否需要采取进一步的安全措施。企业应当采用定性与定量相结合的方法，按照风险发生的可能性及其影响程度等，对识别的风险进行分析和排序，确定关注重点和优先控制的风险。

风险应对就是在风险分析的基础上，针对企业所存在的风险因素，根据风险分析的原则和标准，运用现代科学技术知识和风险管理方面的理论与方法，提出各种风险解决方案，经过分析论证与评价从中选择最优方案并予以实施，来达到降低风险目的的过程。企业应当根据风险分析的结果，结合风险承受度，权衡风险与收益，确定风险应对策略。企业应当综合运用风险规避、风险降低、风险分担和风险承受等风险应对策略，实现对风险的有效控制。

风险评估是动态发展的过程，企业应当结合不同发展阶段和业务拓展情况，持续收集与风险变化相关的信息，进行风险识别和风险分析，及时调整风险应对策略。

本章的重点与难点：要求重点理解风险的概念及风险评估的基本步骤，明确基本规范中关于风险评估的相关规定，掌握风险识别、风险分析、风险应对的具体方法。本章的难点在于将风险评估的相关知识应用到实际案例分析中，特别是对风险评估方法的运用。

复习思考题

1. 如何理解风险的概念？风险的主要特征有哪些？

2. 什么是风险识别？风险识别的基本原则是什么？风险识别方法有哪些？

3. 《基本规范》中规定企业应关注哪些内部风险因素？哪些外部风险因素？

4. 什么是风险分析？风险分析的方法有哪些？

5. 风险分析的定量分析方法和定性分析方法各有什么优缺点？

6. 什么是风险应对？选择风险应对措施的主要依据是什么？

7. 风险应对措施有哪几种？请对各种应对措施做出简要描述。

8. 风险评估的一般程序是怎样的？

第四章 控制活动

【引言】控制活动是指企业根据风险评估结果，采用相应的控制措施，将风险控制在可承受度之内。控制措施一般包括：不相容职务分离控制、授权审批控制、会计系统控制、财产保护控制、预算控制、运营分析控制和绩效考评控制等。企业应综合运用控制措施，对各种业务和事项实施有效控制。

第一节　概　述

《企业内部控制基本规范》第二十八条规定：企业应当结合风险评估结果，通过手工控制与自动控制、预防性控制与发现性控制相结合的方法，运用相应的控制措施，将风险控制在可承受度之内。控制措施一般包括：不相容职务分离控制、授权审批控制、会计系统控制、财产保护控制、预算控制、运营分析控制和绩效考评控制等。企业应当根据内部控制目标，结合风险应对策略，综合运用控制措施，对各种业务和事项实施有效控制。

作为内部控制基本要素之一的控制活动，在内部控制中处于特殊的位置，是实现内部控制目标的关键要素。企业内部控制理念需要通过控制活动体现出来；内部环境在为控制活动提供基础的同时，需要通过控制措施，借助于控制活动发挥其实现控制的作用。而风险评估的目的就在于为选择控制措施提供依据。可以说，风险评估的最终目的要通过控制措施的运用，通过控制活动表现出来。

第二节　控制措施

一、不相容职务分离控制

不相容职务是指那些不能由一个人兼任，否则既可弄虚作假，又能掩盖其作弊行为的职务。不相容职务分离控制要求企业全面系统地分析、梳理业务流程中所涉及的不相容职务，实施相应的分离措施，形成各司其职、各负其责、相互制约的工作机制。

不相容职务分离的核心是"内部牵制"，它要求每项经济业务都要经过两个或两个以上的部门或人员的处理，使得单个人或部门的工作必须与其他人或部门的工作相一致或相联系，并受其监督和制约。不相容职务分离是企业内部控制最基本的要求，是保证提高经营效率、保护财产安全以及增强会计数据可靠性的重要条件。

要做到不相容职务分离，企业应首先根据各项经济业务与事项的流程和特点，系统而完整地分析、梳理该经济业务与事项涉及的不相容职务，并结合岗位职责分工采取分离措施。企业在分离不相容职务时，应遵循实质重于形式原则，重点分析不相容职务是否由具有重大关联的人员担任，如夫妻中一人担任企业的财产保管职务，而另一人担任企业的财产核查职务，这种情况则是形式上分离而实质上具有重大关联，应遵循回避原则。

一般情况下，单位的经济业务活动通常可以划分为授权、签发、审核、执行和记录五个步骤。如果上述每一步都由相对独立的人员或部门分别实施或执行，就能够保证不相容职务的分离，从而便于内部控制作用的发挥。概括而言，在单位内部应加以分离的主要不相容职务有：授权审批职务与执行业务职务，执行业务职务与监督审核职务，执行业务职务与会计记录职务，财产保管职务与会计记录职务，明细账职务与总账记录职务，财产保管职务与财产检查职务等。

对于不同的业务，不相容职务分离控制的具体内容也有较大的差异，现仅对企业的主要业务进行分述。

（一）货币资金

资金业务的不相容岗位至少应当包括：资金支付的审批与执行；资金的保管、记录与盘点清查；资金的会计记录与审计监督。出纳人员不得兼任稽核、会计档案保管和收入、支出、费用、债权债务账目的登记工作。

（二）采购与付款

企业采购业务的不相容岗位至少包括：请购与审批；供应商的选择与审批；采购合同协议的拟订、审核与审批；采购、验收与相关记录；付款的申请、审批与执行。

（三）存货

存货业务的不相容岗位至少包括：存货的请购、审批与执行；存货的采购、验收与付款；存货的保管与相关记录；存货发出的申请、审批与记录；存货处置的申请、审批与记录。

（四）销售与收款

销售与收款不相容岗位至少应当包括：客户信用管理与销售合同协议的审批、签订；销售合同协议的审批、签订与办理发货；销售货款的确认、回收与相关会计记录；销售退回货品的验收、处置与相关会计记录；销售业务经办与发票开具、管理；坏账准备的计提与审批、坏账的核销与审批。有条件的企业可以设立专门的信用管理部门或岗位，负责制定企业信用政策，监督各部门信用政策执行情况。

（五）工程项目

工程项目业务不相容岗位一般包括：项目建议、可行性研究与项目决策；概预算编制与审核；项目决策与项目实施；项目实施与价款支付；项目实施与项目验收；竣工决算与竣工决算审计。对于重大项目，企业应当考虑聘请具备规定资质和胜任能力的中介机构（如招标代理、工程监理、财务监理等）和专业人士（如工程造价专家、质量控制专家等），协助企业进行工程项目业务的实施和管理。企业应建立适当的程序对所聘请的中介机构和专业人士的工作进行必要的督导。

（六）固定资产

固定资产业务不相容岗位至少包括：固定资产投资预算的编制与审批；固定资产投资预算的审批与执行；固定资产采购、验收与款项支付；固定资产投保的申请与审批；固定资产处置的审批与执行；固定资产取得与处置业务的执行与相关会计记录。

（七）投资

投资业务不相容岗位至少应当包括：投资项目的可行性研究与评估；投资的决策与执行；投资处置的审批与执行；投资绩效评估与执行。

（八）筹资

筹资业务的不相容岗位至少包括：筹资方案的拟订与决策；筹资合同或协议的审批与订立；与筹资有关的各种款项偿付的审批与执行；筹资业务的执行与相关会计记录。

（九）预算

预算工作不相容岗位一般包括：预算编制（含预算调整）与预算审批；预算审批与预算执行；预算执行与预算考核。

（十）成本费用

成本费用业务的不相容岗位至少包括：成本费用定额、预算的编制与审批；成本费用支出与审批；成本费用支出与相关会计记录。

（十一）担保

担保业务不相容岗位至少包括：担保业务的评估与审批；担保业务的审批与执行；担保业务的执行和核对；担保业务相关财产保管和担保业务记录。

基于不相容职务分离的原则，企业在组织机构设置中，应考虑设计自动检查和平衡的功能，其要求是：

（1）业务循环必须经过不同部门，并保证业务循环中有关部门之间相互进行检查。

（2）在每项经济业务检查中，检查者不应从属于被检查者领导，以保证检查出的问题不被掩盖，及时得到纠正。

二、授权审批控制

授权审批控制是指企业各级人员必须经过适当的授权和批准才能执行有关经济业务，未经授权和批准不得处理有关业务。授权审批控制要求企业根据常规授权和特别授权的规定，明确各岗位办理业务和事项的权限范围、审批程序和相应责任。企业各级管理人员应当在授权范围内行使职权和承担责任。

企业应当编制常规授权的权限指引，规范特别授权的范围、权限、程序和责任，严格控制特别授权。常规授权是指企业在日常经营管理活动中按照既定的职责和程序进行的授权。一般来说比较稳定，不易变动，时效性较强。一般表现为由管理当局制定整个组织应当遵循的政策，内部员工在日常业务处理过程中，按照规定的权限范围和有关职责自行办理或执行各项业务，在企业中大量的存在。如：采购部门进行原材料采购，销售部门销售产品，会计部门对经济业务进行账务处理等。特别授权是指企业在特殊情况、特定条件下进行的授权。它一般是临时的、应急性的，通常表现为暂时性有效，通常涉及特定的经济业务处理的具体条件及有关具体人员，主要由管理当局通过对某些特殊经济业务逐个审批来进行授权控制。

企业对于重大的业务和事项，应当实行集体决策审批或者联签制度，任何个人不得单独进行决策或者擅自改变集体决策。

授权审批控制贯穿于企业所有业务之中，现仅对企业的主要业务进行分述：

（一）货币资金

企业应当建立资金授权制度和审核批准制度，并按照规定的权限和程序办理资金支付业务，严禁未经授权的部门或人员办理资金业务或直接接触资金。

1. 支付申请

企业有关部门或个人用款时，应当提前向经授权的审批人提交资金支付申请，注明款项的用途、金额、预算、限额、支付方式等内容，并附有效经济合同协议、原始单据或相关证明。

2. 支付审批

审批人根据其职责、权限和相应程序对支付申请进行审批。对不符合规定的资金支付申请，审批人应当拒绝批准，性质或金额重大的，还应及时报告有关部门。

3. 支付复核

复核人应当对批准后的资金支付申请进行复核，复核资金支付申请的批准范围、权限、程序是否正确，手续及相关单证是否齐备，金额计算是否准确，支付方式、支付企业是否妥当等。复核无误后，交由出纳人员等相关负责人员办理支付手续。

4. 办理支付

出纳人员应当根据复核无误的支付申请，按规定办理资金支付手续，及时登记现金和银行存款日记账。

（二）存货

企业应当对存货业务建立严格的授权批准制度，明确审批人对存货业务的授权批准方式、权限、程序、责任和相关控制措施，规定经办人办理存货业务的职责范围和工作要求。

审批人应当根据存货授权批准制度的规定，在授权范围内进行审批，不得超越审批权限。经办人应当在职责范围内，按照审批人的批准意见办理存货业务。企业内部除存货管理部门及仓储人员外，其余部门和人员接触存货时，应由相关部门特别授权。对于属于贵重物品、危险品或需保密物品的存货，应当规定更严格的接触限制条件，必要时，存货管理部门内部也应当执行授权接触。

（三）固定资产

企业应当对固定资产业务建立严格的授权批准制度，明确授权批准的方式、权限、程序、责任和相关控制措施，规定经办人的职责范围和工作要求。严禁未经授权的机构或人员办理固定资产业务。

审批人应当根据固定资产业务授权批准制度的规定，在授权范围内进行审批，不得超越审批权限。经办人在职责范围内，按照审批人的批准意见办理固定资产业务。对于审批人超越授权范围审批的固定资产业务，经办人员有权拒绝办理，并及时向上级部门报告。

企业应当制定固定资产业务流程，明确固定资产投资预算编制、取得与验收、使用与维护、处置等环节的控制要求，并设置相应的记录或凭证，如实记载各环节业务开展情况，及时传递相关信息，确保固定资产业务全过程得到有效控制。

（四）预 算

企业应当建立预算工作组织领导与运行体制，明确企业最高权力机构、决策机构、预算管理部门及各预算执行单位的职责权限、授权批准程序和工作协调机制。

股东大会（股东会）或企业章程规定的类似最高权力机构（以下统称企业最高权力机构）负责审批企业年度预算方案。董事会或者企业章程规定的经理、厂长办公会等类似决策机构（以下统称企业决策机构）负责制订企业年度预算方案。企业可以设立预算委员会、预算领导小组等专门机构（以下统称企业预算管理部门）具体负责本企业预算管理工作。不具备设立专门机构条件的企业，可以指定财会部门等负责预算管理工作。总会计师应当协助企业负责人加强对企业预算管理工作的领导与业务指导。企业内部相关业务部门的主要负责人应当参与企业预算管理工作。

企业预算管理部门主要负责拟订预算目标和预算政策；制定预算管理的具体措施和办法；组织编制、审议、平衡年度等预算草案；组织下达经批准的年度等预算；协调、解决预算编制和执行中的具体问题；考核预算执行情况，督促完成预算目标。

企业内部生产、投资、筹资、物资管理、人力资源、市场营销等业务部门和所属分支机构在企业预算管理部门的领导下，具体负责本部门、本机构业务预算的编制、执行、控制、分析等工作，并配合预算管理部门做好企业总预算的综合平衡、控制、分析、考核等工作。

企业所属子公司在上级企业预算管理部门指导下，负责本企业预算的编制、执行、控制和分析工作，并接受上级企业的检查和考核。所属基层企业负责人对本企业预算的执行结果负责。

（五）成本费用

企业应当对成本费用业务建立严格的授权批准制度，明确审批人对成本费用业务的授权批准方式、权限、程序、责任和相关控制措施，规定经办人办理成本费用业务的职责范围和工作要求。

审批人应当根据成本费用授权批准制度的规定，在授权范围内进行审批，不得超越审批权限。经办人应当在职责范围内，按照审批人的批准意见办理成本费用业务。

（六）担保

企业应当建立担保授权制度和审核批准制度，并明确审批人对担保业务的授权批准方式、权限、程序、责任和相关控制措施，规定经办人办理担保业务的职责范围和工作要求，并按照规定的权限和程序办理担保业务。

企业应当明确担保业务的审批权限。审批人应当根据担保业务授权批准制度的规定，在授权范围内进行审批，不得超越权限审批。经办人应当在职责范围内，按照审批人的批准意见办理担保业务。对于审批人超越权限审批的担保业务，经办人员有权拒绝办理。严禁未经授权的机构或人员办理担保业务。

企业应当按照确定的权限对担保业务进行严格审批。重大担保业务，应当报经董事会或者企业章程规定的类似决策机构批准。

上市公司须经股东大会审核批准的对外担保，包括但不限于下列情形：

（1）上市公司及其控股子公司的对外担保总额，超过最近一期经审计净资产的50％以后提供的任何担保。

（2）为资产负债率超过70％的担保对象提供的担保。

（3）单笔担保额超过最近一期经审计净资产10％的担保。

（4）对股东、实际控制人及其关联方提供的担保。

（七）合同协议

企业应当建立合同协议订立权限分级授予制度，明确企业内部相关单位、部门和岗位的授权范围、授权期间、授权条件等。

企业对外签订合同协议应当由法定代表人（或公司章程等文件规定能够代表企业行使职权的主要负责人，下同）或其授权的人签章，同时加盖单位印章或合同协议专用章。授权签章的，应当签署授权委托书，授权对象应当符合法律法规及企业政策对被授权人资质条件的要求。被授权人应当在授权委托的范围内签订合同协议。除非授权委托书明确允许的，被授权人不得转委托。

企业可以根据合同协议管理需要和部门职责范围，指定合同协议归口管理部门，对合同协议实施统一规范管理。归口管理部门可以设立法律事务岗位，配备具有法律专业资格的人员。

总之，授权审批控制不仅关系到个人和团队在遭遇和解决问题时的主动性，也关系到员工所享有权利的上限，企业的某些政策和关键员工需要具备的知识和经验，以及企业应给予员工的资源等。

三、会计系统控制

会计系统控制的基本思路就是通过对会计主体所发生的各项能用货币计量的经济业务进行记录、归集、分类、编报等而进行的控制。会计系统控制要求企业严格执行国家统一的会计准则制度，加强会计基础工作，明确会计凭证、会计账簿和财务会计报告的处理程序，保证会计资料真实完整。

会计系统作为企业管理系统的核心系统之一，对内能够向管理层提供经营决策所需的信息，对外可以向投资者等外部使用者提供用于投资等决策的信息。真实、完整的会计信息对企业来说非常重要。要保证会计信息的真实、完整，就必须建立健全内部控制制度。健全、完善的内部控制可以通过程序控制、手续控制、凭证编号、复核和核对等措施，使会计信息加工过程中的各个环节相互牵制、相互制约，以免发生错误，即使是发生了错误，内部控制也能自动地发现和纠正这些错误，从而保证输出的会计信息是真实、完整的。会计系统控制的主要内容包括以下方面：

（一）会计凭证填制的控制

由于会计凭证中详细记录了各类经济交易与事项的具体内容和经济活动的基本财务信息，因此，会计凭证处理是整个会计信息系统运行的第一环节，也是会计账簿信息和财务报表信息产生的基础。所以说，会计凭证事关整个企业会计信息的质量。

会计凭证包括原始凭证和记账凭证。企业经济活动的原始凭证，详细记载了经济活动的发生过程和具体内容，其是否合法、真实与完整将直接决定企业会计账户和财务报表信息的质量，因此，原始凭证已成为企业控制其经济活动的重要手段。对原始凭证的控制应遵循只有当某个交易或事项真实发生时才能取得或填制相应的原始凭证这一原则。这其中包含两层意思：一是原始凭证反映的业务或事项已经发生；二是所有发生的交易与事项都必须有相应的原始凭证。

企业在取得已经发生的相关经济交易与事项的原始凭证后，会计人员应及时对原始凭证进行审核，并据以编制记账凭证。原始凭证的审核重在审核原始凭证的内容是否真实准确及填制是否符合规定的要求。会计人员应坚决拒绝接收不符合规定的原始凭证。对于填制不全或不正确的原始凭证，应要求经办人补充或重新填制；对于弄虚作假的凭证，会计人员应扣留并向上级部门报告，由上级部门追查有关人员的责任。

记账凭证必须以经审核无误的原始凭证为依据填制。会计人员应根据原始凭证的具体内容，运用已设置的账户和复式记账法，确定相关的借、贷方账户及正确的金额，在记账凭证上予以记录。

企业应对记载经济业务的凭证按顺序统一编号，确保每项经济业务入账正确、合理及合法。各个部门应当按照规定的程序在规定期限内传递流转凭证，确保经济业务得到及时的反映和正确的核算。

（二）会计账簿登记控制

会计账簿控制是指在设置、启用和登记会计账簿时实施的相应控制措施。企业应当结合会计信息使用者的需要和会计内部经营管理的具体要求，建立完整的会计账簿体系。企业启用账簿时应填写"账簿启用表"。账簿按详细程度可分为总分类账和明细分类账，企业不得由一人同时登记总账和明细账。会计凭证必须经过审核无误后才能够登记入账。账簿同凭证一样，也要进行连续编号。对于记录错误的账页应做作废标记，不能随意撕毁。一般不允许不相关人员借阅或查阅会计账簿，确有需要的，应向主管会计人员或会计机构负责人申请批准。禁止有关人员涂改、撕毁等任意破坏账簿真实性和完整性的行为。企业应当在日常会计处理中按照规定的方法与时间对账，将会计账簿与实物资产、会计凭证等相互核对，保证账证相符、账账相符和账实相符，确保会计记录的数字真实、内容完整、计算准确、依据充分、时间适当。

（三）会计报告编制控制

会计报告是会计信息系统运行的最后一个环节，也是最为重要的一个环节，因为其担负着满足会计信息使用者需要、实现会计目标的"重任"。企业应当按照国家统一的会计准则或制度规定的会计报表格式和内容，根据登记完整、核对无误的会计账簿记录和其他资料编制会计报表。

企业必须在会计期末进行结账，结账中对所有会计凭证应进行独立审核，以保证会计凭证有适当的支持文件并在适当授权下正确记录在适当的会计期间。财会部门应编制会计凭证汇总表与会计账簿、会计报表进行分析核对，编制内部财务报告与预算平衡表和总账相核对，发现异常及时解决和处理，并报告管理层审核，所有的后续调整均应包含在最终的财务报告中，以保证会计凭证、账表的准确性、一致性，没有漏报或者任意取舍。

编制的会计报表必须由单位负责人、总会计师以及会计主管人员审阅、签名并盖章。

(四) 会计机构和人员设置

企业应当依法设置会计机构，配备会计从业人员。从事会计工作的人员，必须取得会计从业资格证书。会计机构负责人应当具备会计师以上专业技术职务资格。

大中型企业应当设置总会计师。设置总会计师的企业，不得设置与其职权重叠的副职。总会计师是单位行政领导成员，协助单位主要行政领导人工作，直接对单位主要行政领导人负责。总会计师应组织领导本单位的财务管理、成本管理、预算管理、会计核算和会计监督等方面的工作，参与本单位重要经济问题的分析和决策，总会计师还应具体组织本单位执行国家有关的财经法律、法规、方针、政策和制度，保护国家财产。

四、财产保护控制

财产保护控制要求企业建立财产日常管理制度和定期清查制度，采取财产记录、实物保管、定期盘点、账实核对等措施，确保财产安全。企业应当严格限制未经授权的人员接触和处置财产。

(一) 财产保护的一般内容

一般来说，企业财产保护控制的内容包括：

1. 限制接近控制

企业应严格限制无关人员对资产的直接接近，只有经过授权批准的人员才能够接触资产。另外，不仅对资产接近加以限制，同时对授权使用和处分资产的文件加以限制，才能形成充分的保护控制。主要包括：

（1）保护存货、小型工具、证券等贵重和流动资产存入地点的安全；

（2）限制接近未使用票据并恰当注销已使用票据；

（3）每日及时将现金收入送存银行；

（4）限制接近计算机、终端代码、磁盘文件、数据库要素；

（5）限制单独接近可转让证券及其他便携有价资产，以免未经授权的挪用发生。

2. 定期盘点控制

盘点应当根据实际需要定期和不定期举行，应当建立盘点制度和盘点流程，明确责任人，确保财产安全。盘点可以采用先盘点实物再核对账务的形式，也可以采用先核对账务再确认实物的形式。盘点中出现的财产差异应进行调查、分析和处置（包括对责任人的奖惩），并修正相关制度。定期盘点制度包括了确定各账户余额下的财产的数量和金额。例如，把债权人报表与各个应付款分录相比较以及把总数与总分类账相比较，这既是一种盘点也是一种复核。典型的盘点和复核方法有：

（1）永续盘存记录和定期清点及复核制度；

（2）为应收账款、应付账款、投资项目、实收资本设立明细账，并把总账以及重要财产账户与各明细分类账加总数比较核对；

（3）每月核对银行存款余额调节表；

（4）每月现金记录审核；

（5）送款单与现金记录相核对的制度等。

3. 记录保护控制

记录保护控制是指对企业各种文件资料尤其是资产、会计等资料妥善保管，以避免记录受损、被盗窃及毁坏。对某些重要资料，应当留有后备记录，以便在遭受意外损失或毁坏时重新恢复。

4. 财产保险控制

财产保险控制是指通过对资产投保，增加实物受损后的补偿机会，保护实物安全。企业的主要财产应当投保（如火灾险、盗窃险、责任险等），降低企业经营风险，确保财产安全、保值、增值。

（二）财产保护的具体内容

企业的财产可以分为两大类：有形资产和无形资产。有形资产又可以分为货币资金、存货、固定资产等。现对企业主要的财产保护进行分述：

1. 货币资金

货币资金的流动性非常强，容易成为不法分子侵占的对象，企业必须非常重视货币资金的安全保护。

首先，企业应注意货币资金和空白票据存放地点的安全，做好防潮、防火、防盗的工作。其次，库存现金应做到日清月结，每天结账后将现金余额与现金日记账余额核对相符，如出现差错应及时查清，妥善处理。月度终结，现金日记账余额应与现金总账余额核对相符。再次，保险柜钥匙应妥善保管，严守密码，不得随意交与他人，不得为他人代放现金。最后，企业应当加强与资金相关票据的管理，明确各种票据的购买、保管、领用、背书转让、注销等环节的职责权限和处理程序，并专设登记簿进行记录，防止空白票据的遗失和被盗用。

2. 存货

企业应当建立存货保管制度，仓储部门应当定期对存货进行检查，加强存货的日常保管工作。因业务需要分设仓库的，应当对不同仓库之间的存货流动办理出入库手续。企业应当按仓储物资所要求的储存条件储存，并建立和健全防火、防潮、防鼠、防盗和防变质等措施。贵重物品、生产用关键备件、精密仪器和危险品的仓储，应当实行严格的审批制度。企业应当重视生产现场的材料、低值易耗品、半成品等物资的管理控制，防止浪费、被盗和流失。

存货管理部门对入库的存货应当建立存货明细账，详细登记存货类别、编号、名称、规格型号、数量、计量单位等内容，并定期与财会部门就存货品种、数量、金额等进行核对。入库记录不得随意修改。如确需修改入库记录，应当经有效授权批准。

企业应指定专人负责存货的存放和管理并进行分类编目，严格限制其他无关人员接触存货，入库存货应及时记入收发存登记簿或存货卡片，并详细标明存放地点。

企业应当建立严格的存货领用、发出流程和制度。企业生产部门、基建部门领用材料，应当持有生产管理部门及其他相关部门核准的领料单。超出存货领料限额的，应当经过特别授权。存货的发出需要经过相关部门批准，大批商品、贵重商品或危险品的发出应当得到特别授权。仓库应当根据经审批的销售通知单发出货物，并定期将发货记录同销售部门和财会部门核对。

企业应当制定并选择适当的存货盘点制度，明确盘点范围、方法、人员、频率、时间等。企业应当制定详细的盘点计划，合理安排人员、有序摆放存货、保持盘点记录的完整，及时处理盘盈、盘亏。对于特殊存货，可以聘请专家采用特定方法进行盘点。

3. 固定资产

企业应加强固定资产的日常管理工作，授权具体部门或人员负责固定资产的日常使用与维修管理，保证固定资产的安全与完整。定期或不定期检查固定资产明细及标签，确保具备足够详细的信息，以便固定资产的有效识别与盘点。建立固定资产的维修、保养制度，保证固定资产的正常运行，提高固定资产的使用效率。

企业应当根据固定资产的性质和特点，确定固定资产投保范围和政策。投保范围和政策应足以应对固定资产因各种原因而发生损失的风险。企业应当严格执行固定资产投保范围和政策，对应投保的固定资产项目按规定程序进行审批，办理投保手续。对于重大固定资产项目的投保，应当考虑采取招标方式确定保险公司。已投保的固定资产发生损失的，应当及时办理相关的索赔手续。

企业应当定期对固定资产进行盘点。盘点前，固定资产管理部门、使用部门和财会部门应当进行固定资产账簿记录的核对，保证账账相符。企业应组成固定资产盘点小组对固定资产进行盘点，根据盘点结果填写固定资产盘点表，并与账簿记录核对，对账实不符，固定资产盘盈、盘亏的，编制固定资产盘盈、盘亏表。固定资产发生盘盈、盘亏，应由固定资产使用部门和管理部门逐笔查明原因，共同编制盘盈、盘亏处理意见，经企业授权部门或人员批准后由财会部门及时调整有关账簿记录，使其反映固定资产的实际情况。

对封存的固定资产，应指定专人负责日常管理，定期检查，确保资产的安全、完整。

固定资产的处置应由独立于固定资产管理部门和使用部门的其他部门或人员办理。固定资产处置价格应报经企业授权部门或人员审批后确定。对于重大的固定资产处置，应当考虑聘请具有资质的中介机构进行资产评估，采取集体合议审批制度，并建立集体审批记录机制。

企业出租、出借固定资产，应由固定资产管理部门会同财会部门按规定报经批准后予以办理，并签订合同协议，对固定资产出租、出借期间所发生的维护保养、税负责任、租金、归还期限等相关事项予以约定。

企业对于固定资产的内部调拨，应填制固定资产内部调拨单，明确固定资产调拨时间、调拨地点、编号、名称、规格、型号等，经有关负责人审批通过后，及时办理调拨手续。固定资产调拨的价值应当由企业财会部门审核批准。

4. 无形资产

企业应加强无形资产的日常管理工作，授权具体部门或人员负责无形资产的日常使用与保全管理，保证无形资产的安全与完整。企业应根据国家及行业有关要求和自身经营管理的需要，确定无形资产分类标准和管理要求，并制定和实施无形资产目录制度。

企业应根据无形资产性质确定无形资产保全范围和政策。保全范围和政策应当足以应对无形资产因各种原因而发生损失的风险。企业应当限制未经授权人员直接接触技术资料等无形资产；对技术资料等无形资产的保管及接触应保有记录；对重要的无形资产应及时申请法律保护。

无形资产的处置应由独立于无形资产管理部门和使用部门的其他部门或人员办理。无形资产处置价格应当选择合理的方式，报经企业授权部门或人员审批后确定。对于重大的无形资产处置，无形资产处置价格应当委托具有资质的中介机构进行资产评估，并采取集体合议审批制度，并建立集体审批记录机制。

企业出租、出借无形资产，应由无形资产管理部门会同财会部门按规定报经批准后予以办理，并签订合同协议，对无形资产出租、出借期间所发生的维护保全、税负责任、租金、归还期限等相关事项予以约定。

企业对于无形资产的内部调拨，应填制无形资产内部调拨单，明确无形资产名称、编号、调拨时间等，经有关负责人审批通过后，及时办理调拨手续。无形资产调拨的价值应当由企业财会部门审核批准。

五、预算控制

预算是指企业结合整体目标及资源调配能力，经过合理预测、综合计算和全面平衡，对当年或者超过一个年度的生产经营和财务事项进行相关额度、经费的计划和安排的过程。企业预算一般包括经营预算、资本预算和财务预算。

预算控制要求企业实施全面预算管理制度，明确各责任单位在预算管理中的职责权限，规范预算的编制、审定、下达和执行程序，强化预算约束。

全面预算是企业为达到既定目标而编制的经营、资本、财务等年度收支计划。从某种意义上讲，全面预算控制是年度经济业务开始之际根据预期的结果对全年经济业务的授权批准控制。主要包括以下内容：

（一）预算编制控制

企业应当加强对预算编制环节的控制，对编制依据、编制程序、编制方法等做出明确规定，确保预算编制依据合理、程序适当、方法科学。

企业应当在企业战略的指导下，以上一期间实际状况为基础，结合本企业业务发展情况，综合考虑预算期内经济政策变动、行业市场状况、产品竞争能力、内部环境变化等因素对生产经营活动可能造成的影响，根据自身业务特点和工作实际编制相应的预算，并在此基础上汇总编制预算方案。企业年度预算方案应当符合本企业发展战略、整体目标和其他有关重大决议，反映本企业预算期内经济活动规模、成本费用水平和绩效目标，满足控制经济活动、考评经营管理业绩的需要。制定预算方案，应当做到内容完整，指标统一，要求明确，权责明晰。

企业应当明确预算管理部门和预算编制程序，对预算目标的制订与分解、预算草案编报的流程与方法、预算汇总平衡的原则与要求、预算审批的步骤以及预算下达执行的方式等做出具体规定。企业年度预算方案，应在预算年度开始前编制完毕，经企业最高权力机构批准后，以书面文件形式下达执行。实行滚动预算的企业，其审批程序由预算委员会或董事会等批准。

企业可以选择或综合运用固定预算、弹性预算、零基预算、滚动预算、概率预算等方法编制预算。企业确定预算编制方法，应当遵循经济活动规律，并符合自身经济业务特点、生产经营周期和管理需要。预算编制应当实行全员参与、上下结合、分级编制、逐级汇总、综合平衡。企业预算管理部门应当加强对企业内部预算执行单位预算编制的指导、监督和服务。

（二）预算执行控制

企业应当加强对预算执行环节的控制，对预算指标的分解方式、预算执行责任制的建立、重大预算项目的特别关注、预算资金支出的审批要求、预算执行情况的报告与预警机制等做出明确规定，确保预算严格执行。

企业预算一经批准下达，各预算执行单位必须认真组织实施，将预算指标层层分解，从横向和纵向落实到内部各部门、各环节和各岗位。企业应当建立预算执行责任制度，对照已确定的责任指标，定期或不定期地对相关部门及人员责任指标完成情况进行检查，实施考评。

企业应当以年度预算作为预算期内组织、协调各项生产经营活动和管理活动的基本依据，可将年度预算细分为季度、月度等时间进度预算，通过实施分期预算控制，实现年度预算目标。企业对重大预算项目和内容，应当密切跟踪其实施进度和完成情况，实行严格监控。

企业应当加强对货币资金收支业务的预算控制，及时组织预算资金的收入，严格控制预算资金的支付，调节资金收付平衡，严格控制支付风险。企业办理采购与付款、工程项目、对外投资、成本费用、固定资产、存货、筹资等业务，应当严格执行预算标准。对超出企业预算的资金支付，实行严格审批制度。企业应当健全凭证记录，完善预算管理制度，严格执行生产经营月度计划和成本费用的定额、定率标准，并对执行过程进行监控。

企业各预算责任部门应当加强与企业内部有关业务部门的沟通和联系，确保相关业务预算的执行情况能够相互监督、核对一致。企业应当建立预算执行情况内部报告制度，及时掌握预算执行动态及结果。企业预算管理部门应当运用财务报告和其他有关资料监控预算执行情况，及时向企业决策机构和各预算执行单位报告或反馈预算执行进度、执行差异及其对企业预算目标的影响，促进企业完成预算目标。

企业应当建立预算执行情况预警机制，通过科学选择预警指标，合理确定预警范围，及时发出预警信号，积极采取应对措施。有条件的企业，应当逐步推进预算管理的信息化，通过现代电子信息技术手段控制和监控预算执行，提高预警与应对水平。

企业应当建立预算执行结果质询制度，要求预算执行单位对预算指标与实际结果之间的重大差异做出解释，并采取相应措施。

（三）预算调整控制

企业应当加强对预算调整环节的控制，保证预算调整依据充分、方案合理、程序合规。

企业正式下达执行的预算，不得随意调整。企业在预算执行过程中，可能会由于市场环境、经营条件、国家法规政策等发生重大变化，或出现不可抗力的重大自然灾害、公共紧急事件等致使预算的编制基础不成立，或者将导致预算执行结果产生重大差异，需要调整预算的，应当报经原预算审批机构批准。调整预算由预算执行单位逐级向原预算审批机构提出书面报告，阐述预算执行的具体情况、客观因素变化情况及其对预算执行造成的影响程度，提出预算的调整幅度。企业预算管理部门应当对预算执行单位提交的预算调整报告进行审核分析，集中编制企业年度预算调整方案，提交原预算审批机构审议批准，然后下达执行。

企业预算调整方案应当符合下列要求：

（1）预算调整事项符合企业发展战略和现实生产经营状况；

（2）预算调整重点放在预算执行中出现的重要的或非正常的关键性差异方面；

（3）预算调整方案客观、合理。

对于不符合上述要求的预算调整方案，企业预算审批机构应予以否决。

（四）预算分析与考核控制

企业应当加强对预算分析与考核环节的控制，通过建立预算执行分析制度、审计制度、考核与奖惩制度等，确保预算分析科学、及时，预算考核严格、有据。

企业应当建立预算执行分析制度。企业预算管理部门应当定期召开预算执行分析会议，通报预算执行情况，研究、解决预算执行中存在的问题，提出改进措施。企业预算管理部门和各预算执行单位应当充分收集有关财务、业务、市场、技术、政策、法律等方面的信息资料，根据不同情况分别采用比率分析、比较分析、因素分析等方法，从定量与定性两个层面充分反映预算执行单位的现状、发展趋势及其存在的潜力。对于预算执行差异，应当客观分析产生的原因，提出解决措施或建议，提交企业决策机构研究决定。

企业应当建立预算执行情况内部审计制度，通过定期或不定期地实施审计监督，及时发现和纠正预算执行中存在的问题。

企业应当建立预算执行情况考核制度。企业预算管理部门应当定期组织预算执行情况考核。有条件的企业，也可设立专门机构负责考核工作。企业预算执行情况考核，依照预算执行单位上报预算执行报告、预算管理部门审查核实、企业决策机构批准的程序进行，企业内部预算执行单位上报的预算执行报告，应经本单位负责人签章确认。企业预算执行情况考核，以企业正式下达的预算方案为标准，或以有关部门审定的预算执行报告为依据。企业预算执行情况考核，应当坚持公开、公平、公正的原则，考核结果应有完整的记录。企业应当建立预算执行情况奖惩制度，明确奖惩办法，落实奖惩措施。

六、运营分析控制

运营分析控制要求企业建立运营情况分析制度，经理层应当综合运用生产、购销、投资、筹资、财务等方面的信息，通过因素分析、对比分析、趋势分析等方法，定期开展运营情况分析，发现存在的问题，及时查明原因并加以改进。

企业经营过程中应定期开展运营情况分析，随时了解企业的运营状况，避免盲目的行为。对于不理想或存在问题的方面，及时调整方向或采取营救措施。运营分析控制的主要内容包括：

（一）分析对象

运营状况是对企业各种情况，主要包括：营运能力、偿债能力、盈利能力、筹资能力等及其发展能力的综合概括。企业在分析运营能力之前，应明确具体的分析对象，对于不同时期不同的分析目的，其分析对象也应有所差别。当企业的经营活动或者外部经济环境的变化涉及某运营指标的影响因素时，该指标通常应作为分析的重点对象。

1. 营运能力

营运能力反映企业资产和利用的效率。营运能力强的企业，有助于获利能力的增长，进而保证企业具备良好的偿债能力。企业的管理者应该进行营运能力的分析，以便及时了解和掌握本企业的资产经营和利用效率情况。影响企业营运能力的因素很多，如企业的资金状况、企业的营销能力、企业的资产管理水平、对市场的洞察力、获取信息的能力等。评价营运能力常用的比率有存货周转率、应收账款周转率、流动资产周转率、固定资产周转率、总资产周转率等。

2. 偿债能力

偿债能力是指企业偿还到期债务（包括本息）的能力。偿债能力包括短期偿债能力和长期偿债能力。短期偿债能力是指企业流动资产对流动负债及时足额偿还的保证程度，是衡量企业当前财务能力，特别是流动资产变现能力的重要指标。企业短期偿债能力的衡量指标主要有流动比率、速动比率和现金负债率等。另外企业在分析短期偿债能力时，还应考虑可动用的银行贷款指标、准备很快变现的非流动资产、偿债能力的剩余、资金周转能力、与担保有关的或有负债、经营租赁合同中承诺的付款等因素。长期偿债能力是指企业偿还 1 年以上债务的能力，与企业的盈利能力、资金结构有十分密切的关系。企业的长期负债能力可通过资产负债率、长期负债与营运资金的比率及利息保障倍数等指标来分析。

3. 盈利能力

企业的盈利能力，是指企业利用各种经济资源赚取利润的能力。它是企业营销能力、获取现金能力、降低成本能力及规避风险能力等的综合体现，也是企业各环节经营结果的具体表现，企业经营的好坏都会通过盈利能力表现出来。企业盈利能力分析主要是以资产负债表、利润表、利润分配表为基础，通过表内各项目之间的逻辑关系构建一套指标体系，通常包括销售净利率、成本费用利润率、总资产报酬率、利息保障倍数等，然后对盈利能力进行分析和评价。对企业销售活动的获利能力分析是企业盈利能力分析的重点。影响企业整体盈利能力的因素还有对外投资情况、资金的来源构成等。在分析企业盈利能力时不仅要注重分析企业的销售收入、成本、费用、资产规模、资本结构等直接影响企业盈利水平的物质性因素，同时不能忽视企业的商业信誉、企业文化、管理能力、专有技术以及宏观环境等一些非物质性因素对企业盈利能力的影响。

4. 筹资能力

筹资能力是指企业筹集生产经营所需资金的能力。广义的筹资能力包括企业内部筹资能力和企业外部筹资能力。企业内部筹资能力主要来源于企业留存收益，取决于企业的获利水平。外部筹资按筹集资金的性质可分为债务筹资和权益筹资。外部筹资主要来源于金融机构、证券市场、商业信用、租赁市场等，取决于企业的综合状况，包括资产状况、信用状况、公关能力、经营状况、盈利能力、发展趋势和潜力等因素，另外还取决于市场资金的供求状况、证券市场的行情等外部因素。

5. 发展能力

企业的发展能力也称企业的成长性，它是企业通过自身的生产经营活动不断扩大积累而形成的发展潜能。企业能否健康发展取决于多种因素，包括外部经营环境、企业内在素质及资源条件等。企业发展能力衡量的核心是企业价值增长率。通常用净收益增长率来近似地描述企业价值的增长，并将其作为企业发展能力分析的重要指标。另外，还有营业收入增长率、资本保值增值率、资本积累率、总资产增长率、营业利润增长率、技术投入比率等均可作为评价发展能力的指标。

（二）信息收集

在进行运营情况分析时，应充分收集与分析对象相关的信息。这些信息既包括企业内部的也包括企业外部的，既包括财务的也包括非财务的，既包括数据型的又包括非数据型的，等等。在收集信息的过程中，应坚持准确性、全面性和及时性等原则，以保证信息的质量。企业可以通过财务会计资料、经营管理资料、调研报告、专项信息、内部刊物、办公网络等渠道，获取内部信息；通过行业协会组织、社会中介机构、业务往来单位、市场调查、来信来访、网络媒体以及有关监管部门等渠道，获取外部信息。

（三）分析方法

企业应选择适当的方法对信息加以分析，从而全面系统地评价企业的运营状况。常见的分析方法有因素分析法、对比分析法、比率分析法、趋势分析法等。

因素分析法是依据分析指标与其影响因素的关系，从数量上确定各因素对分析指标影响方向和影响程度的一种方法。因素分析法既可以全面分析各因素对某一经济指标的影响，又可以单独分析某个因素对经济指标的影响。因素分析法的常见形式包括连环替代法、差额分析法和指标分解法等。连环替代法是将分析指标分解为各个可以计量的因素，并根据各个因素之间的依存关系，顺次用各因素的比较值（通常即实际值）替代基准值（通常为标准值或计划值），据以测定各因素对分析指标的影响的一种方法。差额分析法是连环替代法的一种简化形式，是利用各个因素的比较值与基准值之间的差额，来计算各因素对分析指标的影响。指标分解法是将某个指标分解为多个指标分析的方法，例如资产利润率，可分解为资产周转率和销售利润率的乘积。

对比分析法将同一个指标在不同时期（或不同情况）的执行结果进行对比，从而分析差异的一种方法。可以用实际与计划进行对比，也可以用当期与上期进行对比，还可以用行业之间进行对比的方法。对比分析法根据分析的特殊需要又有以下形式：第一，绝对数比较，它是利用绝对数进行对比，从而寻找差异的一种方法。第二，相对数比较，它是用增长百分比或完成百分比指标来进行分析的一种方法。

比率分析法是以同一期财务报表上若干重要项目的相关数据相互比较，求出比率，用以分析和评价公司的经营活动以及公司目前和历史状况的一种方法，是运营分析最基本的工具。在运用比率分析时，一是要注意将各种比率有机联系起来进行全面分析，不可单独地看某种或多种比率，否则便难以准确地判断公司的整体情况；二是要注意审查公司的性质和实际情况，而不光是着眼于财务报表；三是要注意结合差额分析，这样才能对公司的历史、现状和将来有一个详尽的分析、了解，达到运营分析的目的。

趋势分析法是指用若干个连续期间的财务报告的资料进行相关指标的比较分析，以说明企业经营活动和财务状况的变化过程及发展趋向的分析方法。趋势分析法运用回归分析法、指数平滑法等方法来对财务报表的数据进行分析预测，分析其发展趋势，并预测出可能的发展结果。趋势分析法既可用于对会计报表的整体分析，即研究一定时期报表各项目的变动趋势，也可用于对某些主要指标的发展趋势进行分析。

企业在进行运营情况分析时，应综合运用上述方法，对企业的运营状况做出全面、系统地评价。

七、绩效考评控制

绩效考评控制要求企业建立和实施绩效考评制度，科学设置考核指标体系，对企业内部各责任单位和全体员工的业绩进行定期考核和客观评价，将考评结果作为确定员工薪酬以及职务晋升、评优、降级、调岗、辞退等的依据。

　　绩效考评是指对照工作目标或绩效标准，采用一定的考评方法，评定员工的工作任务完成情况、员工的工作职责履行程度和员工的发展情况，并将上述评定结果反馈给员工的过程。绩效考评是绩效考核和评价的总称。绩效考评是一种正式的员工评估制度，它通过系统的方法、原理来评定和测量员工在职务上的工作行为和工作效果。绩效考评是企业管理者与员工之间的一项管理沟通活动。绩效考评的结果可以直接影响到薪酬调整、奖金发放及职务升降等诸多员工的切身利益。绩效考评给员工提供了自我评价和提升的机会，使各级主管明确了解下属的工作状况，有利于多种人群之间的沟通，将个人目标和企业组织的整体目标加以协调和相互联系，增强了员工的成就感，提高了组织成员的士气，促进了业绩水平的提高。

　　企业应建立一个有效的绩效评估体系，而有效的绩效考核评估体系应具备以下特点：一是战略一致性。即绩效评估体系必须与企业发展战略、企业目标和企业文化的要求相一致，发挥绩效考评的导向性作用，保证企业总体目标的实现。二是目标明确性。绩效评估体系要为被考评对象提供一种明确的指导，告诉员工要达到什么目标，以及如何才能达到这些目标。三是可接受性。指运用绩效考核系统的人是否能够接受。在大多数情况下，人们是否接受一个绩效考核体系更主要是看该系统能不能公平地对待每一名员工，能否做到程序、人际和结果公平。四是效度。即考评指标的有效性或测量的正确性，也就是通过考核这一过程尽量窥到事情的全貌。一般来讲一个考核系统效度偏低主要是考核系统缺失和污染造成，缺失就是考核系统不能衡量工作绩效的所有方面，污染则是对与工作绩效无关的方面进行了评价。五是信度。即绩效考核系统是否可靠，是否可以信赖。检验绩效考评体系信度的两个重要方面是考核评价方法信度和考核评价者信度。

　　绩效考评范围并非越广越好，考核指标并非越多越好，应抓住关键业绩指标。对部门的考核主要根据其部门业绩、内务管理、员工管理、员工沟通、当前重点工作完成情况和工作质量等。对员工考评的主要指标通常分为三类，分别为业绩考评指标、能力考评指标和态度考评指标。所谓的业绩考评指标就是考核工作行为所产生的结果，如销售额、市场份额增长率等。业绩考评指标反映了绩效管理的最终目的，即提高企业的整体绩效以实现既定的目的。所谓的能力考评指标是指考评员工与岗位或内容相关的工作技能，如某技术工的技术能力。工作能力尽管和工作绩效之间没有必然的联系，但是工作能力强的员工其工作业绩往往也不错。能力考评指标有利于鼓励员工提高与工作相关的工作能力。所谓的态度考评指标，是指不考虑员工的业绩和能力，只考评他们在工作时的精神状态。将工作态度也作为考评指标是因为往往态度决定一切，为了引导员工积极向上的工作态度，从而达到绩效管理目标，将工作态度也纳入绩效考评范围是十分必要的。

传统的考核评价权限一般集中于上级主管手里。为了使评价体系更为全面、客观，企业可以适当引入自我评价、下属评价、同事评价、客户评价，并赋予合适的权重。至于要不要引入及其权重大小，则应由考核目的、考核对象以及考核者的素质等因素确定。但引入多主体评价并非为了搞平衡，如果评价主体还不具备评价条件，则宁缺毋滥，否则会影响考核结果的公正性和引起考核者的不满。

绩效考评人员要具有较高的业务素质和政治素质。业务素质要求精通业务，熟悉流程，明确工作目标。政治素质要求敢于坚持原则，不怕得罪人，实事求是，公平公正。另外，绩效考评要坚持考评标准一致性原则，消除主观因素，客观评价被考评者的工作业绩，不能厚此薄彼。绩效评价结束后，被评价者有权了解自己的评价结果，评价者有向被评价者说明评价结果和原因的责任。被评价者如对考评结果持有异议，考评者要虚心听取被考评者的意见，情况属实的要尊重被考评者的意见。两者意见不能达成一致时，被考评者有权向考评领导小组或考核监督部门申诉，由考评领导小组或考核监督部门做出决定。

考评结果要和被考评者奖惩挂钩。定期发布考评通报，表彰先进，鞭策后进。对一些好的做法给予推广，让大家一起学习，共同提高。考评结果和员工薪酬以及职务晋升、评优、降级、调岗、辞退等挂钩，树立正确的用人导向。

以上控制活动措施只涉及了内部控制的某一方面，企业是一个不可分割的整体，在实际经营管理过程中不能片面地使用其中一个或几个，企业应根据具体的内部控制目标，结合相应的风险应对策略，科学、合理地综合运用这些控制措施，对各项业务和事项实施有效控制，合理保证将剩余风险控制在可接受范围内。剩余风险是指企业采取控制措施后仍可能发生的风险。由于内部控制的固有局限性，控制措施的运用，不能保证企业杜绝全部风险，只能合理保证企业不出现内部控制的重大缺陷，从而合理保证内部控制目标的实现。

第三节　重大风险预警机制

当今时代是一个充满不确定性的时代，企业随时都有可能面临危机。而现代信息、通讯技术的高度发达又会使危机事件被迅速地传播，甚至是扭曲、放大。很多时候危机的发生是我们无法左右的，但在危机面前能否化险为夷，有预警机制与无预警机制则是两种不同的结果。

一、危机的特点

（一）突发性

危机具有突发性特征，往往是在意想不到、没有准备的情况下突然爆发的，这也就是说，危机发生之前，很少有人会意识到危机。因为危机的爆发从本质上讲，是一个从量变到质变的过程，酿成危机的因素经过一个积累渐进的过程，如果被人忽视，未能得到有效控制，就会形成危机。

（二）紧迫性

很多危机都是在极短的时间内突然爆发的，有很强的紧迫性。一旦爆发就会造成巨大影响，又令人瞩目，常常会成为社会和舆论关注的焦点和热点。一时间，它就会像一枚突然爆炸的"炸弹"，在社会中迅速扩散开来，成为公众街谈巷议的话题，新闻媒体追寻报道的内容，竞争对手发现破绽的线索，主管部门检查批评的对象，引发社会各界的不同反应与关注。这就需要企业做出快速决断，若企业控制不力或行动迟缓，必将产生严重的后果。

（三）危害性

危机通常是在当事者毫无准备的情况下瞬间发生，容易给当事者带来很大程度的混乱和惊恐，很容易造成决策失误，带来巨大的损失。对于企业而言，危机爆发后，不仅会破坏企业当前正常的生产、经营秩序，而且会破坏企业可持续发展的基础，对企业未来的发展造成不利的影响，甚至很可能威胁到企业的生存。

（四）关注性

由于危机的爆发通常会影响公众的利益，故危机常会引起公众的关注。而且在当今时代，随着信息技术的迅速进步和网络化经济的快速发展，信息传播渠道逐渐多样化，传播的时效高，范围广，一旦发生组织危机情境就会迅速公开，成为公众关注的焦点，成为各种媒体最佳的"新闻素材"。这种案例不胜枚举，各种危机事件——"CECT 手机"事件、罗氏制药"达菲"风波、长虹海外"受骗"风波、富士"走私"丑闻、麦当劳"消毒水"事件等，这些信息都是通过各种媒体曝光后，受到公众的广泛关注。

二、危机的种类

危机按起源可分为外部危机和内部危机。外部危机是指由于政治经济环境的变化，企业所属行业形式的变迁以及各种自然灾害或其他突发性风险事件的发生等企业不可控因素的出现，导致企业财产发生损失或出现严重的经营困难。企业内部危机是指企业在经营过程中，由于自身管理不当而导致的危机。企业内部危机可细分为：公共关系危机、营销危机、人力资源危机、信用与财务危机、速度危机、创新危机等。

公共关系危机是指企业组织与社会公众之间因某种非常性因素引发的具有危险性的非常态联系状态，它是企业公共关系严重失常的反映。

营销危机是指由于企业经营观念落后、市场发展战略和营销策略失误、市场调查和预测不充分等原因，导致企业产品的市场占有率不断下降甚至丧失，或由于营销不善，导致企业的利润不足以弥补成本。

人力资源危机通常包括两层意思，一是指企业在人才竞争中面临的危机，二是指企业在人力资源管理中遭遇的问题。

信用危机是指在信用交往过程中，到期不能收回赊销款项而引发的风险。

财务危机是指企业在财务方面陷入了困境，主要是财务周转出现问题。这种问题可能是暂时的，也可能是长久的。

速度危机是指由于企业盲目追求发展速度，忽视企业质量的提升而导致的危机，通常是由于企业片面追求速度、盲目扩张和多元化导致的。

创新危机一方面表现为忽视新产品的市场潜力和新技术的改进，只坚守老产品，导致产品缺乏市场竞争力而使企业陷入危机之中；另一方面表现为盲目创新，不按市场规律运作，开发出的产品虽然先进，但没有市场。

三、重大风险预警机制

由于企业危机是不可避免的，所以危机预警就显得尤为重要。危机预警是指组织根据外部环境与内部条件的变化，对组织未来的风险进行预测和报警。一个组织进行危机预警，通过危机预警增强自身的免疫力、应变力和竞争力，保证组织处变不惊，做到防患于未然。危机预警机制就像给组织安装了危机雷达，在组织风险和危机还没有形成时就已经发出了预警，引起管理层的重视，并将危机消灭在还没有形成状态或者萌芽状态，从而能够实现可持续发展。

危机预警的难度是很大的，因为危机的先兆可能会很小，而且容易被忽略，也可能出现的频率很高，以至麻痹了管理者的神经，也可能从先兆出现到爆发危机的时间很短，决策者无暇顾及。能够从先兆中预测到危机，并迅速提出防范危机的决策，比挽救危机更重要。因此企业应树立强烈的忧患意识并建立有效的危机预警机制。主要从以下方面着手：一是加强危机意识的培训，使组织全员树立强烈的危机意识。即在风险发生前，全体员工对风险的普遍性和严重性要有足够认识，将风险预防作为一项重要的工作，列入管理中。二是组建危机管理机构。危机管理机构必须由组织高层领导担当，以各职能部门责任人为主，并吸收部分基层员工介入。企业最好还要有外聘的高级公关顾问，一旦危机发生可以迅速组成危机处理小组。危机管理机构强调组织内每个关键环节都有人参与，就是要在危机爆发初期比较容易找出问题所在，避免拖拉、扯皮现象，以便及时采取措施对症下药而掌握主动。三是定期进行风险分析与评估。企业应在明确风险类型的基础上，对可能存在的风险进行分析与评估。四是建立危机警报体系，确定危机级别，进行危机分级管理。根据危机给企业带来的影响，以及危机蔓延速度等因素，将危机分为不同的级别，针对不同的危机宣布企业进入某一危机状态，举全企业之力，解决危机。五是不定期举行不同范围的危机爆发模拟训练。包括：各部门危机处理的协调能力；企业如何面对财务困境和人事危机；如何面对媒体和公众；如何在最短的时间内提出解决方案；如何快速恢复营运等。模拟危机管理的意义在于不仅有备无患，而且在灾难降临时往往更清醒、更容易做出明智的选择。

第四节 突发事件应急处理机制

突发事件是指突然发生，造成或者可能造成重大财产损失、人员伤亡、危及企业生产经营的紧急事件。应急管理是对突发事件的全过程管理，根据突发事件的预防、预警、发生和善后四个发展阶段，应急管理可分为预防与应急准备、监测与预警、应急处置与救援、事后恢复与重建四个过程。应急管理的根本任务是对突发事件做出快速有效的应对。面对复杂多变的各类突发事件，怎样组织企业各方面的资源，快速有效地防范和控制突发事件的发生和蔓延是应急管理的主要内容。

一、突发事件应急处理的原则

企业突发事件应急救援工作，应主要遵循自救为主，统一指挥，分工负责，单位自救和社会救援相结合的原则，充分做到"快速反应、科学应对、分级负责"。

（一）以人为本

通过采取各种措施，建立健全预防和应对突发事件的有效机制，最大限度减少因突发事件造成的人员伤亡、财产损失和其他社会负面影响。

（二）预防为主

有效预防突发事件的发生是应急工作的重要任务。准确预测预警，采取得力的防范措施，尽一切可能防止突发事件的发生。对无法防止或已经发生的突发事件，尽可能避免其造成恶劣影响和灾难性后果。

（三）依法规范

以相关法律、法规为依据，结合有关政策，加强应急管理，使处置突发事件的工作规范化、制度化。确立统一领导、责任到人、决策科学、反应及时的处置方式。

（四）分级负责

明确统一领导，建立健全突发事件处置模式，建立相应的管理组织体系，逐级负责。

（五）反应迅速

健全信息报告体系，及时、迅速、有效收集和上报突发事件信息，及时、妥善组织报道，切实做到早发现、早报告、早处置。

二、突发事件应急管理的主要内容

突发事件的应急管理主要包括以下内容：

（一）对事件的预警

预警是一个重要的应急管理环节。所谓的预警是指根据一些突发事件的特征，对可能发生的突发事件的相关信息进行收集、整理和分析，并根据分析结果进行设施的规划，给出警示。预警的目的在于尽早发现以及处理可能发生的事件，以避免突发事件的发生或进一步扩大，从而最大限度地降低突发事件带来的不利结果。

（二）预案管理

在应急管理中，预案管理也是一个非常重要的内容，预案管理是对具有一定特征的事件，进行应对时可能采取的一些方案的集合。预案管理是由一系列的决策点和措施集合组成的，贯穿于应急管理的整个过程。如预案管理的准备和制定就是对突发事件处理经验的总结，以用于指导未来可能发生的同类事件；对事件的处理过程就是实施和调整预案的过程；预案管理还能预测和分析可能出现的事件的规律，通过研究它们之间的内在联系，寻找一些规律特征，从而更好地准备和制定预案。

（三）对突发事件的处理

对突发事件的处理是应急管理的核心，它表现为对各种可用资源的组织和利用，在各种方案间进行选择。突发事件完全爆发后，其各种表现形式和特点都会显露出来，这时，企业就应预测和分析这些事件可能的发展趋势以及产生的后果，并做出相应的措施决策。

（四）事后处理

事后处理是在突发事件的影响逐渐减弱或完全结束后，对原有状态的恢复，以及对相关部门或人员进行奖惩，并将该事件及时形成案例，总结经验教训。

第五节　案例分析

ST 龙科失败案例分析

（一）案例介绍

科利华是国内教育软件领军人物宋朝弟于 1999 年 4 月 16 日斥资 1.34 亿元收购阿城钢铁（600799）28% 股份借壳上市的产物。2000 年，中国软件行业协会统计显示，科利华教育软件销售额位居全国第一，在教育市场的同类产品中，科利华曾一度占据垄断地位。但此后，科利华开始走下坡路。2002 年公司被戴上了 ST 的帽子，2003 年更名为"ST 龙科"。科利华因 2002 年、2003 年和 2004 年连续三年亏损，公司股票自 2005 年 5 月 20 日起暂停上市，自 2005 年 12 月 31 日起终止上市。

科利华的前身是"黑龙江省阿城钢铁集团公司"，该公司公开发行股票不到两年就出现了严重的财务问题。在这种情况下，北京科利华教育软件技术有限责任公司和阿城钢铁集团于 1999 年 3 月 26 日签订了《股权转让协议书》及《补充协议》，北京科利华教育软件技术有限责任公司以协议方式受让阿钢集团持有的阿城钢铁上市公司法人股 64209600 股，占上市公司总股本的 28%，受让金额为 1.34 亿元，以现金 3400 万元和对阿钢集团的债权 1 亿元人民币受让，上市公司名称改为科利华。上市公司科利华再以对阿钢集团 5000 万元债权向北京科利华教育软件技术有限责任公司购买其所持有的北京科利华晓军管理软件有限责任公司 80% 的股权，以对阿钢集团 5000 万元债权向北京科利华晓军管理软件有限责任公司购买其所持有的 CSC 电脑家庭教师初中版 V3.0 软件著作权。约 1 亿元的金额在阿城钢铁、阿钢集团、科利华之间形成两两互为债权债务人的三角债务关系，由于三方都同时在清偿该笔款项，因此该笔款项可以在三方之间同时抵销。最终三方之间复杂的交易就转化为北京科利华教育软件技术有限责任公司以 3400 万元和股权以及软件著作权获得了上市公司科利华的控股地位。

大股东北京科利华晓军管理软件有限责任公司在取得控股权后，马上提出了 1999 年度增资配股预案，希望能借此机会尽快打开融资渠道，扩大资产规模，加快资本结构和产业结构调整。1999 年增资配股预案显示，科利华原准备以 1998 年末总股本 22932 万股为基数，按每 10 股配 3 股的比例向全体股东配售，配售总额为 6879.6 万股，其中法人股股东可配售 3729.6 万股，社会公众股股东可配售 3150 万股。配售价格浮动范围为每股人民币 15～20 元。如果仅对社会公众股股东配售，且价格为 18 元的话，科利华上市公司此举将融资 5.67 亿元。遗憾的是此次配股未能实现。科利华 2000 年继续提出了增资配股的提案，可惜此次配股仍未能实现。两次配股未获批准的原因主要是 2000 年由深圳同人会计师事务所出具的《关于黑龙江省科利华网络股份有限公司一九九七年发行社会公众股募集资金使用情况的专项审核报告》中认为：该公司前次募集资金实际使用情况与其招股说明书及有关募集资金运用的股东大会决议基本相符，惟项目投产后实际收益与招股说明书预期收益存在较大差异。另外，深圳同人会计师事务所 1999 年为科利华出具了有解释性说明段的审计报告，这在一定程度上又影响了科利华会计报告的质量。

2001 年中国证监会出台了《上市公司新股发行管理办法》和《关于做好上市公司新股发行工作的通知》。该管理办法与以前的配股条件相比，门槛已大大降低。因此，科利华又开始积极增发。2001 年 7 月 5 日科利华通过了《关于 2001 年度公司申请增发新股方案的预案》，决定增发不超过 6000 万新股。但到了 2001 年下半年，证券市场陷入低迷，上市公司的再融资受到严重影响。此外，由于增发门槛较低，许多上市公司提出了增发议案，要能实际增发可谓难上加难。

2001 年 4 月 27 日，科利华突然发布业绩预警公告，宣布公司 2001 年度利润将比上年同期下降 50% 以上。4 月 30 日，科利华公布了其 2001 年年报，每股收益为 0.057 元，同比下降 81.43%，根据有关规定，公司财务状况被视为异常，并将于 5 月 8 日被实施 ST 处理，上海证券交易所对黑龙江省科利华网络股份有限公司 2002 年 4 月 27 日才公布 2001 年度业绩预警进行了公开谴责。ST 科利华 1999～2002 年财务指标如表 4—1 所示。

表 4-1   ST 科利华 1999～2002 年财务指标　　　　　　单位：元

年度	每股收益	主营业务收入	主营业务利润
2002 年中期	0.012	68138737.66	57562753.55
2001 年度	0.057	188924682.73	126754765.16
2000 年度	0.307	343825218.49	194687156.69
1999 年度	0.513	311766612.81	155888425.42

科利华在 2001 年聘用信永中和会计师事务所对其进行年报审计。信永中和会计师事务所在对科利华 2001 年度会计报表的审计报告中指出：科利华以前年度的会计师事务所未能通过证券业务资格年检，而且信永中和会计师事务所也未能与前任会计师事务所取得联系，因而对于期初数的真实性无法表示意见；科利华的母公司和子公司缺乏信永中和会计师事务所可以信赖的内部控制制度；信永中和会计师事务所对于科利华的应收账款和其他应收款的情况因审计范围受限而表示无法对其可收回性发表意见；信永中和会计师事务所认为科利华提取存货准备不充分。整体说来，信永中和会计师事务所表示：不宜于也无法发表审计意见。

（二）案例分析

对科利华的迅速衰落进行分析，科利华在 1999 年借壳上市，但本身没有一位高管从事过资本运作内部控制方面的工作，对资本市场完全无知，未发现阿城钢铁隐瞒了大量债务，在重组时将几个亿的潜亏资产全部留给了科利华，从而埋下了失败的种子。

1. 缺失的内部控制

ST 龙科 2001 年度被会计师事务所出具了无法表示意见的审计报告。从审计报告看，ST 龙科存在"历史问题"和管理混乱现象。审计报告称：ST 龙科虽已"对固定资产和无形资产的会计政策变更进行了追溯调整，但我们仍无法……确定追溯调整后的期初数和上年数对本期会计报表整体反映的影响程度"。ST 龙科"母公司和子公司缺乏我们可以信赖的内部控制制度，存货管理、资金使用缺乏必要的内部控制，生产、采购、库房、销售与财务间责任不清且缺乏监督。……我们无法取得充分、适当的审计证据对贵公司整体会计报表的收入、成本及其相关报表项目的真实性、合规性予以确认"。

首先，不相容职务分离控制欠缺。不相容职务分离控制要求每项经济业务都要经过两个或两个以上的部门或人员的处理，使得单个人或部门的工作必须与其他人或部门的工作一致或相联系，并受其监督和制约。ST 龙科生产、采购、库房、销售与财务间责任不清且缺乏监督，不相容职务相互混岗，相关的内部控制设计存在问题，控制措施相当薄弱，内部控制最基本的条件都没法满足，进而导致其执行不力，经营效率、财产的安全以及会计数据的可靠性得不到保证。

其次，会计系统控制欠缺。ST 龙科 2001 年聘请的会计师事务所就对公司年报的计提问题提出了异议。按会计师事务所的看法，ST 龙科没有对高达 1.3 亿元难以收回的应收款项进行"合理"减值计提。另外，他们还对 3.93 亿元的往来及预付款回收的可能性提出质疑。从 2000 年中报可以看出，钢铁业务已经从 ST 龙科主业中消失，主营业务只有软件类、硬件类和图书类三大业务。既然如此，ST 龙科在 2000 年年报中应该对钢铁业务进行了大量减值计提。ST 龙科 2001 年度固定资产计提减值准备近 2000 万元，但公司没有交代是否是对钢铁业务的计提。因此，公司 2001 年有没有重复计提的问题值得怀疑。审计报告中还指出：ST 龙科存货余额中有产成品 12561 万元。已提跌价准备 141 万元。这些产成品大部分是子公司晓军公司 2001 年前从外单位购入的软件产品，且在 2001 年度对外实际销售量不大，我们认为贵公司计提的存货跌价准备不充分。ST 龙科的会计系统控制薄弱，不能严格按照国家统一的会计准则制度的要求进行会计处理，不能提供真实、可靠的会计信息，公司内部控制制度的缺失，在很大程度上影响了该公司财务报告的可靠性及法律法规的遵循性，也在很大程度上影响了其试图通过增发来筹集资金的可能性。

最后，营运分析控制欠缺。科利华 2001 年度业绩大幅下降，已经表明其主营业务出现了问题：公司主营业务收入和主营业务利润同比均大幅下降，其中主营业务收入由 2000 年的 3.44 亿元下降至 2001 年的 1.89 亿元，同比下降 45%，主营业务利润由 2000 年的 1.95 亿元下降至 2001 年的 1.27 亿元，同比下降 34.87%。科利华却将 2001 年度业绩下滑归咎于"由于执行新《企业会计制度》而导致企业计提减值数额加大，涉及本公司对资产重组遗留的钢铁资产的处置及减值计提增加"等原因。科利华对于自身主营业务疲软导致的业绩下滑，进而导致其盈利能力较差的情况视而不见，不分析造成自身主营业务疲软的原因，设法加以改进，增强自身的盈利能力，而是将原因归咎于会计制度的变更这一外部因素，避重就轻，最终走上失败的道路。

2. 失败的资本运作

科利华通过借壳上市后在 1999 年、2000 年连续两次提出配股和 2001 年的增发都没有实现，直到被 ST。当然，这并非只是运气不好，而是因为当年科利华重组时的债务负担埋下了祸根。2001 年，ST 龙科利息支出 4356 万元，同比增长 70%。其原因如年报所言："报告期……借款大幅增加，期末借款余额 55464 万元。"ST 龙科在存在巨额负债的同时，仍然大量举债，妄图以拆东墙补西墙的方法维持经营。深圳同人会计师事务所在 1999 年为科利华出具的解释性说明段审计报告中指出：科利华应收账款中 2.56 亿元为应收公司股东及其分公司的货款，其中黑龙江省阿城钢铁集团公司及其分公司欠款 2.21 亿元，该部分款项均系 1996~1998 年销售形成，且未能及时回收。看来，由阿城钢铁延续下来的陈年旧账不仅阻碍了配股再融资，还最终让科利华变成了ST 龙科。之所以不核销这笔"无法估计收回可能性的"不良资产，是因为如果潜亏释放将使再融资更加无望，为了账面形象的科利华只有硬着头皮一直用渺茫的债权充实着资产和利润。但出乎他们意料的是，1999 年、2000 年增资配股和 2001 年增发，三次申请均以失败告终，重组后融资未遂，在当时实属少见。科利华从此一蹶不振，踏上了一条不归路：2001 年财务报告被视为异常，沦为"ST"一族，随后，年年亏损加剧。上市公司重组后，自身盈利能力不但没有得到加强，反而将重组方也拖入了泥潭。公司的筹资能力取决于企业的综合状况，包括资产状况、信用状况、公关能力、经营状况、盈利能力、发展趋势和潜力等因素，科利华的资产状况和盈利能力都是其筹资道路上的严重障碍，科利华的内部控制制度在公司存在大额不良资产的情况下，没有能够充分地认识到危机的存在及其可能带来的重大影响，没有能够对其进行客观地风险识别和评估，进而规避风险或是分散风险，最终导致公司资本运作失败。

常德卷烟厂实行采购、销售等多环节控制见成效

（一）案例介绍

常德卷烟厂始建于 1951 年，经过 50 多年的发展壮大，现拥有总资产 96 亿元。企业主要产品为"芙蓉王"、"芙蓉"系列卷烟。"芙蓉王"以"烟界瑰宝"享誉全国，先后获得"中国驰名商标"、"中国名牌"、"出口免检产品"和"中国 500 最具价值品牌"等荣誉，2006 年产销规模突破 30 万大箱，是目前全国产销量规模大、知名度高的高端卷烟品牌之一。20 世纪 90 年代中期以来，企业的发展步入良性增长时期，年平均增长率达到 20% 以上。从 2002 年

起先后兼并省内祁东卷烟厂、零陵卷烟厂、吉林省四平卷烟厂,产销量突破130万大箱。2006年,企业共产销卷烟140.17万大箱,实现含税销售收入179.57亿元、利税119.49亿元、利润26.79亿元,分别同比增长24.61%、32.40%、56.19%,企业继续保持了稳健而强劲的发展势头。

早在1998年,《中国财经报》就发表了以"芙蓉花开表五枝"为题的文章,介绍了常德卷烟厂的有关做法和经验。文章认为,在我国深化市场经济改革、市场竞争压力不断扩大时期,常德卷烟厂能取得突飞猛进的发展,主要是因为下列原因:

第一,进货环节,控价到位。在市场经济体制下,国家实行并逐步完善宏观经济调控下主要由市场形成价格的机制。企业进货渠道多,材料价格差异大,减少进货价格的支付等于创造了等额的利润。进货控价到位要做到:一是实行厂内原料、主要材料和大批量物资采购价格报批制,按最低控价进货。价格审批权厂部授权价格领导小组,价格领导小组要履行职责。二是要广泛收集原辅材料、物资的市场价格信息,供货渠道与货源状况,及时办理审批手续。对于实际进货价格与审批价的差异按厂规定的比例奖罚。三是要确保适量进货。进货数量要根据企业实际和生产需要,参照同行业先进水平核定合理的储备定额(最低、最高限额与储备期),要与经济责任制考核挂钩,减少存货资金,还要严防积压超储,要避免进货品种规格不对路,实行限量进货,特别是新产品开发配套的小包和条盒包装等亦应小批量进货。在清产核资工作中相当多的企业少则原材料报废几十万元,多则报废几百万元甚至更多,应当杜绝此类问题的发生。四是要合理选择渠道或者定点厂商进货,例如,商标印刷、包装材料、香糖料等要定点进货,定点进货一则因质量、时机、检测发现的不合格品可以及时办理退货;二则可以及时保证货源,减少库存,确保供货的连续性。

第二,设计环节,核算到位。纵观全国卷烟产品外包装变化态势,近两三年各类档次的包装材料存在追求高、精、新和采用防伪高新技术的发展趋势,甚至一些小烟厂也生产烫金、磨砂硬小盒卷烟,产品成本与产品设计两张皮,设计不计成本,产后发生亏损。设计核算到位要做到:一是设计分类的产品成本控制标准,如出厂价低于10元的不能使用全包装,出厂价低于20元的不能使用硬小盒等,在标准中还要按照现行市场价确保控制金额,这样可以做到设计产品成本有标准可依,避免设计成本与生产成本脱节;二是要合理筛选最佳、最低设计成本控制点,选定标准材料,避免设计成本与生产用料脱节;三是设计成本和费用要做到不漏、不缺,单位产品的销售利润扣除单位产品应分摊的管理费用、财务费用后还应由一定比例利润，例如一类烟产品销售利润率达到10%，二类烟产品达到5%等。

第三，用料环节，"三化"到位。卷烟工业科学合理用料要做到标准化、规格化、程序化和运用定额控制消耗。在标准化方面要求选择产品用料能用国产材料的不用进口材料，能用中低档材料的不用高中档材料，选用定点材料不用劣质不合格材料。规格化方面要科学设计材料型号，规格利于降耗，如可用32克铝箔纸就不用50克铝箔纸，能用涂布水松纸就不用印刷水松纸，严格限定在定额指标内，并要求建立严格的耗料考核制，节奖超罚，奖罚兑现。近三年常德卷烟厂就是按此思路实施的，每年降耗节约额都在千万元以上。

第四，费用环节，监控到位。"八五"、"九五"期间，卷烟工业企业投入了巨额资金进行技术改造，提高了产品档次，与此同时，企业的四大费用（制造费用、销售费用、管理费用、财务费用）年一般递增10%～15%，有的厂高达30%以上。费用控制到位一是要实行费用总预算制度，在产量稳定情况下，年度费用亦相对稳定，加上增减因素是总预算计划总额数。各个产品的原料、材料、燃料动力、工资福利成本之和加上费用总预计数不能突破企业年度成本费用预算总额，才能确保盈利。二是企业下达费用定额计划的总和要与总费用预算相吻合，并留有适当余地，在开支方面财务部门要从严审批。对于年度内新增不可预计的开支项目要量力而行，不可突破警戒线（即超过总预算）。三是要制定或者修订开支标准与定额，不可乱开口子，巧立名目开支。

有序、有力、有效——这是常德卷烟厂厂长邹纲强对该厂2008年工作的简要概括。2008年，常德卷烟厂共生产卷烟99.23万箱，其中"芙蓉王"系列生产就达到了55万箱以上。不仅如此，常德卷烟厂的其他各项工作也取得了喜人的成绩。邹纲强说："企业内部管理、过程质量控制、全面预算管理和目标管理、企业安全稳定、思想政治等工作也都实现了有力、有序、有效推进。"2008年，常烟在生产方面的各项成本控制，都优于湖南中烟工业有限责任公司规定的指标，并超额完成了公司下达的1300万元的节约挖潜任务。这些成绩源于常烟的预算管理、成本控制和创建节约型企业活动。

科学预算、合理成本、厉行节约是常烟增效的不二法门。常烟以预算管理为主线，在预算的编制、申报、分解、考核和分析评价上，着重对各部门的兼职预算管理员进行了培训，增加了部门预算管理员的职责。同时，采取预算与各部门的绩效挂钩，对费用目标一一进行分解，实行事前控制部门费用和责任追究制，明确责任人和责任主体，形成了真正意义上的"全员、全面、全过程"的预算管理体系。

2009年2月10日，常德卷烟厂企业管理部就发布了2009年的管理体系监督审核计划，来提升企业基础管理水平。该计划对比2008年更加具有指导性，并提前做出了时间安排。而且，审核管理体系运行情况更为注重有效性和持续改进力度，主要对加强内审、提升管理标准和技术标准的评价管理，深入对芙蓉王技改工程，重点部门进行审核做了诠释。据介绍：已经明确了管理体系监督审核的时间和责任人，聘请了专业机构的咨询老师，正加紧启动月度考核流程。届时，将评价全厂质量和职业健康安全管理体系与标准的符合性，逐条跟踪验证公司内审发现的问题的整改情况。

（二）案例分析

常烟的成功得益于其强有力的内部控制，其"做好每件事，成就每个人"的核心价值观和"严明精准，效率至上"的管理原则为内部控制的设计和运行奠定了良好的基础。常烟的成功是多方面的，成功的原因也是多方面的，但常烟的预算控制可谓是功不可没。在社会主义市场经济体制下，企业的财会职能不应仅仅是反映与监督的功能。企业管理一定要充分发挥财会人员，特别是总会计师、财务部门负责人、管理会计参与，企业决策、组织、调控、分析的职能。湖南省常德卷烟厂注重理顺原材料进货与储备、设计核算、用料、费用等环节，采用预算管理对费用进行控制，取得了明显效果，给企业带来了巨大收益。①在进货环节，常德卷烟厂的理念是"减少进货价格的支付等于创造了等额的利润"。在采购原料、主要材料和大批量物资时，采用预算管理，实行价格报批制，价格审批权厂部授权价格领导小组。对于实际进货价格与审批价的差异按厂规定的比例奖罚，对预算执行情况进行考核与奖惩。进货的数量也采用预算管理，确保适量进货，严防积压超储，并与经济责任制考核挂钩。②在设计环节，针对不少企业"产品成本与产品设计两张皮，设计不计成本，产后发生亏损"的现象，常德卷烟厂同样采用预算管理，要求设计分类的产品成本控制标准，合理筛选最佳、最低设计成本控制点。③在用料环节，常德卷烟厂要求用料做到标准化、规格化、程序化和运用定额控制消耗，并要求建立严格的耗料考核制，节奖超罚，奖罚兑现。这样的定额预算控制利于降耗，可以将用料严格限定在定额指标内。④在费用控制环节，一是实行费用总预算制度，各个产品的原料、材料、燃料动力、工资福利成本之和加上费用总预计数不能突破企业年度成本费用预算总额。二是在开支方面财务部门要从严审批，对于年度内新增不可预计的开支项目要量力而行，不可突破警戒线（即超过总预算)。三是制定开支标准与定额，严防巧立名目开支的情况。可见，常德卷烟厂从采购原材料到生产到费用控制，都采用严格的预算控制制度，并给企业带来巨大效益。

常烟的预算控制在企业发挥一贯有效的作用。厂长邹纲强简单的"有序、有力、有效"六个字概括了常烟成功的基本，点出了内部控制的重要作用。常烟实施的全面预算管理制度，明确各责任单位在预算管理中的职责权限，规范预算的编制、审定、下达和执行程序，强化预算约束，给常烟的成长壮大提供了无限动力。在总结以往经验的基础上，常烟在2009年初发布了管理体系监督审核计划，这同样可以被看作是预算管理的一部分，是一个特殊的授权批准控制程序。

企业应设立预算委员会、预算领导小组等预算管理部门具体负责本企业预算管理工作。不具备设立专门机构条件的企业，可以指定财会部门等负责预算管理工作。企业生产、投资、筹资、物资管理、人力资源、市场营销等业务部门和所属分支机构的主要负责人应当参与企业预算管理工作。企业应当明确预算编制、执行、调整、分析与考核等各环节的控制要求。企业的预算一经公布，在公司内部便应具有"法律效力"，各预算执行单位必须认真组织实施。企业应当建立预算执行责任制度，对照已确定的责任指标，对相关部门及人员责任指标完成情况进行检查，实施考评。通过建立预算执行分析制度、考核与奖惩制度等，确保预算分析科学、及时，预算考核严格、有据。常德卷烟厂将预算控制落实到企业生产经营的各个环节，在预算的编制、预算的执行、预算的调整、预算的分析与考核方面都严格规定相关人员或部门的权限与责任。因此，其预算管理才会显见成效，企业的经济效益才会快速增长。

本章小结

作为内部控制基本要素之一的控制活动，在内部控制中处于特殊的位置，是实现内部控制目标的关键要素。企业应当结合风险评估结果，通过手工控制与自动控制、预防性控制与发现性控制相结合的方法，运用相应的控制措施，将风险控制在可承受度之内。控制措施一般包括：不相容职务分离控制、授权审批控制、会计系统控制、财产保护控制、预算控制、运营分析控制和绩效考评控制等。不相容职务分离控制要求企业全面系统地分析、梳理业务流程中所涉及的不相容职务，实施相应的分离措施，形成各司其职、各负其责、相互制约的工作机制。授权审批控制要求企业根据常规授权和特别授权的规定，明确各岗位办理业务和事项的权限范围、审批程序和相应责任。会计系统控制要求企业严格执行国家统一的会计准则制度，加强会计基础工作，明确会计凭证、会计账簿和财务会计报告的处理程序，保证会计资料真实完整。财产保护控制要求企业建立财产日常管理制度和定期清查制度，采取财产记录、实物保管、定期盘点、账实核对等措施，确保财产安全。预算控制要求企业实施全面预算管理制度，明确各责任单位在预算管理中的职责权限，规范预算的编制、审定、下达和执行程序，强化预算约束。运营分析控制要求企业建立运营情况分析制度，经理层应当综合运用生产、购销、投资、筹资、财务等方面的信息，通过因素分析、对比分析、趋势分析等方法，定期开展运营情况分析，发现存在的问题，及时查明原因并加以改进。绩效考评控制要求企业建立和实施绩效考评制度，科学设置考核指标体系，对企业内部各责任单位和全体员工的业绩进行定期考核和客观评价，将考评结果作为确定员工薪酬以及职务晋升、评优、降级、调岗、辞退等的依据。企业应当根据内部控制目标，结合风险应对策略，综合运用控制措施，对各种业务和事项实施有效控制。企业应当建立重大风险预警机制和突发事件应急处理机制，明确风险预警标准，对可能发生的重大风险或突发事件，制定应急预案、明确责任人员、规范处置程序，确保突发事件得到及时妥善处理。

本章重点与难点：重点掌握控制活动的一般措施，明确各项措施各自包含的内容与要求，理解重大风险预警机制和突发事件应急处理机制的重要性和主要内容。根据内部控制目标及一般控制措施要求设计适合企业的内部控制制度，全面综合地对业务和事项实施有效控制是学习的难点。

复习思考题

1. 控制活动的控制措施一般包括哪些？
2. 什么是不相容职务？不相容职务分离控制的要点有哪些？
3. 授权审批控制的含义是什么？一般包括哪两个方面？
4. 会计系统控制由哪些内容构成？
5. 财产保护控制的一般内容由哪些要点构成？

6. 预算控制包括哪些内容?

7. 运营分析控制的对象包括什么? 可以采取哪些方法?

8. 什么是绩效考评? 绩效考评控制有哪些要求?

9. 建立有效的危机预警机制应从哪些方面着手?

10. 突发事件的应急管理主要包括哪些内容?

第五章 信息与沟通

【引言】围绕在控制活动周围的是信息与沟通系统。信息与沟通是及时、准确、完整地收集与企业经营管理相关的各种信息，并使这些信息以适当的方式在企业有关层级之间进行及时传递、有效沟通和正确应用的过程。一个良好的信息与沟通系统有助于提高内部控制的效率和效果。《企业内部控制基本规范》第三十八条规定，企业应当建立信息与沟通制度，明确内部控制相关信息的收集、处理和传递程序，确保信息及时沟通，促进内部控制有效运行。

第一节 概　述

现代社会是信息社会，特别是现代科学技术革命以后，信息是联结社会的纽带，离开了信息人们将寸步难行。企业的所有经营活动时刻离不开信息。信息流引导、指挥着物流，规划和调节物流的目标、方向、数量和速度，使物流按照一定的目的和规则有效地运动，物流各个子系统也正是通过信息这个黏合剂和纽带联系起来，共同实现整个企业的预定目标。

沟通可以把组织抽象的目标和计划转化成能够激发员工行动的语言，使员工明白应该做什么和怎样做才有利于组织目标的实现，从而使整个组织目标得以有效实现。

信息与沟通是及时、准确、完整地收集与企业经营管理相关的各种信息，并使这些信息以适当的方式在企业有关层级之间进行及时传递、有效沟通和正确应用的过程。一个良好的信息与沟通系统有助于提高内部控制的效率和效果。

第二节　信　息

一、信息概述

（一）信息的概念与分类

信息是指所有与企业生产经营相关的资讯及其附带产生的信息系统。按其来源，信息可分为内部信息和外部信息。内部信息由企业内部产生，主要包括财务信息、运营信息、人力资源信息、资本运作信息等。如财务信息可以用来编制财务报表，也可以用于经营决策和监督；运营信息是本企业的采购、生产、销售及其他活动的相关信息，以及竞争对手的动态信息，或者经济运行环境的信息等，这些信息对于企业的存货、账款及利润都有影响，进而对企业采取的决策和其他活动有着深远的影响；人力资源信息是企业中每个员工的技能、表现、晋升、调动、解聘等方面的信息。

外部信息由企业外部产生，但对企业的生产经营、投资管理等方面发挥着一定的影响作用。主要包括政策法规信息、经济形势信息、监管要求信息、市场竞争信息、行业动态信息、客户信用信息等。

（二）信息的存储与传递

1. 信息存储

信息存储是将获得的或加工后的信息保存起来，以备将来应用。进行信息存储前需要回答几个问题，即为什么要存储这些信息，以什么方式存储这些信息，存在什么介质上，将来有什么用处，对决策可能产生的效果是什么等。

对信息的存储应本着"只有正确地舍弃信息，才能正确使用信息"的思想。然后考虑什么信息存在什么介质比较合适。总的来说凭证文件应当用纸介质存储，因为纸的存量大、体积小、便宜，永久保存性好，且不易涂改，存数字、文字和图像一样容易；主文件，如企业组织结构、人事方面的档案材料、设备或材料的库存账目，应当存于磁盘，以便联机检索和查询。

信息的存储是信息系统的重要方面，如果没有信息存储，就不能充分利用已收集、加工所得信息，同时还要耗资、耗人、耗物来组织信息的重新收集、加工。有了信息存储，就可以保证随用随取，为单位信息的多功能利用创造条件，从而大大降低了费用。

2. 信息传递

信息传递是指人们通过声音、文字或图像相互沟通消息的意思。包括什么人向谁说什么，用什么方式说，通过什么途径说，达到什么目的等。

信息传递程序中有三个基本环节。第一个环节是传达人为了把信息传达给接受人，必须把信息"译出"，成为接受人所能懂得的语言或图像等。第二个环节是接受人要把信息转化为自己所能理解的解释，称为"译进"。第三个环节是接受人对信息的反应，要再传递给传达人，称为反馈。

（1）传达人。在信息传递过程中，由传达人选择信息及传达渠道。信息效果到底好不好，一般取决于三个因素：专门性、可信性和可视性。专门性是指信息要具有专门性知识，例如通过有声望的医生传递有关医药方面的信息，它的专门性就高。可信性是指信息要真实，使人感到可靠，如由第三者写新闻或专题报道商品，就比推销员宣传更能使人相信。可视性是指信息要吸引人、容易看懂，而且不致引起信息接受人的错误理解。

（2）译出。传达人要把信息传达给预期的对象，就要考虑运用什么方式引起接收人的注意，并且使接收人得到正确的理解，这就是"译出"。比如：推销人员传达信息主要是用语言表达，推销员还可以随机应变，使自己的语言、口吻、态度更符合顾客的要求。同时，还可以使用样品示范，这样更能准确地译出信息。

（3）传达途径。这是传递信息的手段。如促销的途径既可以采用推销员或公司代表与顾客直接面谈；也可以由顾问、专家以自己的专门知识来影响顾客；或者由买主的朋友、邻居、同事、家属在日常来往中影响买主。这类方式是口头影响。企业也可以通过报刊、电视、广播、信件等媒体。

（4）译进。传达人将信息传递给接收人以后，接收人有一个理解问题，这就是译进。传达途径的选择是否有良好的效果，关键在于译进是否与译出相符。假如消费者听到或看到某种商品的宣传后，他的理解与企业想要宣传的意图基本相符，那么，这种信息传递就是成功的。

（5）反馈。传达人把信息传出以后，不能完事大吉，还必须了解信息对于接收人的影响，了解接收人对这一信息的态度和拟采取的行动，这就是反馈。

在信息传达的过程中，传达人必须清楚要把信息传递给什么样的接收者和自身想得到什么样的反应，必须熟悉如何译出并考虑接收者通常会如何解译。

信息源必须通过可以到达接收者的有效途径传递信息。传达人为了解接收者对信息的反应，还必须广开反馈渠道。

二、信息的获取

《企业内部控制基本规范》第三十九条规定，企业应当对收集的各种内部信息和外部信息进行合理筛选、核对、整合，提高信息的有用性。为此，企业应全面收集来自企业内外部的、与企业内部控制相关的信息，为内部控制的有效运行提供信息支持。

（一）内部信息的获取

1. 财务会计资料

通过财务会计资料，可以获取以货币形式的数据资料来表明企业资金运动状况及其特征的财务信息和以非财务资料形式出现但与企业的生产经营活动有着直接或间接联系的非财务信息，还可以获取揭示企业各种经济关系和企业现状及未来发展状况的会计业务数据和有关资料。

2. 经营管理资料

经营管理资料是企业的内部资料，包括市场营销、财务管理、生产管理、人力资源管理、战略管理、流程管理等。通过阅读企业经营管理资料，可以获得有关企业经营理念、企业文化、员工的聘用培训等一切人、财、物的管理信息。

3. 调研报告

调研报告是指对某一情况、某一事件、某一经验或问题，经过在实践中对其客观实际情况的调查了解，将调查了解到的全部情况和材料进行"去粗取精、去伪存真、由此及彼、由表及里"的分析研究，揭示出本质，寻找出规律，总结出经验，最后以书面形式陈述出来。

调研报告主要包括两个部分：一是调查，二是研究。调查，应该深入实际，准确地反映客观事实，不凭主观想象，按事物的本来面目了解事物，详细地占有材料。研究，即在掌握客观事实的基础上，认真分析，透彻地揭示事物的本质。

当拿到一份调研报告时，应关注哪些信息以及如何充分使用这些信息是问题的关键，如在行业报告中只有那些与自身条件可比较的企业，其提供的信息才具有较大的参考意义。

4. 内部刊物

内部刊物是内部资料性出版物的一种，是指在本企业内部用于指导经营、生产、管理交流信息的连续性的非卖印刷品。企业可以将一些特别事件在定期出版的内部刊物上描述出来，传达一些无形的道德观念和经营理念，加深员工对企业的了解，从而提升员工的凝聚力。

5. 办公网络

一个企业实现办公自动化的程度也是衡量其实现现代化管理的标准。企业办公网络改变了过去复杂、低效的手工办公方式，实现迅速、全方位的信息采集、信息处理，为企业的管理和决策提供科学的依据。

办公网络的服务对象包括各级领导、一般管理人员、业务人员、秘书、操作员等。单位的高层领导主要用于进行战略决策，他们关心的是宏观信息。部门领导在其部门的战术决策上起关键作用，所关心的是本部门的管理信息。一般管理人员和业务人员分工处理各自的业务，进行业务操作和管理。秘书和操作员主要从事事务操作。

（二）外部信息的获取

1. 行业协会组织

企业通过参加行业协会组织举行的会议或阅读相关文件来获取有关行业机遇与挑战、行业环境变化等方面的信息，从而为企业对来自行业风险的评估和应对提供支持。

2. 社会中介机构

为达到既定目标，企业往往要和外部中介机构进行充分的信息交流。如在涉及重大诉讼或承担重大担保事项时，企业会向外部的中介机构，如律师事务所进行咨询，获取有关法律方面的援助；当企业要发行股票、债券时，要获得证券承销机构的辅导等。

3. 业务往来单位

企业的业务往来单位主要包括供应商、客户、银行等。企业可以从供应商处获得有关原材料价格波动、人力资本供应等信息；从客户获取有关产品需求和满意度的信息；从银行获取与企业业务活动相联系的记录从而印证经济业务的真实发生或信贷、汇率方面的政策等。

4. 市场调查

市场调查就是指运用科学的方法，有目的地、系统地搜集、记录、整理有关市场营销信息和资料，分析市场情况，了解市场的现状及其发展趋势，为市场预测和营销决策提供客观的、正确的资料。竞争对手或市场新进入者无疑会削弱本企业的竞争优势，通过市场调查，企业可以掌握与竞争对手和市场份额相关的资料，为进一步生产经营决策提供支持。

5. 来信来访

来信来访是获取外部信息的一种重要方式。如企业在产品包装上公开地址电话等，从而方便接受客户查询及投诉。再如企业通过定期与客户对账，保持账务清晰，以减少客户拖欠货款的借口。

6. 网络媒体

互联网被称为继报纸、广播、电视三大传统媒体之后的"第四媒体"，是跨媒体的数字化媒体。对企业来讲，网络媒体亦是不可或缺的一种获取信息的途径，且由于网络媒体除具有三大传统媒体新闻传播的"共性"特点之外，还具有鲜明的"个性"特点，如及时性、海量性、全球性、互动性等，使得企业更高效地获取所需的大量信息。

7. 监管部门

及时地从监管部门获取有关监管要求方面的信息，可以避免企业罚款、惩处及制裁。

第三节　沟　通

《企业内部控制基本规范》第四十条规定：企业应当将内部控制相关信息在企业内部各管理级次、责任单位、业务环节之间，以及企业与外部投资者、债权人、客户、供应商、中介机构和监管部门等有关方面之间进行沟通和反馈。信息沟通过程中发现的问题，应当及时报告并加以解决。重要信息应当及时传递给董事会、监事会和经理层。

一、沟通的概念和分类

沟通是把信息从一方传到另一方的过程。沟通的目的就是为了达到某种目标或完成头脑中的一些想法，如传达信息、提出要求、进行劝说或表达善意等。也就是说，我们是想借此影响他人思考、感觉事物的方式及行为方式，最终影响他人的行为。沟通就像一座桥梁，连接着不同的人、不同的理念甚至不同的文化。良好有效的沟通能够让双方在交流中充分理解对方的意图，达到共识。

在一个组织中，沟通就是指组织内部以及组织和外部组织间旨在完成组织目标而进行的信息交换。沟通交换了有意义、有价值的各种信息，从而使团队合作、组织协调、企业战略制定等企业组织功能得以实现。没有沟通就没有管理，要有效管理就必须良好、有效地沟通。例如摩托罗拉是一个大型跨国企业，拥有众多的员工、各异的文化，摩托罗拉管理成功的原因之一就是内部及时、有效的沟通与反馈。这种及时的沟通能够使各部门之间充分交流信息，使大家对每天的安排甚至是每小时的安排都做出反应，防止了信息的迟滞，而且在一定程度上还减少了信息的过滤。公司设立"建议箱"和"畅所欲言箱"作为重要的信息沟通渠道，从而避免内部沟通障碍及误解，维护了正常的信息传递。这些沟通渠道的设置在摩托罗拉公司中营造了一种开放、明朗、积极的气氛，使各种意见和信息能够流畅地在部门与部门之间、上级与下级之间甚至员工与员工之间进行充分沟通，既有效率又充满人情味，从而提高了员工士气，促进了生产力，使企业效率得到了很大提高。可见在企业运作过程中，沟通的重要性已上升到企业的战略高度。

沟通有正式的、非正式的组织内部沟通和组织外部沟通等。

（一）内部沟通

1. 各管理级次的沟通

如企业董事会或经理层根据企业的发展战略和对经济形势的初步预测，提出年度利润目标，然后制定经营预算和资本预算。接着，将这些预算指标层层分解，从横向和纵向落实到内部各职能部门。再如各职能部门定期编制内部管理报告，包括利润表、预算与实际差异报告、销售分析报告等等。企业通过组织报告会将有关的资料传递给管理层，作为管理层决策之用。

2. 各责任单位间的沟通

如果采购部与生产部之间缺乏沟通以及默契，可能导致企业没有及时采购原材料，以致未能配合生产需要。如在一般工业企业里，生产部会根据各类产品库存，计算年度每个月的各类产品预计生产量，并进一步计算年度每个月的各类原辅材料预计用量。然后填写申购单由采购部进行采购。采购期间，采购部可提供《原辅料采购周期表》以监察购买原料的进度。另采购部与生产后勤部利用《采购订单跟进表》控制原料订购周期，跟踪各种材料、以确保有关之原料能准时收到。

再如，企业会定期举行产销会议，会议内容包括营业部将提供过去一个时期的销售量，汇报某些促销活动之后的销售变化、将来的销售量以及策略等。当生产部接收了以上信息后便会了解企业未来所要承受的生产能力，以及现时企业的生产力是否足够应付未来的发展。如以上生产力未能满足企业的发展，生产部便会通过以上会议向管理层提出企业所面临的风险，以及解决的方法，是否需要找寻代加工商或是购买新机械。由于以上决策需要大量金额，而有关之人士如财务部亦须提供购买新机械的财务风险，机械是否有闲置的风险等信息。以上的各种问题都可以通过会议加强部门与部门之间的沟通，对企业所面临之风险加以控制。

3. 业务环节间的沟通

企业内部的每一项业务活动都会由不同的人参与，产生各种凭证。凭证的传递过程就是不断产生信息并进行及时沟通的过程。如一项销售业务发生，首先是销售部门开具发票，然后将发票记账联交会计部进行账务处理。会计部门在收到发票后要做核查，比如相关凭证是否齐全，金额是否正确等等。同时，会计部门还会定期与出纳部门对账，与银行对账，进一步确认业务的真实性和完整性。

（二） 外部沟通

1. 与投资者、债权人的沟通

企业一般通过股东大会、定期财务报告等方式，向投资者报告企业的战略规划、经营方针、投融资计划、财务状况、经营成果、现金流量、利润分配方案等信息。当发生重大担保、合并分立、资产重组等重大事件时，采取临时报告的方式及时向投资者传达有关信息。企业通过向债权人提供公司的财务报表和信用评级等信息使债权人了解本企业的财务状况和信用等级，从而做出贷款决策。

2. 与客户的沟通

企业与客户的沟通一方面包括了解客户偏好，通过改善销售政策、售后服务等方式进一步满足消费者的需求；另一方面，由于客户是最终消费者，他们对产品的意见以及对公司形象的评价是十分重要的。当有不利的市场信息以及投诉，特别是产品质量方面，企业的销售量会明显下降。故此，企业也应十分注重消费者投诉管理。如企业可设立 24 小时客户服务热线来接受客户查询、意见及投诉，然后将有关质量的投诉分析每月汇总报告给上级部门，从而做出质量方面的改善。

3. 与供应商的沟通

企业可以通过工序见面会、订货会、业务洽谈会等多种形式与供应商就供货渠道、产品质量、技术技能交易价格、信用政策、结算方式等问题进行沟通，及时发现可能控制不当的问题。

4. 与中介机构、监管部门的沟通

在外部监管环境和监管政策发生变化的情况下，企业应及时向监管机构了解这些新要求和新变化，从而及时完善自身的管理制度。同时，企业应加强同外部审计师、律师的沟通，积极听取中介机构对内部控制设计与运行方面的建议和有关重大业务、法律纠纷的处理办法，从而有效进行内外部风险的控制。

二、沟通障碍与有效沟通

（一）沟通障碍

沟通的不畅和无效，主要表现在信息来源少、沟通内容繁复冗长、创新速度迟缓、失真程度较高等方面，影响和制约有效沟通的主要障碍有以下方面：

1. 个人障碍

组织中的个人要想做好工作完成行政目标，一定要克服各种沟通障碍，学会沟通。

（1）自我认知的偏误。人的认知活动是人对外界信息进行积极加工的过程。每个人的认知程度水平都是有限的。相对的，很多人都带有偏见，这些偏见开始时是组织内某个或某几个人的说法或者是抱怨，久而久之就形成了一种偏见，造成认知的偏误。

（2）已有经验的影响。作为组织内部成员，遇到问题时不能常常说这是我的经验。过去的经验不见得是正确的，也有错误的经验。过去的经验就常常使人们在心理上产生依赖感，而不是根据具体情况，根据事物的发展和变化来进行沟通处理事情，从而造成沟通的障碍。

（3）语言障碍。这一点显而易见，语言是人类最重要的交际工具，当然也是最重要的组织内部沟通工具。语言没有阶级性，一视同仁地为社会各个成员服务，但社会各阶级阶层或社会群体会影响到语言，而造成语言在使用上的不同特点或差异。正是特点的不同，差异的存在，造成语言障碍，从而形成沟通的障碍。

（4）沟通双方地位的差异。地位的差异造成心理的沟通障碍，特别是组织中上下级之间非常明显。根据行政沟通的方向性，分为向下、向上和平行三个方向，一般来说向上沟通在实际中有不少障碍，心理研究表明，下级在向上级汇报工作或主动沟通中，常常带有担心说错，怕承担责任，有焦虑等心理，致使沟通常常不是在宽松流畅的氛围中进行，形成沟通障碍。而在向下沟通的过程中，主动沟通的是上级，虽然会受到欢迎拥护，但毕竟有时会居高临下，造成下属的压迫感和紧张，也会形成沟通障碍。平行的沟通虽然地位的差距不大，但并不会有地位完全相等的两个人，位置职务的重要与否、职称的高低、资历深浅、组织中成员的认可度等，都会多多少少形成地位的优越感、重要感或压迫感、低下感，从而引发心理障碍，造成沟通的不畅。

（5）情绪的影响。日常的沟通工作中，沟通的两端主体是人，每天要面对很多事，对事情肯定持有一定的态度，进而肯定经常产生这样那样的情绪，并伴随着生理变化和外部表现，影响到或影响着正常工作的进行，形成沟通的障碍。

2. 组织障碍

（1）准备的不足。沟通前要做好充分的收集情况的工作。要做到信息的畅通，首要的是信息要充分准确，适当的准备才可保证沟通的有效和成功。

（2）目标模糊。一项沟通活动需要一个核心目标，组织成员会对目标明确的人予以回应。沟通并不是简单的合作关系，而应该是共同的工作受益。缺乏目标或者丧失目标都会使沟通迷失方向，从而也就会失去动力。通过将重心转移到实现目标所需要的行动措施，人们就可以保持这种动力，然后双方就会朝着同一个目标携手共进。

（3）时间带来的压力。在时间的压力下，很容易做出仓促的决定。重大决策有时太过于仓促就下决定了，而芝麻绿豆的事却要搞半天，在沟通中经常会发现这种情况。

（4）信息过载。电脑、互联网、手机等通信普及以来，组织内的信息来源泛滥成灾，很多人上班的第一件事就是打开电脑接收信息邮件，会花掉不少时间，这样太浪费了。因此，有用的无用的很多信息混在一起，让你应接不暇，很容易造成沟通的障碍。如陈述的材料过多，不能让沟通对象易于接受；陈述的信息过于复杂，超出听众的理解能力；没有给对方足够的时间处理信息等。

（5）信息过滤。当一个组织的机构设置不合理，管理层次过多，信息在从上往下过滤的过程中，很容易造成命令不统一。另外，很多人把信息称为权力。每一个负责传递信息的人都会对信息进行重组，以增强自己的权势，当信息到达基层时它已经成为一种控制手段，不再是一组信息数据了。

（二）有效沟通的实现

1. 提高就员工的任务和控制责任进行沟通的有效性

企业通过正式或非正式的培训课程、会议或工作中的监督等来保证沟通生效，使员工知道他们所负责的作业的目标，及其工作对达成这些目标的贡献。同时，使员工了解自己的工作如何影响到他人的工作，以及如何被他人工作所影响。

2. 建立可用来报告不当可疑行为的沟通渠道

例如，建立可绕过直属上司而径直向上报告的沟通渠道。允许匿名沟通，并对报告不当嫌疑行为的员工，保证其不会遭到报复。

3. 提高管理阶层对员工提出的提高生产力和质量及其他类似的改进建议的接受程度

例如，制定实际可行的制度来鼓励员工提出改进建议。对员工提出的好建议，应给予金钱上的奖励或其他有意义的肯定。

4. 加强组织内各部门间沟通的适当性

例如，销售人员应及时把顾客需求告知管理部门、生产部门和营销部门。应收账款负责人员应把拖延付款的顾客信息告知授信部门。对获取的有关竞争对手的新产品或新的担保的信息应及时告知管理部门、营销部门和销售人员。

5. 提高就关于顾客需求的改变的信息，与顾客、供应商和其他外部各界进行沟通的开放性和有效性

企业应积极搜集建议、抱怨和其他由外部进入的信息，并将其传达给相关内部人员。

6. 加强外界对本企业道德标准的知晓程度

与外界进行的重要沟通应由与所沟通的信息的性质及重要程度相当的管理人员负责。例如，资深高级主管定期以书面的形式向外界说明本企业的道德标准。在与外界进行例行交易时，应对这些道德标准加以补充和加强。

7. 提高管理阶层从外界团体处获取信息后，所采取的追查行动的及时性和适当性

当本企业员工对外界报告的有关产品、服务和其他方面的问题采取接受的态度时，要对这些报告进行调查并采取相应的行动。对顾客账单中出现的错误，需要调查错误产生的原因并更正。对投诉事项的处理，由不涉及原始交易的适当员工来处理投诉事项。

第四节　信息技术和信息控制

进入 21 世纪以后，信息化浪潮席卷全球，冲击着人们生活的角角落落。信息同能源、材料并列为当今世界三大资源。现在的大多数企业以及其附属部门都引入了信息技术进行信息处理，其信息系统就同时涵盖了人工要素及电脑要素。

一、信息技术带来的变革

与现代信息技术相结合的企业信息系统具有开放化、实时化、电子化的技术特点，在内部控制系统中展现出新的特点并发挥出新的作用。

（一）信息传递模式发生根本性转变

传统的信息传递具有成本高、重复性大等缺点，并且不能保证实时的信息需求，已不能适应现代企业管理的要求，在信息技术的支持下，组织的信息传递实现了根本性的转变。首先，信息过程和业务过程实现了同步。在业务流转各个环节所需的同类信息只需在业务过程中一次输入，无需像传统手工信息传递系统下进行多次重复输入，有效地降低了数据的不一致性。其次，传统的信息传递流程在信息技术的支持下不复存在，取而代之以信息存储技术。物理性可视的手工信息传递被电子化、程序化的信息传递所取代。最后，反映业务活动各个方面的信息存储于同一平台，信息按使用要求在各个部门实现充分的共享。

（二）企业各个职能子系统实现了有机统一

现代企业是一个复杂的大系统，它的持续运行是通过各种企业内部流实现的；具体包括四个基本职能子系统：一是任务流。企业各级责任中心在经济业务处理过程中完成所担负的职责和工作所形成的企业内部流，它包括经济业务的申请、审核、批准等环节。二是实物流。它属于实体经济的范畴，表现为企业经济活动中各种物资、设备等实物资产的流动。三是资金流。它属于货币经济的范畴，表现为经济活动中货币资金的流动。四是信息流。随着上述三种流产生的大量数据、资料、指标、图纸、报表等信息的流动。这四种企业内部流从不同层面反映了企业经济活动的过程和结果，综合这四种流就能把握企业持续发展的全景。随着信息技术的发展，计算机系统通过信息过程和业务过程的一体化可以有效地将实物、货币和行政指令融为一体，并将之转化为每一名员工和管理人员所需的信息，实现基本职能系统的统一。

（三）优化了资源配置

在这方面，主要是指企业利用信息技术更好地进行原材料采购、生产经营、对外销售等营运活动而与外界相互往来的经济活动。信息技术在这一领域的应用不仅节约了时间及劳动力成本而且大大降低错误和舞弊的发生率。一个最简单的例子就是信息编码制度的应用，对存货、产成品的归类编码之后，将它们输入企业信息系统，无论是订货还是出库，都要有相应的电子记录和单据，甚至在存货达到再订货点时系统会自动通知主管人员，或者是与供应商自动发出订货邮件。

信息技术在当今社会已经成为商业企业竞争的主要驱动力之一，并且信息技术的变革都与盈利与否休戚相关。迈克尔·波特在《竞争优势》一书中指出：技术变革就其本身而言并不重要，但是如果技术变革影响了竞争优势和产业结构，它就举足轻重了。

二、信息控制

电脑的采用对信息收集和处理产生了根本性的改变，使这个过程变得简便，并大量节约了成本。但是，这种便利从另一个角度来说，也加大了企业的风险，信息的安全也比以往任何时候更加重要。例如企业在信息技术平台上运行 ERP（Enterprise Resource Planning）系统、电子商务、供应链管理系统、客户关系管理系统，通过企业之间、企业内部的信息传递实现协同合作、优化资源配置。企业物流和资金流的流量、流速均由计算机精密排程，与联盟企业、市场情况环环相扣，以求最低成本、最快速度、最好质量组织企业经营活动。因此，供应链的任何环节出现突发事件都会波及企业的正常运行，给企业带来损失。此外，由于企业所有数据存放在数据库服务器内，网络开放性、数据共享性必将增加信息系统的风险，如数据可能被非授权人员拷贝、删除、修改、破坏；计算机病毒感染、黑客入侵、使用人员违规操作也会造成计算机系统故障或信息系统崩溃。这就要求对信息的控制更不能放松，而是应该把信息控制提到一个新的高度来对待。

信息控制是指与程序设计、运行维护、数据处理过程、硬件设备等相关的可靠性控制制度。信息控制包括一般控制与应用控制。一般控制帮助管理阶层确保系统能持续、适当地运转，具体含有应用系统开发、建立和维护控制、系统软件与操作控制、数据和程序控制、存取安全控制、网络安全控制等。应用控制是对会计信息系统中具体的数据处理活动所进行的控制，包括应用软件中的电算化步骤及相关的人工程序，划分为输入控制、计算机处理与数据文件控制和输出控制。同时使用这两种控制，可以保证系统中财务及各种信息的完整、精确和有效。具体来说，企业应从以下几个方面来加强信息控制：

（一）组织体系的设置

一般而言，内部控制的建设体现在两个方面：一是健全的结构，这是信息控制机制产生作用的硬件要素；二是各个内部机构间、各经办人员间的科学分工与牵制，这是信息控制机制产生作用的软件要素。网络技术突破了信息传递和信息处理的瓶颈，管理的幅度增长、层次减少，高耸性的组织结构逐渐趋于扁平。对信息的控制也是如此，想提高企业的信息技术能力，对管理、控制信息的人员及岗位的安排都要重新设计，以满足信息控制的要求。

（二）职责分离控制

在信息技术高速发展的今天，信息的传播、处理和反馈的速度都大大加快了，由此导致企业会常常同时改变业务和信息过程，许多传统上由人来做的工作可以由计算机来代替，自动控制处理代替了分离的人的角色，从而消除了一个人执行两项不相容的工作的风险。然而，计算机环境下也要有职责分离，例如，一旦某种软件被安装并用于执行某项功能以后，它的编码、运行和维护职责就必须相分离。应当说，职责分离仍然是形成信息控制的重要程序。

但在信息技术背景下，这个程序的适用方式发生了变化。所以，信息技术环境下的企业需要分离新的职责，取消旧的职责，以反映用来设计和运行系统的手段的更新。

企业应当建立计算机信息系统岗位责任制。计算机信息系统岗位一般包括：

（1）系统分析：分析用户的信息需求，并据此制定设计或修改程序的方案。

（2）编程：编写计算机程序来执行系统分析岗位的设计或修改方案。

（3）测试：设计测试方案，对计算机程序是否满足设计或修改方案进行测试，并通过反馈给编程岗位以修改程序并最终满足方案。

（4）程序管理：负责保障并监控应用程序正常运行。

（5）数据库管理：对信息系统中的数据进行存储、处理、管理，维护组织数据资源。

（6）数据控制：负责维护计算机路径代码的注册，确保原始数据经过正确授权，监控信息系统工作流程，协调输入和输出，将输入的错误数据反馈到输入部门并跟踪监控其纠正过程，将输出信息分发给经过授权的用户。

（7）终端操作：终端用户负责记录交易内容，授权处理数据，并利用系统输出的结果。

系统开发和变更过程中不相容岗位（或职责）一般应包括：开发（或变更）立项、审批、编程、测试。系统访问过程中不相容岗位（或职责）一般应包括：申请、审批、操作、监控。

企业可以指定专门部门（或岗位，下称归口管理部门）对计算机信息系统实施归口管理，负责信息系统开发、变更、运行、维护等工作。

财会部门负责信息系统中各项业务账务处理的准确性和及时性；会计电算化制度的制定；财务系统操作规定等。

生产、销售、仓储及其他部门（下称用户部门）应当根据本部门在信息系统中的职能定位，参与信息系统建设，按照归口管理部门制定的管理标准、规范、规章来操作和运用信息系统。企业管理层应该明确定义系统归口管理部门和用户部门（含财会部门）在保证系统正常安全运行过程中各自承担的职责，制定部门之间的职责分工表。

（三）信息系统开发、变更与维护控制

计算机信息系统开发包括自行设计、外购调试和外包合作开发。企业在开发信息系统时，应当充分考虑业务和信息的集成性，优化流程，并将相应的处理规则（交易权限）嵌入到系统程序中，以预防、检查、纠正错误和舞弊行为，确保企业业务活动的真实性、合法性和效益性。

由于信息系统开发是一项投资大、风险高的工程，企业计算机信息系统开发应当遵循以下原则：

（1）因地制宜原则：企业应当根据行业特点、企业规模、管理理念、组织结构、核算方法等因素设计适合本单位的计算机信息系统。

（2）成本效益原则：计算机信息系统的建设应当能起到降低成本、纠正偏

差的作用，根据成本效益原则，企业可以选择对重要领域中关键因素进行信息系统改造。

（3）理念与技术并重原则：计算机信息系统建设应当将信息系统技术与信息系统管理理念整合，企业应当倡导全体员工积极参与信息系统建设，正确理解和使用信息系统，提高信息系统运作效率。

信息系统开发必须经过正式授权。具体程序包括：用户部门提出需求；归口管理部门审核；企业负责人授权批准；系统分析人员设计方案；程序员编写代码；测试员进行测试；系统最终上线；系统维护等。

企业应当成立项目管理小组，负责信息系统的开发，对项目整个过程实施监控。对于外包合作开发的项目，企业应当加强对外包第三方的监控。外购调试或外包合作开发等需要进行招投标的信息系统开发项目，企业应当保证招投标过程公平、公正、公开。

企业应当制定详细的信息系统上线计划。对涉及新旧系统切换的情形，企业应当在上线计划中明确应急预案，保证新系统一旦失效，能够顺利切换回旧的系统状态。新旧系统切换时，如涉及数据迁移，企业应当制定详细的数据迁移计划。用户部门应当积极参与数据迁移过程，对数据迁移结果进行测试，并在测试报告上确认。

信息系统在投入使用前应当至少完成整体测试和用户验收测试，以确保系统的正常运转。信息系统原设计功能未能正常实现时，企业应当指定相关人员负责详细记录，并及时报告归口管理部门。归口管理部门负责系统程序修正和软件参数调整，以实现设计功能。

企业应当积极倡导采用预防性措施，确保计算机信息系统的持续运行。常见预防性措施包括但不限于日常检测、设立容错冗余、编制应急预案等。

（四）信息系统访问安全控制

信息系统访问安全措施不当，可能导致商业秘密泄露。为此，企业应当制定信息系统工作程序、信息管理制度以及各模块子系统的具体操作规范。

计算机信息系统操作人员不得擅自进行系统软件的删除、修改等操作，不得擅自升级、改变系统软件版本，不得擅自改变软件系统环境配置。

企业应当对信息系统操作人员的账号、密码和使用权限进行严格规范，建立相应的操作管理制度。未经操作培训的人员不得作为操作人员。

企业应当建立账号审批制度，加强对重要业务系统的访问权限管理。对于发生岗位变化或离岗的用户，企业应当及时调整其在系统中的访问权限。企业应当定期对系统中的账号进行审阅，避免有授权不当或非授权账号存在。对于超级用户等特权用户，企业应该严格限制其使用，并对其在系统中的操作全程进行监控。使用完毕后，应当由不相容岗位对其操作日志进行审阅。

企业应当充分利用操作系统、数据库、应用系统自身提供的安全性能，在系统中设置安全参数，以加强系统访问安全。禁止未经授权人员擅自调整、删除或修改系统中设置的各项参数。涉及上网操作的，企业应当加强防火墙、路由器等网络安全方面的管理。

企业可以结合实际情况，本着审慎、稳健的原则，将信息系统访问安全事项交由第三方管理。在此情形下，企业应当加强对第三方的监控。

企业应当定期检测信息系统运行情况，及时进行计算机病毒的预防、检查工作，禁止用户安装非法防病毒软件和私自卸载企业要求安装的防病毒软件。

信息系统操作人员应当在权限范围内进行操作，不得利用他人的口令和密码进入软件系统。更换操作人员或密码泄露后，必须及时更改密码。操作人员如果离开工作现场，必须在离开前锁定或退出已经运行的程序，防止其他人员利用自身账号操作。

企业应当利用计算机信息系统建立信息化平台，规范信息的使用和传递，促进业务流程与信息流程的统一，提高经营管理的效率和效果。

企业应当对所有的重要信息进行密级划分，包括书面形式和电子媒介形式保存的信息。根据信息的重要性程度和泄密风险损失等划分标准，企业可以将信息分为绝密类、机密类、秘密类和重要类等，并建立不同类别信息的授权使用制度。

企业计算机信息系统应当划分为生产、销售、存储等子系统，及时反映和记录交易。交易责任部门在其授权范围内对子系统录入信息的真实性、完整性、准确性和及时性负责，并定期检查、核对所录信息。

企业财会部门应当认真审核采购、生产、销售、仓库等部门与财务相关的关键业务数据，保证会计信息与业务流程在时间、数量和价值上的统一。

企业应当建立信息数据变更处理（包括数据导入、数据提取、数据修改等）规范。一经发现已输入数据信息有误，必须按照信息系统操作规定加以修正。

企业应当建立数据信息定期备份制度和数据批处理或实时处理的处理前自动备份制度。并在备份完毕后，将备份介质异地保存。

企业应当编制完整、具体的灾难恢复计划。同时应当定期检测、及时修正该计划。

（五）强化对会计信息的管理

随着计算机、网络等信息技术在会计工作中的普遍应用，管理部门对由计算机产生的各种数据、报表等会计信息的依赖越来越大，这些会计信息的产生只有在严格的控制下，才能保证其可靠性和准确性。同时也只有在严格的控制下，才能预防和减少计算机犯罪的可能性。与此同时，一些传统的核对、计算、存储等内部会计控制方式都被计算机这个新型内部控制方式轻而易举地替代。但任何先进手段都是被人所指挥、所掌握，一些传统的企业内部会计控制制度如职务分离控制、业务程序控制等仍有自身生存和发展的土壤，仍将有效地发挥自己的积极作用。在采用新型内部控制手段时，要结合坚持传统有效的内部控制方式。否则，已经出现多起的利用高新技术和电脑舞弊犯罪之类的活动还会继续在我们身边发生。

信息技术为达到记录、维护和产生精确、完整和及时的信息这一目标带来了机遇。但是，当企业在系统的开发与应用时，应更加强调：在业务活动发生时，在有关数据进入企业数据库之前，检查这些数据的精确性、完整性和合法性。如果不恰当的数据出现在记录和维护过程中，将会对公司造成某种程度的伤害。如果不精确、不完整、不合法的数据被记录和维护，结果会影响以后的所有处理，包括错误的报告和信息利用的质量。为此，企业应当在以下两方面加强控制：

1. 加强会计信息化工作，并对其工作流程进行有效控制

企业应当建立会计信息化操作管理制度，明确会计信息系统的合法有权使用人员及其操作权限和操作程序，形成分工牵制的控制形式。企业出纳人员不得兼任电算化系统管理员，不得兼任记账凭证的审核工作。

企业应当建立会计信息系统硬件、软件和数据管理制度，重点关注下列风险和控制点：

（1）对正在使用的会计核算软件进行修改、对通用会计软件进行升级和对计算机硬件设备进行更换时，企业应有规范的审批流程，并采取替代性措施确保会计数据的连续性。

（2）企业应当健全计算机硬件和软件出现故障时进行排除的管理措施，保证会计数据的完整性。

（3）确保会计数据安全保密，防止对数据的非法修改和删除。

2. 建立信息化会计档案管理制度

信息化会计档案是指存储在磁性介质或光盘介质的会计数据和计算机打印

出来的书面等形式的会计数据，包括记账凭证、会计账簿、会计报表（包括报表格式和计算公式）等数据。

企业应当指定专人负责信息化会计档案的管理，做好防消磁、防火、防潮和防尘等工作。对于存储介质保存的会计档案，应当定期检查，防止由于介质损坏而使会计档案丢失。

（六）内部监控控制

一个有效的内部控制制度需要预防性的、检查性的和纠正性的控制。企业一旦检查出了错误和舞弊，应该纠正其影响，同时制定预防性控制措施以确保错误和舞弊不再发生。如果能事先预防错误和舞弊而不是事后检查和纠正，这样的控制制度将给企业带来更大的价值。传统的内部控制制度通常是根据已输出的会计信息在年末检查财务错误舞弊，大部分的内部控制的预防功能被限制了，这也同时影响了企业的所有者和经营者对内部控制制度的理解和重视程度。在信息技术环境下，广泛地使用信息技术为支持决策和改善业务与信息过程提供了战略机会，也提供了预防、检查和纠正错误或舞弊的机会。

今天的技术水平已能在计算机中加入芯片，随时监控员工的工作和运行程序，在员工犯错或程序出现问题时及时提示应该做什么，或与技术支持相联系，向他们报告问题。因此，企业的内部信息控制机构在建立内部信息控制制度时，应充分考虑技术的能力，打破传统上独立的、反映的和检查性的模式，而具备"实时"的控制思想：即利用信息技术将控制嵌入到会计信息系统、运营信息系统中等等，在更广泛的信息技术环境中来看待企业信息控制，针对关键控制点制定相应的控制手段，强调预防、业务操作和对规章制度的遵守情况，从传统管理的发现问题事后补救的做法，发展为做到事前预防和事中控制。

（七）强调信息控制框架中的"软控制"

内部控制由人来进行并受人的因素影响，保证组织内所有成员具有一定水准的诚信、道德观和能力的人力资源方针与实践是信息控制有效的关键因素之一。实践表明，基于环境现状构建信息控制机制是一种被动性的做法，故此，企业应越来越重视将道德规范、行为准则、能力素质的建设直接纳入信息控制结构的内容，更加强调"软控制"的作用。在信息技术环境下，企业尤其应该注重培养组织中人员的信息观念，理解企业信息化建设和管理改革、内部控制创新之间的关系，加强对信息安全、信息控制的认识，并重视和实现改革。信息时代同样是知识经济的时代，企业发展将主要依靠科技、知识与人才。"人本主义"作为构建内部控制机制的信条已经被越来越多的企业接受，企业管理者应当重视对人员的选择、使用和培养，这不再单纯只是信息控制的环境因素，它也日益成为信息控制过程中的有机组成部分。

新的技术带来了大部分人还没有意识到的新的风险，信息控制的方式和方法必须经常评估和更新。没有哪一套规则在环境发生变化时还能很好地适应，但是，当新的业务和信息流程提出后，控制目标应当保持不变，即充分利用信息系统规范交易行为，提高信息系统的可靠性、稳定性、安全性及数据的完整性和准确性，降低人为因素导致内部控制失效的可能性，形成良好的信息传递渠道。

第五节　反舞弊机制、举报投诉制度和举报人保护制度

一、反舞弊机制

企业舞弊问题自 20 世纪 70 年代以来受到广泛关注，进入 90 年代则是大有猖獗之势。尤其是企业财务报告的舞弊从诸多已被发现的舞弊案例可以看出企业舞弊所带来的社会发展代价及损失是巨大的。这不仅涉及到广大投资者的利益，还冲击了社会的道德机制。

（一）舞弊的概念和分类

美国注册会计师协会对舞弊所下的定义是指故意编造虚假的财务报告，如管理人员蓄意虚报，诈骗、盗用资产，挪用公款等。我国《内部审计具体准则第 6 号》认为："舞弊是指组织内外人员采取欺骗违法等违规手段，损害或谋取组织经济利益，同时可能为个人带来不正当利益的行为。"对舞弊的定义还有国际内部审计师协会的《内部审计实务标准》、美国注册会计师联合会《审计准则公告第 16 号》以及美国《国家会计准则第 82 号通告》中的表述等。综合以上提法，可以看出舞弊是一系列违反法律、法规的行为，且这些行为是以有意欺骗为特征的。企业内部控制制度任何一方的缺失客观上都易造成舞弊的

发生。如业务控制的漏洞，使购销人员收受回扣成为可能；资金管理控制上的漏洞，使非法提取、盗窃现金成为可能；会计系统控制上的漏洞，使篡改凭证、涂改账簿成为可能；环境控制上的漏洞，使管理人员逾越权限成为可能；信息系统控制上的漏洞，使企业风险发生的可能性增加，抵抗风险的能力减弱。

舞弊主要是利用不恰当手段谋取利益，根据其出发点可分为谋取组织利益的舞弊行为和谋取个人利益的舞弊两种。

1. 谋取组织利益的舞弊是指采取不正当不诚实手段欺骗外部投资者、债权人、监管机构等，为组织谋取利益，同时，间接获取个人利益

例如：

（1）出售或分配子虚乌有的或错报的资产；

（2）提供非法政治捐款、贿赂、提供回扣等行为；

（3）故意错报或错误评估业务交易、资产、负债或收入；

（4）进行不当的关联交易和在关联交易中非法定价；

（5）故意不记载或遗漏重要信息，而这些信息有助于外部更好评价企业财务状况等；

（6）开展法律法规禁止的非法交易；

（7）偷税漏税。

2. 谋取个人利益的舞弊是指直接或间接为组织内部员工和外部人员或其他机构谋取个人利益

例如：

（1）收受贿赂和回扣；

（2）将正常情况下可以使组织获利的交易转移给他人；

（3）使组织为虚假的交易事项支付款项；

（4）贪污、挪用、盗窃组织财产；

（5）故意隐瞒、错报交易事项；

（6）泄露组织的商业秘密。

（二）反舞弊机制的建立

出于企业舞弊危害的日益严重，人们认识到，仅将这种社会现象作为一般活动来处理，还远不能消除其所带来的消极影响，因此，以企业舞弊活动为对象，建立科学的反舞弊机制已成为世界各国企业管理研究人员的共识。反舞弊机制，是指企业在舞弊尚未形成或发生前所采取的一系列防止或杜绝的综合措施以及企业所采取的捕捉并查明企业日常业务过程中已发生的舞弊的综合措施。

企业应坚持惩防并举、重在预防的原则明确反舞弊工作的重点领域、关键环节和有关机构在反舞弊工作中的职责权限。

1. 反舞弊工作的重点领域

企业至少应当将下列情形作为反舞弊工作的重点：

（1）未经授权或者采取其他不法方式侵占、挪用企业资产，牟取不当利益。

（2）在财务会计报告和信息披露等方面存在的虚假记载、误导性陈述或者重大遗漏等。

（3）董事、监事、经理及其他高级管理人员滥用职权。

（4）相关机构或人员串通舞弊。

2. 反舞弊工作的责任归属

公司管理层应对舞弊行为的发生承担责任。公司管理层负责建立、健全并有效实施包括舞弊风险评估和预防舞弊在内的反舞弊程序和控制并进行自我评估；审计委员会负责公司反舞弊行为的指导工作；审计部具体组织及执行跨部门的、公司范围内的反舞弊工作，包括协助管理层各部门进行年度舞弊风险评估工作；协助管理层各部门进行年度反舞弊工作的自我评估；进行公司反舞弊工作的独立评估；协助开展公司反舞弊宣传活动；受理舞弊举报并进行举报登记、组织舞弊案件的调查、出具处理意见及向管理层和审计委员会、董事会报告等事项。各业务部门承担本部门的反舞弊工作。

3. 舞弊案件的举报、调查、报告程序

企业应建立职业道德问题及舞弊案件的举报电话热线、电子邮件信箱等，并将举报热线号码、电子邮箱地址加以公布，作为各级员工及与公司直接或间接发生经济关系的社会各方反映、举报公司及其人员违反职业道德问题的情况，或检举、揭发实际或疑似舞弊案件的渠道。企业应将这一工作流程化，建立书面程序及制度，规定如何接受、保留、处理指控以及员工实名或匿名、外部第三方实名或匿名举报，并留下书面记录供高级管理层、审计委员会和董事会检查。

审计部对涉及一般员工的可疑的、被控但未经证实的举报，将视其轻重缓急，会同公司法律、人力资源等部门人员共同进行评估并做出是否调查的决定。若举报牵涉到公司高层管理人员，可以由公司董事会、审计委员会批准后，由审计部人员和相关部门管理人员共同组成特别调查小组进行联合调查。

在进行有关调查时，视需要还可使用外部专家参与调查；对受影响的业务单位的内部控制要进行评估并提出改进建议。对于实名举报，无论是否会立项调查，审计部都需要向举报人反馈调查结果。

对举报和调查处理后的舞弊案件报告材料，审计部应按归档工作的规定，及时立卷归档。对有关舞弊案件的调查结果及反舞弊常设工作机构的工作报告要依据报告性质按季度向公司执委会和董事会、审计委员会分别报告。

4. 舞弊的补救措施和处罚

公司发生舞弊案件后，在补救措施中应有评估和改进内部控制的书面报告，对违规者采取适当的措施，并将结果向内部及必要的外部第三方通报。

所有犯有舞弊行为的员工，无论是否达到刑事犯罪的程度，审计部均应建议公司管理层按有关规定予以相应的内部经济和行政纪律处罚；行为触犯刑律的，移送司法机关依法处理。

企业应采用多种方法寻找和捕捉舞弊所隐藏的异常信息。同时，根据成本与效益原则，必须考虑发现舞弊的代价或成本应小于由此所带来的利益或效益，否则，就需要调整舞弊问题的发现方式或策略。

二、举报投诉制度和举报人保护制度

（一）举报投诉制度

举报制度是指企业内部建立的、旨在鼓励员工对企业内部涉及会计、审计、内部控制等方面违法行为或不正当行为进行举报，并由专门机构对举报投诉内容进行调整处理的一系列政策、程序和方法，一般是审计委员会主管此项工作。

根据 2004 年美国职务欺诈与滥用职权报告，利用群众舆论建立举报机制是发现问题的最有效渠道之一。美国的"萨班斯—奥克斯利法案"第 301 条"上市公司审计委员会"中也提到"审计委员会必须制定相应程序以接收、保留并处理发行人会计、内部控制及审计相关问题的投诉；以及处理发行人的雇员对可疑的会计与审计问题提交的匿名举报"。我国《企业内部控制基本规范》第四十三条规定，企业应设置举报专线，明确举报投诉处理程序、办理时限和办结要求，确保举报、投诉成为企业有效掌握信息的重要途径。

举报投诉工作的主要职责是鼓励、宣传员工参与举报投诉；受理、管理、审查举报投诉的案件材料；开展奖励、保护举报人的工作。举报投诉处理程序

如下:

1. 举报投诉的形式

举报投诉的形式多样,可以采用电话、书信、电子邮件、网络或举报人认为的其他形式。企业还应推出隐名代码投诉举报制度,从充分保护投诉人的权益出发,鼓励举报人的积极性,拓宽并畅通监督渠道。

2. 举报投诉的接待和受理

审计委员会应设立举报登记制度,设置专人负责受理举报工作。接到来电或来访时,要热情接待并认真倾听、询问,做好记录。记录要向举报人宣读或交举报人阅读,保证无误。

负责受理举报的工作人员在接到举报材料后,要及时拆阅、登记,不得丢失、泄密或搁置拖延。对有明确来源的举报材料应在一定期限内向举报人答复是否正式受理。

对以举报为名无理取闹的人,要坚持原则,进行批评教育,并向上级主管报告。

3. 调查处理

审计委员会接到举报投诉后,要由两名以上人员对举报投诉的举报人进行调查核实。事情比较复杂时,要进行充分讨论,制定出调查方案,如有必要,应对有关情况和人员进行暗访。

审计委员会要重点处理性质严重、可信度高、涉及中高层管理者的问题投诉。其他的可委托给管理层调查,但调查结论必须提交审计委员会确认。

审计委员会经充分调查后公布对被举报人的处理结果,宣传报道和奖励举报有功人员,但对投诉人、举报人的姓名、身份、住址及工作单位等情况予以保密。除本人同意外,不得公开举报人的基本情况。

处理举报投诉案件的人员在查处违法、违规案件工作中,如果有徇私舞弊、以权谋私、以权代法、违法乱纪、乱扣乱罚、贪污挪用公款、粗暴训斥、要弄权威以及其他违法、违规行为,企业要严格处罚。

调查处理的期限,企业自行设定,并严格执行,如没有明确规定举报投诉案件的调查处理期限,会导致许多举报投诉信发出后石沉大海,使举报投诉制度失去效力。

审计委员会应至少每年一次向公司董事会报告收到的举报、处理结果和重要举报进展情况。

4. 归档和结果

企业要严格管理举报投诉材料。逐件登记举报投诉人和被举报投诉人的基本情况、举报的主要内容和办理情况。定期统计举报材料，对署名书面举报，经审查认为内容不清的，可约举报人面谈或对举报材料进行补充。

举报的受理、登记、转办、保管等各环节应当严格保密，严防泄密或者遗失。不能私自摘抄、复印、扣留、销毁举报材料。

5. 其他事项的说明

员工应本着诚信原则，进行善意举报，不应做出虚假指控。如果员工故意进行虚假举报，应相应给予纪律处分甚至终止雇用。

（二）举报人保护制度

企业内部员工或外部相关利益者对企业所发生的职务欺诈行为进行举报是属于群众监督的一部分。但由于我国法律缺陷，对举报人无法实现真正意义上的保护，对报复陷害罪的规定也存在巨大漏洞，致使很多企业虽然成立了内部举报机制，却形同虚设。只有把举报这种监督形式纳入到法律的轨道，建立举报人保密制度，使任何人不得以任何名义打击报复举报人，调查部门必须有权独立执法，不受任何权势的左右，才能使被举报的事件能够得到有效追查，也才能发挥员工的主人翁精神，提高举报热情。

企业应制定严密的保护措施，包括事前、事中和事后保护。举报人有权利用匿名方式举报，受理举报工作的人员必须严格遵守以下保密纪律：

（1）妥善保管和使用举报材料，不得私自摘抄、复制、扣压、销毁；

（2）严禁泄露举报人的姓名、部门、住址等情况；严禁将举报情况透露给被举报人或有可能对举报人产生不利后果的其他部门和员工；

（3）调查核实情况时，不得出示举报材料原件或复印件，不得暴露举报人的身份；

（4）对匿名的举报书信材料及电话录音，不得鉴定笔迹和声音。

收到举报时保护程序开始启动。如果举报人因举报而受到或者已经受到重大暴力伤害或威胁，可以设立专门保护小组对举报人实行人身保护，紧急情况下可以 24 小时保护。负有保护义务的部门由于失职或推诿而造成举报人伤亡的应承担相应的责任。

企业也应保护举报人的劳动权和名誉权等权利。因举报企业违规行为而受到降职、停聘、解雇、威胁、骚扰或以其他方式歧视的，员工有权向上级主管部门报告，并有权要求恢复职务等级、补偿欠薪和利息，以及由于歧视产生的精神损害。

举报人因举报而遭到侮辱、诽谤，情节比较严重的，可以考虑作为公诉案件，由有关国家机关侦查、起诉。对于损害举报人名誉，造成再就业困难，甚至无法在社会立足的打击报复者进行刑事处罚，根据损害程度处以形式罚款、短期徒刑或长期徒刑。

第六节 案例分析

贵联集团 ERP 项目实施的沟通管理分析

（一）深圳贵联集团公司简介

贵联控股国际有限公司于 1990 年在中国香港注册成立以来，先后在湖南常德、安徽蚌埠、湖北襄樊、云南昭通、广东深圳及东莞进行投资，主营业务是为高档消费品相关领域客户提供设计、研发、生产、销售及包装印刷等全方位的服务。贵联集团目前已成为中国规模最大、技术实力最雄厚、包装综合实力最强、最具影响力的包装印刷企业之一。公司所属厂房的建筑面积达 70 万平方米，拥有世界最先进的生产设备和高素质的管理团队。

（二）ERP 项目的基本情况介绍

1. ERP 项目目标

经过多年的快速发展，贵联集团不断壮大并遇到新的挑战和瓶颈，集团的领导考虑采取信息化来提升企业的管理水平。虽然贵联的信息化有形象工程的倾向，但他们对项目的需求和目标却是非常明确的。

由于贵联集团主营包装印刷，在生产流程里面耗费最大的是原材料，而纸张又占了原材料成本的近九成。因此管理者对系统的要求是能够更好地管理原材料库存，特别是对纸张进行货龄分析，了解每一桶纸什么时候进入仓库，价格多少等等。

另一个目标就是在财务上归集成本。贵联集团的业务是按每个订单计算的，而每单的某些费用如直接人工却是共用的，不易分离，因此原来的成本计算非常粗略。

2. ERP 系统选型

贵联集团在香港、深圳、湖南、安徽及湖北、云南等地都设有子公司，各子公司既存在一定的业务相似性和竞争关系，相互之间又有业务往来，如各子公司生产所用原材料——纸张，都是统一由香港总部从国内外采购。子公司及其集团总部在空间距离上相隔遥远，总部对下属公司的控制非常不力，特别是在财务上和物流上的问题突出。

由于成本关系，国外的 ERP 系统如 SAP、ORACLE 等都比较昂贵，因此贵联将软件选型的主要目标锁定在国内厂商。而在国内 ERP 软件里面，LC 在集团 ERP 方面又首屈一指。通过各方面的权衡和综合考虑，贵联集团最终选择了 LC 的 G 系列，主要模块包括集团财务和物流。

LC 集团是中国领先的计算机平台与 IT 应用解决方案供应商，同时，也是中国最大的服务器制造商和服务器解决方案提供商。LC 集团业务涵盖以服务器、商用电脑、税控机、金融自助终端为主的计算平台产品和大型行业应用软件，如 ERP、集团财务、协同办公系统等软件平台产品与行业应用解决方案。

LC 集团应用软件包括政府与公共事业信息化软件、企业信息化软件、软件外包业务。目前涉及的行业与产品为烟草、通信、税务、质监行业应用软件电子政务、ERP、集团管理、协同办公等。LC 是中国三大 ERP 与集团财务管理软件提供商，集团财务管理和分行业现已成为业内标准，包括 P 系列和 G 系列两类，用户包括中石油、中石化等中国大型制造业企业中的大多数。

3. ERP 项目人员组成

在实施方贵联集团由集团公司总部的副总裁兼财务总监任项目指导委员会主席，总体上负责整个项目具体工作的执行与配合咨询顾问的，则由总部信息总监完成。另外项目成员还包括各分公司的 IT 人员、关键用户等等。根据合同规定，LC 公司将在项目前期派出包括经验丰富的项目经理在内的 3～4 人团队主导调研工作，后期则根据实施和二次开发的需要及程度酌情增派人手。

（三）ERP 项目实施过程及存在的沟通问题

1. 实施前阶段

实施前阶段的问题主要由软件咨询商与实施企业之间的信息不对称和利益冲突及协调关系导致的。

（1）利益冲突导致选型中的信息隐瞒。贵联集团在 ERP 的实施上有着比较明确的目标，即总体上寻求更先进、科学的管理方式，加强企业的控制，为集团上市做准备。具体到每个细节则是在物流上做到原材料，特别是纸张的货龄分析，管理好企业的库存，在财务上做到成本归集到每个订单，计算出每单包含哪些投入、费用，各种费用是多少，等等。

在软件系统的选择和谈判中，软件商为了拿下项目往往给出空的承诺，对企业提出的每个需求都表示能够满足。

LC 的 G 系列确实能够达到贵联集团的这些要求，然而对生产成本和费用按订单进行归集涉及到整个生产过程，即应该从 ERP 的生产模块中取数，但在谈判中软件商并未言明，而贵联集团则只选择了财务与物流两个模块。在真正的实施中方知，这样并不能达到原来的要求。

（2）利益冲突导致人员投入缩水。根据项目合同规定，LC 不但要提供软件系统，而且还应包括全套的实施咨询服务，即整个项目的进行都是由 LC 方的专家主导，贵联集团只以一个协助的身份参与，也没有再聘请另外第三方的咨询人员。所以实施企业贵联集团对 LC 派来的项目人员要求比较高，口头上指明必须由 3～4 名经验非常丰富的实施人员组成。

软件方 LC 由于近几年来发展比较迅速，业务量大、项目很多，单在华南区就有好几个项目同时进行，而公司又没能够及时招聘新员工，导致实施人员人手匮乏。出于对成本的考虑，多派经验丰富的专家将加大项目的成本从而降低利润率，所以最终 LC 的项目咨询人员只有 2 名有过项目经验的实施专家，另外 2 名则是刚从学校毕业、从未参与实施任何 ERP 项目甚至对 LC 的 ERP 软件本身还不够了解的毕业生。

（3）缺乏准备导致首次沟通失败。ERP 的实施需要高层管理者的支持这已经是一个被所有理论与实践证明的老生常谈的话题。如果要高层管理者支持 ERP 项目及其项目实施小组，就需要取得他们的信任，而且越早越好，而与高层管理者首次见面沟通就是最好的机会。

LC 公司的实施成员进驻贵联集团深圳分公司（总部也位于深圳）经过短暂的休整后，就跟 ERP 指导委员会进行了一次正式的会议。由于 LC 咨询人员经验尚浅，加之时间较紧，之前并未准备。因此会议上，委员会要求项目组提出一份正式的实施计划，即什么时候做什么事，需要实施企业怎样配合时，项目负责人躲躲闪闪并未给出满意的答复。项目组错过了这个通过实施计划与高层管理者进行情感沟通、取得其信任的最佳机会，而且还产生了反面效果。

2. ERP 实施阶段

经过 LC 咨询人员与贵联集团实施指导委员会和项目组成员商谈之后，决定项目的集团财务物流系统从离总部较近的深圳诗天纸艺和科彩开始，先实施财务模块，然后物流模块。由于其他子公司与诗天、科彩的业务相似，在这两个公司实施完之后，就可以总结成功经验，使得实施文档、方法迅速向其他的公司推广。

LC 公司的实施咨询人员到达深圳子公司诗天、科彩，即汇合贵联集团项目组人员展开前期的业务调研和文档整理工作。ERP 实施阶段是整个项目工作量最大、最紧张和关键的阶段，也是急需项目组充分重视沟通作用，积极协调好各类关系和工作的阶段。然而贵联项目中的实施人员很多时候只是当作一个技术项目来处理，致使实施过程中出现了沟通障碍和不畅。

（1）角色越位导致项目组疲于奔命。由于在项目组和实施企业的 ERP 指导委员会第一次正式会议上，以 LC 咨询人员为主体的实施小组没能够制定可行的计划纲要，也没很好地口头描述如何实施这一过程。因此代表企业高层管理者的指导委员会对项目组并不十分满意，也就没有给予完全的信任和支持。

贵联集团管理者对项目组不信任和疑虑导致他们对实施工作事事干预、插手，完全逾越了应有的监督、协调和总体指导的角色，变成了一个幕后的实施人员。企业管理者角色的转变，导致 LC 公司的咨询人员不能以专家的身份，按照自己的计划和公司总结出来的方法论推动项目进行，而是被动地完成企业给的"作业"而已。

贵联公司指导委员会每几天与项目组进行一次会议，名义上了解项目进展情况和实施小组的需要，实际上则是听取工作汇报并布置下面的任务。而委员会的主席是由贵联公司挖过来的并且曾经实施过 SAP 系统的专家，地位和声望的差异导致实施小组不能够与之进行正常的沟通协商，而是一味地迷信与服从。

（2）没有知识沟通计划导致调研效率低下。LC 公司驻贵联集团的 ERP 项目小组的前期工作主要是业务调研，了解各个子公司的实际流程，提取和整理基础数据。然而项目小组没有对项目沟通产生足够的重视，加之疲于应付企业高层管理者的要求，因此没有一个完整的沟通管理计划。

贵联集团的财务和物流涉及广泛，子公司的原材料都由总部采购，然后运送至生产地，而各具特色的子公司财务管理与总部集中控制的要求又存在矛盾，因此项目小组的沟通调研工作非常繁重和复杂。缺乏统一明确的计划，导致了调研工作效率低下、障碍重重。由于项目小组无计划可依，每次都是临时决定具体工作任务再通知部门管理者工作需求，然后贵联的管理者根据要求安排合适的人员和场所，这样一来极大地浪费了时间和精力。

此外，由于所有调研对象没有进行统一的 ERP 知识培训，在沟通过程中就有许多疑虑和问题，项目小组在每一次调研时都需要花费大量的时间来解释相同的问题，无疑又进一步加大了工作量。

（3）项目组权限小及利益问题导致部门不配合。贵联集团通过定义 ERP 的需求和从成本考虑，只选择了 LC 公司的集团财务和物流两个模块。整个集团内部都期望能够通过 ERP 系统使财务部的人员从每个月末复杂繁琐的计算、统计工作中解脱出来，通过物流系统简化集团的采购、报关、运输和库存等手续和降低成本。然而对于生产、营销、人力资源部门来说似乎并不能带来任何益处，所以整个项目调研过程都只有财务等相关部门保持了高的热情，而其他部门则很少主动参与和配合。

虽然项目只有财务和物流两个模块，但涉及到的业务流程却不只局限在这两块，特别是物流跟整个生产过程是密不可分的，而财务模块的实施也或多或少地要进行其他部门的调研。因此贵联 ERP 项目的实施也需要整个集团公司的配合，但以 LC 公司咨询人员为主导的 ERP 项目小组并没有实质的职权，而且更加不利的是也没有能够获得高层管理者的全力支持和充分授权，所以针对部门之间的对立和矛盾，以及对项目的不配合态度显得无能为力。

（4）项目组内部情感沟通失败，缺乏凝聚力。对贵联项目的 ERP 实施小组来说，从一开始就处于高度的压力之下，由于第一次会议的拙劣表现以及后来的整个项目调研都处于被动的应付企业高层管理者的要求，因此实施小组的成员每天都是满负荷地工作。高强度的压力和工作量使得整个小组成员都处于精神紧张、情绪低下的状态，而且彼此之间也无暇沟通交流。

团队不和谐现象体现最明显的就是新老员工之间的对立。LC 公司由于人手不够，派出的咨询人员包括几个经验尚浅的新成员，因为项目的特殊情况及时间问题，没有及时地进入角色，对整个项目的帮助也比较少。而以项目经理为代表的老员工无暇与其交流、开导，更没能在工作上进行指引和教导，甚至产生了不满。因此双方的裂缝越来越明显，以至于后来有意回避沟通，使得项目小组在极其压抑的氛围下工作。

3. 项目实施结果

由于从一开始就出现了诸多的项目实施问题，特别是沟通不畅及其效果不佳，贵联集团的 ERP 项目进展非常缓慢。项目小组在进驻贵联深圳的两家子公司诗天和科彩近一个月，也没有完成业务调研工作，引起了高层管理者的强烈不满。

鉴于半年内在八家子公司实现财务和物流两个模块全部上线的计划以及情况越来越严峻的现实，贵联高层正式向 LC 公司提出更换项目组成员班子以及项目经理，并加派人手的要求，整个项目前一阶段的实施宣告失败。

青岛啤酒信息控制的案例分析

　　青岛啤酒集团前身青岛啤酒厂，始建于 1903 年，是中国最早的一家啤酒厂。经过近一个世纪的发展，青岛啤酒已成为全国最大的啤酒集团。

　　"九五"计划以来，青啤在"大名牌战略"的带动下，本着"锐意进取，奉献社会"的经营理念，以顾客为中心，确立并实施了"新鲜度管理"，"高起点发展、低成本扩张"等战略决策，并购多家企业，实现了跳跃式和超常规发展。随着中国加入 WTO，国内啤酒行业的竞争越来越激烈，为了能够在日益激烈的市场竞争中不断巩固并扩大竞争优势，拥有百年发展历程的青岛啤酒，确定了做强做大，建设国际化大公司的战略目标。为实现这一战略目标，青岛啤酒股份以信息化对企业的运营进行重新定位，及时引进电子商务套件，制定了"总体规划、领航实施、建立模板、滚动推广"的信息化实施策略，稳步推进企业信息化，以信息技术改造传统产业，以期通过对信息的有效控制，最终实现整个集团信息流、资金流的畅通流转，实现大型集团公司在规模效益和灵活应变能力的高度统一，为青岛啤酒在新的竞争环境下不断提升竞争力奠定坚实的基础。

（一）青岛啤酒运用信息控制的现状

　　2000 年初，青岛啤酒集团财务管理部，信息管理部以及相关部门开始了集团信息化考察和信息系统选型，经过多方论证，12 月，最终选型 Oracle 电子商务套件。以 Oracle 技术部署的财务与分销系统，为青岛啤酒推行"新鲜度管理"提供了强有力的支持，它实现了信息收集、整合、控制的系列成果，将对信息的控制应用于资金流和物流的透明管理，提高了管理效率，有效降低了库存占用资金、仓储费用及周转运输费，从而大大提高了企业的利润。

　　Oracle 软件从信息整合、控制的角度为青岛啤酒提供了一个统一、集成的信息环境，可以简化供货进程，优化供应渠道，提高贸易伙伴的合作效率。它帮助青岛啤酒收集、管理、控制从供应商的供应商到客户的客户所有与企业经营有关的信息，使其获得并保持竞争优势。同时通过基于网络的供应链改进了客户服务，最大限度地降低了成本，加快了结账的速度，改善了现金管理，同时还能提供及时准确的决策所需的战略信息。Oracle 电子商务系统采用 100％网络体系结构，具有极大的伸缩性，与 Oracle 数据库、应用服务器一起，能够有效地帮助大型集团公司建立集团数据中心，全面集中各分支机构的系统，通过完全集中式的管理和部署，提高数据的增值能力和系统的可用性，并极大地降低企业整体信息技术拥有成本。

（二）青岛啤酒各价值链环节

价值链的环节包括采购、生产、发货、销售、售后等。借助于网络技术的应用改造产品价值链，实现企业生产链向供应链管理转变是青啤管理重组的必经之路。

1998 年第一季度，青啤集团以"新鲜度管理"中心的物流管理系统开始启动，当时青岛啤酒的产量不过 30 多万吨，但库存就高达 3 万吨。当时，他们着重做了两个方面的工作：一是限产压库，二是减少重复装卸，以加快货物运达的时间。以这两个基本点为核心，他们对发货方式、仓库管理、运输公司及相关部门进行了改革和调整，耗费了青啤很多精力。所以青啤同样热衷于流程再造，对青啤而言，所谓流程再造就是为了建立现代物流系统，而从根本上对企业流程进行重新设计。

据介绍，青啤集团筹建了技术中心，将物流、信息流、资金流全面统一在计算机网络的智能化管理之下，简化业务运行程序，对运输仓储过程中的各个环节进行了重新整合、优化，以减少运输周转次数，压缩库存、缩短产品仓储和周转时间等。譬如，根据客户订单，产品从生产厂直接运往港、站，省内订货从生产厂直接运到客户仓库。仅此一项，每箱的成本就下降了 0.5 元。同时对仓储的存量作了科学的界定，并规定了上限和下限，上限为 1.2 万吨。低于下限发出要货指令，高于上限再安排生产，这样使仓储成为生产调度的"平衡器"，有效改变了淡季库存积压，旺季市场断档的尴尬局面，满足了市场对新鲜度的需求。

另外，销售部门要根据各地销售网络的要货计划和市场预测，制定销售计划；仓储部门根据销售计划和库存及时向生产企业传递要货信息；生产厂有针对性地组织生产，物流公司则及时地调动动力，确保交货质量和交货期。同时销售代理商在有了稳定的货源供应后，可以从人、财、物等方面进一步降低销售成本，增加效益。

青啤集团还成立了仓储调度中心，对全国市场区域的仓储活动进行重新规划，对产品的仓储、转库实行统一管理和控制。由提供单一的仓储服务，到对产成品的市场区域分部、流通时间等进行全面的调整、平衡和控制。

不过，诸多的流程还需要进一步细化。青岛啤酒要实现生产 8 天内送到顾客手里的目标，必须考虑批发商的库存，如果工厂控制在 5 天以内，批发商必须在 3 天内出手，否则将无法达到目的。为了这一目标，青岛啤酒股份有限公司与香港招商局共同出资组建了青岛啤酒招商物流有限公司，双方开始了物流领域的全面合作。双方协议，组建公司除拥有招商局专业物流管理经验和青岛啤酒优质的物流资产以外，还拥有基于 Oracle 的 ERP 系统和基于 SAP 的物流操作系统提供信息平台支持。在信息的控制方面，青岛啤酒有一个项目组，招商也有一个项目组，两个组的人员实现信息共享。如果青岛啤酒方面遇到难题，招商组的工作人员就会立刻飞到青岛啤酒，来帮助解决问题。

在外包给招商组后，青岛啤酒感觉轻松多了。两家的 ERP 软件虽然不同，但经过磨合已能实现成功连接。对于物流软件，青岛啤酒一直在改进。有些系统在当时看很好，但过了一年，就跟不上了。青岛啤酒只有不断地总结，评估，找问题，然后再改进。物流平台的搭建还需要网络，就像蜘蛛织网一样，织好点，连上就行了。只要信息和网络的工作都做完了，物流的管理平台就搭建好了。到那时，它就只需担负管理职能，来管理它的物流服务商。

以上体现的就是"信息与沟通"。对信息的控制不只局限在企业内部，而是应该推广到与企业价值链有关的任何一方。在青岛啤酒的事项上，业务人员通过长期密切地与物流人员接触，了解其在运作过程中的实时信息，进行分析。控制了这些信息，保证其准确性、及时性，对企业的下一步目标和决策有着决定性的意义。

（三）运用了信息控制后对价值增值的作用

Oracle ERP 软件的一期实施在公司本部及市内各厂进行财务及库存管理信息系统的实施，系统包括：总账、应收、应付、固定资产、现金管理、库存模块。这些需要建立在青岛啤酒股份物流、资金流、信息流全面整合的基础之上。为此，青岛啤酒决定进一步深化、完善信息化建设规划，实施一套功能强大、技术先进、设置灵活的管理信息系统，通过集成的业务应用和技术产品及联盟伙伴，全力实现支持消费品价值链的信息化管理平台——把供应商、生产厂家、零售商和最终消费者联系在一个有效的市场环境中。也就是说，能够在整个青岛啤酒股份内实现物流、资金流、信息流的同步处理与全面集成，提高企业信息准确度、及时性，将整个集团的信息系统进行集成，消除信息孤岛，提高企业综合信息的决策能力。

为了实现对信息的控制，青岛啤酒对相关人员进行专业培训，使他们掌握实施和维护这些信息及系统的方法和手段，科学而有效地实现对信息的全面控制。

（四） 信息技术实施的成果

由于终端的有效维护，青岛啤酒能较为准确地做好每月的销售计划，然后报给招商物流。而对方根据销售计划安排安全库存，这样也就减少了库存过高的危险。从运输到仓储，青啤逐步理清头绪，并通过青岛啤酒的 ERP 系统和招商物流的 SAP 物流管理系统的自动对接，借助信息化改造对订单流程进行全面改造，"新鲜度管理"的战略正在有条不紊地实施中。在供应链中存在大量削减成本的机会。大量企业通过有效供应链管理大幅增加收入或降低成本，而青岛啤酒就是一个很好的例子。在一系列的整合后，青岛啤酒每年过千万元亏损的车队转变成一个高效诚信的运输企业。实行"新鲜度管理"之初，青岛啤酒股份公司青岛本部的产量为 30 万吨，而库存量曾达到 3 万吨。现在，实际产量已超过了 50 万吨，库存却能控制在万吨以内，大大减少了库存占用资金。而且就运送成本来说，由 0.4 元/公里降到了 0.29 元/公里，每个月下降了 100 万元。企业价值是由以下公式计算出来的：

$$V = EBIT \times （1 - T） / K$$

其中，V 代表企业价值，EBIT 代表企业的息税前收益，T 代表企业的税率，K 代表企业的加权平均资金成本。

如果每个月减少 100 万元的成本，在其他条件不变的情况下，那么每个月的息税前收益就会相应地增加巨大的数额，长期的效果就是增加企业整体价值。

青岛啤酒的 ERP 领航项目首先在华南事业部顺利实施。整个项目从 2002 年 6 月启动，经过近 5 个月的奋战，2002 年 11 月 8 日基于 Oracle 平台的青岛啤酒集团 ERP 系统得以在华南事业部的本部及 5 个试点企业成功上线。领航实施更深远的意义在于建立起系统模型，探索出成功实施的经验，坚定了信息化的信心，在实践中逐步培养了企业的信息管理人才。根据规划，青岛啤酒股份将在整个股份公司范围内滚动推广这些系统模型，最终实现整个集团的全面整合，以管理信息系统的整合有力地支持青岛啤酒内组织整合、市场整合、品牌整合、资本整合。

经过两期的实施，青岛啤酒统一了 22041 种物料的编码、品名、计量单位、基本属性及分类，为物料的信息化作了充分的准备；统一会计科目编码，方便各子公司与集团公司之间的信息沟通与一致性，轻松实现信息整合；统一固定资产分类编码，清理资产；统一客户、供应商编码及信息格式，整理1400 余个客户档案、2000 余个供应商档案等，通过以上集成数据的规范整理形成公司整体的编码规则，加强公司的基础管理，为将来的滚动实施做好准备。另外还规范优化了公司内部业务流程：全面梳理了 6 大类 100 多个流程，通过软件平台固化，划分责、权、利；流程设计以客户为中心，剔除非增值环节，成为价值链理论的核心体现。价值链的增值是以核心竞争力为依托的，而核心竞争力的实现就要加强对增值环节的控制，即对各种信息的控制。按新流程的要求取消、修改了 8 种关键业务单据。通过以上工作，使信息尽可能地向规范、透明、符合国际惯例的标准业务流程靠拢，方便对信息进行控制。

通过实施信息化，并对这些信息进行控制，青岛啤酒 2002 年上半年营业额和纯利同比分别上升 30.5％和 64％，是 1998 年以来最高升幅，全年完成啤酒销量 301.6 万吨，同比增长 20.9％；市场占有率上升到 12.8％；销售收入过 80 亿元，销售收入和利税总额分别增长 27.5％与 33.6％。

在企业的不断发展壮大中，信息化成为青岛啤酒不容忽视的部分。据青啤相关负责人表示："青啤公司目前正在进行组织变革，对信息化建设既是机遇又是挑战，近期信息化的重点将是：调整信息系统适应公司营销体系的变革；支持公司集中采购的运营模式建立供应商门户、工厂包装物需求计划等；支持公司人力资源体系建设，快速推广人力资源系统；加强数据利用，为管理层分析、决策提供可靠的工具。"

在实现信息化之后，青岛啤酒从未放弃过对信息的有效控制，他们节约成本的途径就是信息的应用以及对这些信息的控制到位。通过构建共享的信息平台，并对这些信息加以有效的控制，在价值链的采购、生产、发货、销售各个环节都最大化地节约了成本，从而提升了整个价值链。以上案例的分析可以得出的结论就是，企业合理有效地对信息进行控制，使其科学地应用于价值链的各个环节之后，每个被优化的环节会节约成本，降低风险，从而提升企业的价值链水平。

经营活动范畴的进一步扩展，企业所能涉及的领域和经营方式也向多元化转变，许多企业加快了信息化的步伐以提升企业竞争力，而对企业信息的控制就显得尤为重要。尤其是在信息技术日新月异的当今世界，如何合理地对信息以及信息技术进行有效控制，从而找到企业自身的竞争优势，最大化地提升企业整体价值链，增加企业价值和股东价值，就成为了一个比较迫切和实际的问题。

信息技术在企业的广泛应用，不仅改变了传统手工数据处理方式，而且触发了企业管理模式、生产方式、交易方式、作业流程的变革，企业的行为模式也随着企业业务流程化、组织扁平化、作业信息化而发生变化。通过对信息技术的控制，企业可以更加全面地了解利益相关者的相关信息，从而影响自己的政策和经营活动的制定和实现。虽然信息技术没有改变企业内部控制目标，但企业内部所发生的变革对传统的内部控制观点、控制方法产生很大的冲击。因此，如何构建基于信息技术环境下的企业信息控制已成为目前亟待解决的问题。信息技术环境下只有企业充分利用对信息的控制来积极应对价值链的变化，从而达到提高企业价值的目的。

本章小结

信息是指所有与企业生产经营相关的资讯及其附带产生的信息系统。按其来源可分为内部信息和外部信息。沟通则是组织内部以及组织和外部组织间旨在完成组织目标而进行的信息交换。企业应当建立信息与沟通制度，明确内部控制相关信息的收集、处理和传递程序，确保信息及时沟通，促进内部控制有效运行。

信息技术的引进使得信息传递模式发生根本性转变，实现了企业各个职能子系统的有机统一，也优化了资源配置，但同时也加大了企业的风险。这使得信息的安全比以往任何时候更加重要。企业应通过组织体系设置的优化，在职责分离控制；信息系统开发、变更与维护控制；信息系统访问安全控制方面加强对信息系统的控制。同时，企业应强化对会计信息的管理、内部监控以及强调信息控制框架中的"软控制"，从而提高信息系统的可靠性、稳定性、安全性及数据的完整性和准确性，降低人为因素导致内部控制失效的可能性，形成良好的信息传递渠道。

企业应当建立反舞弊机制，坚持惩防并举、重在预防的原则，明确反舞弊工作的重点领域、关键环节和有关机构在反舞弊工作中的职责权限，规范舞弊案件的举报、调查、处理、报告和补救程序。

企业应当建立举报投诉制度和举报人保护制度，设置举报专线，明确举报投诉处理程序、办理时限和办结要求，确保举报、投诉成为企业有效掌握信息的重要途径。

本章的重点与难点：通过本章学习，重点掌握信息的获取、有效沟通的实现以及信息控制的方法；重点理解反舞弊机制和举报投诉制度及举报人保护制度在企业信息与沟通中的地位。信息控制的方法是本章的难点。

复习思考题

1. 企业获取信息的途径有哪些？从每种渠道获取的信息各有哪些？

2. 信息在企业内部及外部如何实现沟通和反馈？

3. 沟通的障碍有哪些？怎样才能实现有效沟通？

4. 企业会遭遇来自信息系统的哪些风险？

5. 企业如何防止信息系统访问的不当授权？信息系统权限控制的基本要求有哪些？

6. 企业应从哪些方面加强会计信息化的控制？

7. 企业应把哪些方面作为反舞弊工作的重点？

8. 投诉举报制度是否可以与奖惩措施挂钩？企业应如何增强员工投诉举报的热情？

第六章　内部监督

【引言】内部监督作为企业内部控制的重要组成部分，是企业的利益相关者为对企业代理人的经营行为、过程或决策等经营活动实施客观、及时的监控，所涉及的一系列监督制度的总称，它是内部控制发挥有效作用的保证。内部监督是保证内部控制体系有效运行和逐步完善的重要措施，是一个完善的内部控制体系必不可少的环节。

第一节　概　述

企业在设计内部控制制度时，由于当时认识的局限或者考虑不周等原因，设计出的内部控制不可能完美无缺。在内部控制实际运行过程中，由于实际情况发生变化、或由于员工对内部控制制度理解上的差异，也可能使内部控制不能很好地发挥其应有的作用，导致内部控制实际运行中或多或少地存在着这样或那样的问题。为此需要对内部控制运行情况实施必要的监督检查，发现其不足和问题乃至于缺陷，从而完善内部控制，提高内部控制的有效性。因此，内部监督是保证内部控制体系有效运行和逐步完善的重要措施。

内部监督是企业对内部控制建立与实施情况进行监督检查，评价内部控制的有效性，发现内部控制缺陷，并及时加以改进。内部监督作为企业内部控制的重要组成部分，是企业的利益相关者为对企业代理人的经营行为、过程或决策等经营活动实施客观、及时的监控，所涉及的一系列监督制度的总称。它是内部控制发挥有效作用的保证。对于一个完善的内部控制体系来说是必不可少的环节。

我国《企业内部控制基本规范》第四十四条规定："企业应当根据本规范及其配套方法，指定内部控制监督制度，明确内部审计机构（或经授权的其他监督机构）和其他内部机构在内部监督中的职责权限，规范内部监督的程序、方法和要求。"这条规定其一是要企业在健全内部控制时首先健全内部监督机构，一般是指建立企业内部审计机构，如内部审计委员会，也可以是内部审计委员会委托的有关部门或外部审计机构。其二是指内部监督机构职责权限有一个更高的层次，如高于管理层（执行层），直属于治理层（决策层）。其三是指要规范内部监督的流程，制定相应的监督程序、方法以及标准等，防止监督体制表面形式化，未得到真正的执行。

审计委员会是董事会设立的专门工作机构，主要负责公司内、外部审计的沟通、监督和核查工作。

审计委员会的主要职责包括：①审核及监督外部审计机构是否独立客观及审计程序是否有效；②就外部审计机构提供非审计服务制定政策并执行；③审核公司的财务信息及其披露；④监督公司的内部审计制度及其实施；⑤负责内部审计与外部审计之间的沟通；⑥审查公司内部控制制度对重大关联交易进行审计。

审计委员会的主要目标是督促提供有效的财务报告，并控制、识别与管理许多因素对公司财务状况带来的风险。公司面临的风险涉及竞争、环境、财务、法律、运营、监管、战略与技术等方面。审计委员会本身无法监管所有这些风险，应该由各方（包括董事会其他委员会）共同合作。

审计委员会作为董事会的一个机构，主要使董事会、高层管理者与内、外部审计员关注有效的财务报告与风险管理（关键风险的识别和控制）的重要性。

第二节　内部监督的类型

我国《企业内部控制基本规范》第四十四条将"内部监督分为日常监督和专项监督，日常监督是指企业对建立与实施内部控制的情况进行常规、持续的监督检查；专项监督是指在企业发展战略、组织结构、经营活动、业务流程、关键岗位员工等发生较大调整或变化的情况下，对内部控制的某一或者某些方面进行有针对性的监督检查。专项监督的范围和频率应当根据风险评估结果以及日常监督的有效性等予以确定。"

美国 COSO 报告中，认为监督是由实时评价内部控制执行质量的程序组成，这一程序包括持续监督、独立评价，或是两者的综合实现对内部控制运行进行监控。通过持续监控和个别评价的结合，能够保证内部控制体系在一定时期内保持其有效性。

独立评价的范围和频率取决于所评估的风险程度，监督能够确保内部控制的有效运行。

一、日常监督

《企业内部控制基本规范》中的日常监督相当于 COSO 报告中的持续性监督。COSO 报告中的持续性监督活动主要涉及以下七个方面：

（1）在日常活动中获得内控执行的证据。在执行日常管理活动时，负责运营的管理层获取内部控制持续发挥功能的证据，这是很重要的一点。在营业报告并入财务报告系统或与该系统核对并持续用于管理企业运营时，很可能会迅速发现重要的不正确的数字或预期结果的例外情况。

（2）外部反映对内部信息的印证程度。即与外界各方的沟通能够印证内部生成的信息或揭示问题。

（3）定期核对财务系统数据与实物资产。也就是说，将信息系统所记录的数据与实物资产相比较。

（4）对内外部审计师关于加强内控的措施做出响应。内部及外部审计师会定期为进一步加强内部控制的方法提供建议。在许多企业，审计人员关注的焦点主要集中在评估内部控制的设计以及测试其有效性；识别潜在的缺陷并向管理层建议采取替代方案；同时提供做出成本效益决策有用的信息。在监督企业内部控制活动中，内部审计人员或实施类似审核职能的人员能够发挥尤为有效的作用。

（5）培训、会议等对内控有效性的反馈。培训研讨会、计划会议等可以向管理层提供有关内部控制是否有效的重要反馈。这些会议不但可以指出控制中存在的某些问题，还能够增强参与者的内部控制意识。

（6）定期询问员工是否理解并执行了公司的道德准则，员工是否执行了内控活动，定期要求企业员工明确说明他们是否理解并遵守企业的员工行为守则。同样，也可以要求经营及财务人员说明某些内部控制程序是否正常地实施。管理层或内部审计人员可以对这些说明进行核实。

（7）内审活动的有效性。适当的组织结构和监督活动可监督内部控制职能的执行并识别内部控制的缺陷。

二、专项监督

《企业内部控制基本规范》中的专项监督相当于美国 COSO 报告中的独立评价。美国 COSO 报告认为：尽管持续性监督一般可以提供关于其他控制要素有效性的重要反馈，但从一个新的角度，把焦点集中在对系统的有效性直接进行评价也是十分有益的。这也提供了一个机会来考虑持续性监督程序的连续有效性。独立评价工作是内部审计、监察等部门从独立性角度出发，对内控系统进行审核的过程，主要关注的是系统的设计和运行的有效性。

（一）评价范围和频率

独立评价的范围和频率，应该视被控制对象的风险大小及控制的重要性而定。一般来说，处理风险顺位排列在前的那些控制，应经常进行评估；在相同顺位中，最不可缺失的那些控制，更要经常进行评估。对整体控制评估的次数，通常要少于对特定控制评估的次数，如有重大策略改变、管理阶层变动、重大的收购或处分、重大的营运方法改变或财务资讯处理方式改变等，就需要对整体内部控制制度进行评估。当管理阶层决定要对单位整体控制制度进行评估时，必须注意内部控制的每个组成要素及其所有重大活动的关系，同时还要考虑评估的范围还受内部控制的影响。

（二）评价主体

通常的评估，系以自我评估的形式进行，也即由特定单位或职能的负责人决定评估。例如，某一部门的最高主管可能命令相关员工评估该部门的内部控制制度，他自己可能负责评估控制环境的因素是否有效，而要求负责该部门各营运活动的员工评估其他组成要素是否有效。最后，单位的管理阶层再考核各个部门的评估结果。

内部审计机构是单位进行控制评估的主要力量，一是因其职责分工之故；二是因董事会、高层主管、子公司或部门主管的特别要求。管理阶层在考核内部控制是否有效时，还可以借用外部审计的力量。

（三）评价过程

评价内部控制制度，本身就是一个过程。尽管在评估中使用不同的方法或技术，但必须遵循一些基本的原则和要求。

评价者必须了解涉及的每一个作业及每一个内部控制制度组成要素。首先要注意到每一项制度设计的要求是什么，它应该发挥什么控制功能，以及如何发挥其功能。评价者应与员工讨论，并复核现有的文件，以了解设计思想。

评价者应了解制度的实际运行情况，与原设计有何不同，各种变更是否必须和适当。评价者与执行控制的人员及控制影响的人员进行讨论、检查执行控制情况的记录，了解上述应知道的情况。

评价者应比较设计与执行之间的差异，并确定控制制度对已定目标的达成是否能提供合理的保证。

（四）评价方法

评价内部控制的方法和工具有很多种，如检查清单、阅读及绘制流程图技术、量化技术等。此外，还可以列示一张所有控制目标的清单，用以辨认内部控制的基本目标。

某些单位还采用标杆比较方法，将自己单位和内部控制制度与其他单位的制度进行比较，以判断优劣。某些行业有同业复核功能，单位还可通过与同业的比较，来帮助单位评估自己的控制制度。值得提出的是，在比较不同单位的内部控制制度时，应注意目标、事实和环境的差异以及内部控制五个组成要素及内部控制的限制。

（五）书面记录

一个单位把内部控制制度作为书面文件的程度，因单位规模的大小、复杂程度的高低及其他因素影响而异。规模大的单位通常有书面的政策手册、正式的组织构图、书面的工作说明、操作指令及资讯系统流程图等；而规模小的单位则其书面文件通常较少。

许多控制虽非正式，也无书面文件，但仍有规律地执行，并且有效，因而也可视同有书面文件一样进行测试。某项内部控制虽未作成书面文件，并非意谓其无效，或无法进行评估。不过，内部控制以适当的书面文件反映，不仅有助于提高评估效率，而且可以帮助员工了解控制制度如何运行，以及员工自己所扮演的角色，同时也方便对内部控制制度的修订。

评价者应该将自己的评估过程作成书面记录，即记录评估过程中所进行的测试、分析及测试结果，必要时还可以进行有关系统文件的补充。还有的评估者在原有的书面文件上进行批注，但仅仅依靠这种批注不是一种好的方法。

当内部控制制度的声明或评估结果要给较多的单位使用时，书面记录的内容将会要求更加具体。书面记录应该有利于证实内部控制有效性声明的所有内容，以防止日后有人对声明的可靠性怀疑。

（六）行动计划

单位首先评价内部控制制度时，负责评价工作的高层管理人员，应制定必要的行动计划。

（1）根据目标的类别、内部控制的组成要素，以及欲讨论的活动来界定评估的范围。

（2）根据持续监督活动中发现的应予评估的事项。

（3）分析内部审计人员所执行的评估和考察外部检查人员的发现，决定有关评估的内容。

（4）对必须注意的高风险区域，应按单位类别、组成要素类别或其他类别排列先后顺序。

（5）根据上述分析结果，制定评估计划，并作评估时间长短安排。

（6）集中将参与评估的人员，一起研究评估的范围、时程、使用的方法和工具、内部审计人员及主管机关所提供的资讯、预期报导、评估发现及作为书面记录的方法等。

（7）监督评价的进度，复核评价的发现。

（8）必要时，修改评价计划的后续部分。

上述工作，可由评价负责人授权他人进行，如果由其本人独自管理全过程，将会更加有效。

持续监督与独立评价两者关系是，内部控制系统通常是组织完善的系统，在某种程度上持续地监督其自身的活动，内部控制系统持续性监督的有效性程度越高，对单独评价的需要程度就越低。管理层为了合理地确认内部控制系统的有效性所必须进行的单独评估的频率，取决于管理层的判断。在做出该决定时管理层应考虑以下因素：变化发生的性质和程度以及与变化相关的风险；实施内部控制人员的能力和经验以及持续性监督的结果。通常，持续性监督和独立评价某种程度上的合并使用，将会保证内部控制系统随着时间的变化而保持其有效性。

·　应该认识到，持续性监督程序根植于企业日常重复发生的活动中，与独立评价所实施的程序相比，由于持续性监督程序在实时基础上实施，动态地应对环境的变化并在企业中根深蒂固而显得更加有效。由于独立评估发生在事实出现之后，因此通过持续性监督的日常程序通常可以更快地发现问题。尽管如此，一些持续性监督活动完善的企业仍然每隔几年要对其整个内部控制体系或其中一些部分进行一次独立评价。那些察觉到需要经常进行独立评价的企业应重点关注增强其持续性监督活动的途径，从而强调将持续性监督活动"根植于"而不是"添加在"内部控制活动中。例如美国历史上迄今为止最大的破产案就是由日常监督发现的，世通公司的一个内部审计员叫辛西亚库伯的女士，在一次例行审计中发现公司财务中有故意造假行为，她向当时的首席财务官沙利文报告，而首席财务官其实就是参与欺诈的人之一，他让库伯停止审计，但库伯又向审计委员会的主席报告。在美国公司审计委员会包含有独立董事，他们不受雇于公司，所以库伯女士越过高管层将内幕报告给审计委员会，于是调查扩大了，发现了超过 30 亿美元的假账。丑闻曝光以后，世通公司不得不裁员 17000 人。7 月 21 日，公司被迫申请破产保护，美国历史上迄今为止最大的破产案由此产生。7 月 30 日，世通公司被纳斯达克摘牌。随后，美国司法当局以欺诈罪逮捕了首席财务官沙利文和总审计师迈尔斯。8 月 8 日，公司在内部审计中再次发现，追溯到 1999 年，公司还有一笔 33 亿美元的错账，这样，世界通信公司的财务丑闻涉及金额增加到 70 多亿美元；目前公司的股票价格已由 1999 年的 64 美元跌至 9 美分，跌幅达 99.8%，资产总额也由 1153 亿美元跌至现在的 1 亿美元左右，跌幅达 99.1%。

第三节　内部控制缺陷认定与整改

我国《企业内部控制基本规范》第四十五条规定：企业应当指定内部控制缺陷认定标准，对监督过程中发现的内部控制缺陷，应当分析缺陷的性质和产生的原因，提出整改方案，采取适当的形式及时向董事会、监事会或者经理层报告。

一、制定内部控制缺陷认定标准并对内部控制缺陷进行认定和报告

企业在对内部控制进行内部监督发现内部控制缺陷时，需要对内部控制的缺陷进行认定和报告。为此，企业应当根据自身的实际情况，制定本企业内部控制缺陷认定标准。另外，在对内部控制进行内部监督的过程中，根据确定的

标准对内部监督所发现的内部控制缺陷进行认定，分析缺陷的性质和产生的原因，提出整改方案，采取适当的形式及时向董事会、监事会或者经理层报告。企业还应当跟踪内部控制缺陷整改情况，并就内部监督中发现的重大缺陷，追究相关责任单位或者责任人的责任。

二、内部控制缺陷的概念

内部控制缺陷是指当内部控制的设计或运行不被管理层或雇员实施他们的职能来及时防止错误的发生，从而发生了内部控制缺陷。内部控制缺陷包括设计缺陷和运行缺陷。

（1）设计缺陷：是指缺少为实现控制目标所必需的控制，或现存内部控制设计不适当、即使正常运行也难以实现控制目标而形成的内部控制缺陷，即建立的内部控制不能充分实现内部控制目标而形成的内部控制缺陷。

（2）运行缺陷：是指现存设计完好的控制没有按设计意图运行，或执行者没有获得必要授权或缺乏胜任能力以有效实施控制而产生的内部控制缺陷，即内部控制不能按照建立阶段的意图运行，或运行中错误很多，或实施内部控制的人员不能正确理解内部控制的内容和目标等而产生的内部控制缺陷。

某一企业的内部控制体系虽然设计得很完善，但由于实施过程中的偏差，导致内部控制运行缺陷。内部控制的缺陷可以是单项的缺陷，也可以是多项组合的缺陷。

三、内部控制缺陷的程度

按照内部控制缺陷影响整体控制目标实现的严重程度，内部控制缺陷分为一般缺陷、重要缺陷和重大缺陷。

（1）重大缺陷是指一个或多个一般缺陷的组合，可能严重影响内部控制整体的有效性，进而导致企业无法及时防范或发现严重偏离整体控制目标的情形。

（2）重要缺陷是指一个或多个一般缺陷的组合，其严重程度低于重大缺陷，但导致企业无法及时防范或发现偏离整体控制目标的严重程度依然重大，须引起企业管理层关注。

（3）除重要缺陷和重大缺陷以外的其他缺陷，则为一般缺陷。

四、缺陷整改

日常监督应当与企业日常的经营活动相结合，整合于企业的经营活动过程之中，与日常经营活动结合起来进行；对于发现的内部控制缺陷，应当及时向有关方面报告并提出解决问题的方案，对存在的问题予以纠正。

对于专项监督中发现内部控制存在的问题，要及时向有关方面报告，提出完善内部控制的意见和建议，并监督对内部控制进行完善。

第四节 内部控制自我评价

我国《企业内部控制基本规范》第四十六条规定："企业应结合内部监督情况，定期对内部控制的有效性进行自我评价，出具内部控制自我评价报告。内部控制自我评价的方式、范围、程序和频率，由企业根据经营业务调整、经营环境变化、业务发展状况、实际风险水平等自行确定。国家有关法律法规另有规定的，从其规定。"

内部控制自我评价 CSA（Control Self Appraisal，简称 CSA）是近年来产生的一种新的内部控制评价方法，体现了内部控制评价的新观念，不仅可以用于审计领域，也可以用于企业经营管理领域。从 20 世纪 80 年代末开始，一种由企业高层管理当局发动，全员参与的内部控制评价方法——"内部控制自我评价"应运而生。这种方法最初由加拿大海湾公司于 1987 年提出，并很快得到了理论界和实务界的广泛认同。

一、内部控制自我评价（CSA）的特征及主要方法

（一）内部控制自我评价（CSA）的含义及特征

内部控制自我评价（CSA）是指企业内部为实现目标、控制风险而对内部控制系统的有效性和恰当性实施自我评价的方法。国际内部审计师协会在1996 年的研究报告中总结了 CSA 的三个基本特征：由管理和职员共同进行；关注业务的过程和控制的成效；用结构化的方法开展自我评估。具体来讲，

CSA 将维持和运行内部控制的主要责任赋予公司管理层，管理层、员工和内部审计人员合作评价控制程序的有效性，使管理层和员工与内部审计人员一同承担对内部控制评估的责任；CSA 以岗位职责和业务操作规程为中心来自我调节和自我完善，涉及所有员工对控制制度本身及其效果和效率进行的评价以及对参与控制人员的资格、工作程序和工作表现的评价。这使以往由内部审计人员对控制的适当性及有效性进行独立验证发展到全新的阶段，即通过设计、规划和运行内部控制自我评估程序，由组织整体对内部控制和公司治理负责。

（二）内部控制自我评价（CSA）的方法

西方国家在实践中已经发展了多至 20 余种的 CSA 方法，但从其基本形式来看，主要有三种，即引导会议法、问卷调查法和管理结果分析法。

引导会议法是指由内部审计人员与被评价单位管理人员组成评价工作小组，管理人员在内部审计人员的帮助下，对企业或本部门内部控制的恰当性和有效性进行评价，然后根据评价和集体讨论来提出改进建议出具评价报告，并由管理者实施。引导会议法集中体现了 CSA 全员参与内部控制的理念，改变了把内部控制评价看作是审计人员责任的思想，有效地提升了企业的内部控制环境。

问卷调查法利用问卷工具使得受访者只要做出简单的"是/否"或"有/无"的反应，控制程序的执行者则利用调查结果来评价他们的内部控制系统。

管理结果分析法是指除上述两种方法之外的任何 CSA 方法。通过这种方法，管理当局布置工作人员学习经营过程。CSA 引导者（可以是一个内审人员）把员工的学习结果与他们从其他方面如其他经理和关键人员收集到的信息加以综合。通过综合分析这些材料，CSA 引导者提出一种分析方法，使得控制程序执行者能在他们为 CSA 做出努力时利用这种分析方法。

以上三种方法企业可根据实际情况进行选择。目前西方用得比较多的是引导会议法。在这种方法下，由内部审计人员或高层管理者充当引导者，主持召开一系列的研讨会来进行。通常包括计划、预备工作、单独的研讨会与系列的联席会议、报告和提供方案的实施等一系列过程。

1. 计划

CSA 要求参与的组织成员理解内部控制的重要性，掌握一定的内部控制知识，明确自己在活动中的角色，这些必要的知识可由企业的内部审计部门提供，为 CSA 的开展奠定了坚实的基础。

2. 预备工作

预备工作的主要目的是使参与者熟知企业目标及内部控制目标，以及企业的规章制度和管理层预定的发展方向与战略，在此基础上，参与者按照制度要求、发展方向与战略，对企业的内部控制实际情况进行调查并形成个人意见。

3. 研讨会与系列的联席会议

参与者形成个人意见后，通过会议的形式，发表自己的意见，对企业的内部控制系统进行评价。在实际操作中，研讨会通常采用匿名的形式进行，这样可以鼓励参与者尽量发表自己的真实意见，发现问题并解决问题。

4. 报告和提供方案

经过多次研讨会后，作为主要的负责机构，内部审计部门要对研讨会的内容进行综述，描述被评价部门的情况。而参与研讨会的管理者要负责对发现的弱点起草解决方案。

二、内部控制自我评价（CSA）的优势

内部控制自我评价（CSA）在实施时，与传统的内部审计相比存在许多不同之处，内部控制自我评价（CSA）有其独到的优势，表现在以下方面：

第一，有效进行"软控制"评价，这是 CSA 优越于传统内部审计的重要之处。在新的内部控制模式下，迫切需要评价包括公司治理、职业道德、诚实品质、胜任能力、风险评估等"软控制"，而这恰恰是 CSA 可以提供的。以企业核心人员的品质为例，目前上市公司核心人员的个别属性，很难获取可信的资料，只能姑且假定他们都是诚信正直、有正确道德价值观的人。而事实上，很多上市公司舞弊、财务报表信息失真、做假等都是由公司核心人员联合舞弊导致的。实施 CSA，企业可以把管理人员和其他员工召集起来讨论并对此进行评估，提出相应的建议进行改善，避免舞弊的发生。

第二，提升了控制环境。内部控制自我评价使得企业内部控制评价从有限的职员参与变为广泛的职员参与，从"内部审计人员对控制负责"变为"所有的职员都对控制负责"。企业的员工广泛参与到内部控制的设计与评价中来，了解自己在企业内部控制中所处的位置，意识到内部控制是全体成员共同的责任，从而积极地参与到内部控制评价和改进中来，组织的内部控制整体意识得到加强，内部控制环境得以提升。

第三，CSA 使企业内部审计更有效率与效果。通过 CSA，内部审计人员和经营人员合作对经营活动进行评价，减少了收集信息的时间和验证程序，对

经营过程了解得也更为彻底。这种合作提高了进行内部控制自我评价可获得信息的数量和质量，把审计人员从对立者、监督者转换为企业发展的参与者、推动者，提升内部审计的效率与效果。

第五节　案例分析

广东核电：程序至上、内审先行显神威

据《人民日报》记者再永平、韩建清 2001 年 12 月 27 日报道：总资产规模达 557 亿元人民币的中国广东核电集团再次引起人们关注，不是因为神秘的令人生畏的"核"，而是它的一套行之有效的内部控制体系。靠这套制度，中广核不仅实现了良好的经济效益，而且每年近 250 亿元人民币的现金流中，没有发生过任何大的失误，更没有为此倒下一个干部。中广核集团公司总经理刘锡才说："在这里，别说我们没有犯错误的想法，就是有，也没有办法把钱装到自己口袋。"

（一）内控制度的基础：独特的"核安全文化"

在中广核工程建设管理三大控制和安全生产控制体系中，最重要的是"程序"，做任何事都要讲程序。在这里，"权威"不是总经理，而是程序，是规章制度。

有人做过统计，中广核的具体规章、程序多达 9000 多个，几乎对公司管理的所有工作流程和细节都做了具体规定，任何人都必须"循规蹈矩"。为什么中广核这样看重规矩？中广核集团公司董事长昝云龙告诉我们，是"核安全文化"起了作用。

核电由于沾了"核"，因此很特殊。为了保障核安全，没有什么比"严格按程序办事"更重要。在中广核，凡事有章可循、凡事有据可查、凡事有人负责、凡事有人监督。中广核的管理者告诉我们，这样做是因为核电是一个复杂的系统工程，光阀门就有上万个，如果没有规章、程序，谁想动就动一下，那结果是非常可怕的。因此，中广核在保障安全生产的各个关键领域中，形成了一切事情必须按程序办，任何事情有记录、有监督的风格。风格进一步升华就是文化，企业文化又影响到企业生产以外的所有领域，包括财务系统、内部控

制系统。

总经理刘锡才这样诠释中广核内部控制系统的精髓——"程序"。比如，董事会授权总经理有 500 万美元招标合同的签字权。但和别的企业不同，这并不意味着我可以动用 500 万美元。在签这 500 万美元前，有一系列程序要走。

程序规定，在招投标过程中，总经理不能推荐客户。也就是我不能用我手里 500 万美元的权力把项目给和我有关系的客户，否则不管你自己得没得好处，都违反了程序，在中广核就行不通。总经理签字的先决条件是必须有各有关部门签字，并承担相应的责任，最后总经理审查、签字，合同生效。如果这些部门不签字，无论哪位领导签字，财务也不会支付款项。在中广核，你想通过攻总经理的"关"拿到项目是"缘木求鱼"。

在中广核，看起来权力比较大的是合同部，小到卫生纸，大到核燃料，一年数十亿元的采购都要通过合同部门。但是，你认为买通了这个部门就能拿到项目又错了。

这个部门的负责人说，我的权限看上去很大，所有合同我不签字就生不了效，但实际上我也只是程序中的一个环节。按照程序，前面的程序没有走下来，我不能签字，就是领导打了招呼也不行。到我这里前，要经过财务、商务、技术等部门的会签和审计等部门的审查。

和客户见面，直接参与谈判的倒是具体的工作人员。那么具体办事人员是否成了关键人物？中广核控制系统的严格程序同样让这些人员也无法胡来。在中广核，所有承包工程或设备采购都要经过预算、立项、合同、支付等四个步骤，每一个合同从谈判到签约都要有这些相关部门的人员共同参加，任何一方都有否决权。就算这个招标小组意见一致了，合同部的负责人也有可能否决。同样，合同部过了，总经理也可能否决。总经理刘锡才说，这样严密而又相互制约的程序就是为了安全。你可以买通一个、两个人，但你不能买通整个系统。

问题来了，这样多的环节，漏洞堵住了，效率怎么办？对此，中广核有他们辩证的看法：环节多，一开始的确效率容易低。但是，一旦大家习惯了，一切按程序做，就会一路绿灯，虽然环节多，流程也不慢。相反，如果你有私心，想搞歪门邪道，程序就起作用，就会一路红灯。

中广核的领导都说，企业要算大账，企业最经不起重大不良业务的冲击，多好的企业都会被击垮。程序多是麻烦一点，但企业的健康有保障。

事实说明，没有必要担心中广核因程序复杂而效率低下。中广核的大亚湾核电站创造了安全运行超过 1000 天的纪录，在与法国电力公司同类机组的安全挑战赛中连续两次获得第一。核电站的安全运行已使中广核持续高负荷发电，年上网电量超过 140 亿千瓦时，达到国际先进水平。中广核由一个国家没有直接拨款投资的企业，到目前净资产已经超过百亿，而且又滚动发展出一个新的核电站——岭澳核电站。目前该电站一号机组已完成装核燃料，明年 7 月将正式投入商业运行。

董事长昝云龙说：建立内部控制制度的目的说到底是为了发展，如果企业没有经济效益，甚至亏损，内部控制再严、干部再廉洁也没有意义。

（二）内控制度的保障：全过程监督、独立的审计

中广核内部控制的另一个关键点是独特的审计制度。在人们的印象中，审计就是查账，是事后监督、"秋后算账"。这样，就算查出问题，企业利益也早已受到损害。而中广核的审计最大特点是控制全过程，具体地说，就是监督任何一个部门甚至总经理是否按照程序办事。

中广核审计部门的同志介绍说，审计部把主要力量放在事前和过程审计上，公司超过一定标的的合同谈判，审计部门必须参加，以做到及时防止、纠正违反程序的行为。这样既避免可能给公司带来的损失，同时也能保护干部。比如，有一次，审计部在对某个采购项目进行审计时，发现个别员工违反公司规定，将公司机密泄露给供应商，审计部门及时向董事会提交特别审计报告，提出调整谈判人员并断绝同该供应商的关系，董事会当时采纳。

一般的审计往往审下不审上，因为审计不独立，不得不听命最高行政领导，比如总经理。而中广核的审计的一个显著特点是独立性，它直接对董事会负责。因此，中广核的总经理也是审计部门审计的对象。

刘锡才总经理介绍说，他也几次被审计部门发出纠正通知（在公司内部通称为"卡"）。比如前一段，公司审计部门向总经理发了一张"卡"，质疑总经理，为什么国际市场上另有价格较低的核燃料，而公司却采购了价格高的。这张"卡"被直接提交董事会，总经理接到"卡"必须正面回答这个问题。因为按照程序，所有的"卡"必须要解释或整改，并通过审计部门认可才算完，他们叫做"关闭"。如果一定时间内不"关闭"，审计部门可以发出第二张"卡"。审计部门的最大权力可以让你停职。

核燃料采购是大事，审计当然要管，而且要管到总经理头上。对几十元的小采购，这个每年现金流达数百亿元的企业，审计也不放过。当然，从效率考虑，对小采购不会全过程参与，但事后审计一旦查出问题，处理非常严厉。

在中广核，很多人讲起"笔记本的故事"：公司过节时给职工买笔记本。

按正常程序应该"货比三家"，可采购部门的一位副处长没有经这个程序就订了合同。每个笔记本是 42 元，总金额不到 2 万元。事后审计部门接到举报，街面上同样的笔记本卖 36 元。审计部门认为此事不正常，立项审计。虽然没有查出办事人员拿回扣，但查出此事的经办过程违反了程序，因此，这个副处长被撤职。

一共就 2 万元的采购，就是拿回扣也就是几百、几千，对一个资产几百亿元的企业可以说是鸡毛蒜皮的小事，但审计部门不这样看。他们认为，这个副处长的错误不仅仅在于买了贵的笔记本，而在于破坏了程序。破坏了程序，2 万元和 200 万元的性质是一样的。

（三）中广核引发的深层次思考：现代企业制度的魅力

细想想，中广核的内部控制制度并没有特别高明之处，无非一个是重"程序"，一个是重监督。而中广核的内部控制制度能见效，成功的关键在于它没有像有的企业一样，制度定完了，使命也就完了，而是一丝不苟地按规矩办。监督同样也没有流于形式。

中广核能这样做，究其根源，固然与中广核的行业特点有关，同时，现代企业制度也起了关键作用。

大亚湾核电站是中广核集团公司与香港中华电力公司合资的企业，合资的好处不仅仅是港方从一开始就带来了先进的管理和内部控制制度，而且使中广核从一开始就按照现代企业制度的要求经营和管理企业。

道理很简单，虽然港方的股份只占 25%，但是，香港投资者关注他的投资效益。中广核的管理如果不到位，跑冒滴漏，成本升高，投资人的投资效益就下降。因此，由香港投资者参与的董事会对中广核经营层特别是总经理的监督和管理目标就不是虚的，而是实实在在的。总经理有了压力，自然会把压力和监督分解到各个部门，加上审计部门帮助监督，整套制度就容易起作用了。

相反，许多企业之所以董事会起不到董事会的作用，就是在于产权上不明晰，说白了就是没有人真正为资产负责，为投资负责。至少不是那么上心地负责。

因此，任何一项好的制度都不是孤立存在的，建立完善的现代企业制度才是根本。

在中广核采访也有人提出异议，新建的岭澳核电站可是国有独资企业，为什么这套制度也能很好嫁接成功？其实，制度和文化相辅相成。一旦制度成为行为习惯，最终上升为文化，会使制度更好地延续和不走样。实际上中广核的成功就是通过合资，规范行为，进而把它上升为企业文化，从而使制度不再游离于企业之外，而是像血液一样，真正融入了企业的肌体里。

内部控制缺陷及其改进——来自 UT 斯达康的内部控制案例

内部控制是"一个受董事会、管理层和其他人员影响的过程，该过程的设计是为了提供实现以下三类目标的合理保证：经营的效果和效率、财务报告的可靠性以及法律法规的遵循性"。由于存在判断错误、决策失误、勾结串通或管理层越权以及成本限制等固有局限性，内部控制并不总是能有效地发挥作用。当内部控制的设计或执行未能及时防止或发现错误或舞弊时，就构成了内部控制缺陷（包括设计缺陷和执行缺陷）。本书以 UT 斯达康国际通信有限公司为例，通过剖析其内部控制缺陷的影响因素，为我国公司建立和完善内部控制体系提供若干借鉴。

（一）案例介绍与分析

UT 斯达康国际通信有限公司（简称 UT 斯达康）成立于 1995 年，是一家专门从事现代通信领域前沿技术及产品研发、生产及销售的国际化高科技通信公司。2000 年 3 月在美国纳斯达克成功上市，2003 年第三季度因上市以来连续 15 个季度实现并超过华尔街预期荣获"最具发展潜力奖"，被多家杂志评为"中国管理最佳的十大企业"之一、"全球 IT 企业 100 强"、"全球成长最快企业"之一，并赢得"亚洲最佳雇主"、"中国通信业十大外资企业"等多项荣誉；2004 年 3 月入选《财富》11000 强企业。然而，2004 年第三季度公司利润锐减 500 万美元，第四季度开始出现亏损。从此，营业收入一路下滑，财务状况日趋恶化，随之而来的是裁员、易帅、摘牌警告、行贿事件、投资者诉讼、战略转型受挫、核心团队瓦解……UT 斯达康也从华尔街的明星公司坠落为资本市场的反面典型。这背后的原因究竟是什么？笔者认为，这与 UT 斯达康在飞速发展与战略转型中的内部控制缺陷有着直接的关系。

1. 内部控制缺陷在飞速崛起中萌生

UT 斯达康 1997 年的年营业额仅 0.76 亿美元。当第一部 PAS 无线市话（俗称小灵通）在杭州余杭成功试用后，UT 斯达康抓住电信改革后中国电信和中国网通进军移动通信市场的需求和机遇，大力发展小灵通业务，从此进入了"无竞争"的细分市场，其销售额也在 7 年之内增长过百倍。UT 斯达康的财务报告显示，公司在 1998 年年销售总额首次突破亿美元大关；1999 年形成规模销售；2001 年进军国际市场初见成效，销售总额达 6.7 亿美元，资产总额近亿美元；2003 年一度在终端销售市场上占有 70％以上的份额，销售总额高达 19.8 亿美元，增长率达 100％；2004 年达到巅峰，完成销售业绩 27 亿美元，资产总额达 33.16 亿美元。随着业绩的爆发性增长，UT 斯达康的员工数量也在急剧膨胀。从 1997 年的 500 人增长到 1999 年的 11100 人、2004 年的 81200 人。

UT 斯达康的高层团队多为技术人员出身，"制度管理公司"的概念相对薄弱。当 UT 斯达康近乎 100％的年增长速度很快超出了现有内部控制的作用范围时，一系列内部控制缺陷就随之产生了。一方面，业务的飞速增长使公司来不及建立新的政策和程序，导致聘任的员工不具备充分的胜任能力。据 UT 斯达康 2004 年内部控制审计报告披露，该公司聘任的财务人员缺乏运用公认会计准则（GAAP）的会计知识，未受过充分的专业训练，这一控制缺陷导致公司在收入确认、成本计量、存货流动、应计费用、期权计算、职责分工以及合并财务报表复核等方面出现一系列问题。另一方面，业绩的快速增长进一步导致管理层对业绩的过分追求，越权问题频频发生。如某地分支机构在未事先上报总部的情况下，与客户签订了本不应签订的附属协议，而该客户是有义务免费为公司提供这一服务的。又如，财务人员在未将交易合同中相关信息及时上报管理层的情况下，把与印度公司合同上的 21200 万美元收入和近 100 万美元相关毛利提前确认入账，导致 2003～2005 年间（11 个季度）公司营业收入累计虚增 41960 万美元，净利润累计虚增 11180 万美元。

2. 内部控制缺陷在战略转型中凸显

单一的小灵通业务在使 UT 斯达康保持了长达 5 年之久的高速增长之后，2004 年开始下滑：小灵通的市场份额和毛利率分别由 2003 年的 70％和 31.7％下降为 2004 年的 53％和 22.2％。公司高层预见到，"市场单一、产品单一和客户单一"的经营战略已经不能给公司带来持续的竞争优势，必须迅速向多元化战略转型（包括业务领域多元化和区域市场多元化）。从此，UT 斯达康开始了一系列的多元化扩张。一方面，2003～2004 年 UT 斯达康先后收购了韩国现代旗下的 CDMA 设备供应商 Hyundai Syscomm 公司、3COM 的 Comm Works 子公司、加拿大 CDMA 无线网络设备制造商 TELOS 公司和美国 Audiovox 通信公司（ACC）的 CDMA 手机终端业务，以期快速进入手机业务和 CDMA2000 领域，尤其是 3G 和 IPTV（网络电视）业务。为配合战略转型，UT 斯达康相继以 21400 万美元的价格将芯片设计部门出售给迈威尔科技信团，以 51690 万美元的价格把持有 SBCH 公司 10％的股份出售给日本软

— 232 —

银，并将 50 亿元人民币现金以及银行提供的 80 亿元融资额度全部投入"陌生"的 IPTV 业务。另一方面，UT 斯达康积极向全球扩张，先后在美国、中国、印度、韩国等国建立了 10 多个研发中心，在美洲、欧洲、日本等地区建立了广泛的分支机构。截至 2006 年 3 月，UT 斯达康的产品和服务已遍布全世界 30 多个国家和地区。

急速的扩张不可避免地使 UT 斯达康出现了"巨人症"——公司在治理、整合和控制能力等各个方面难以随市场的高速发展而跃升，内部控制面临巨大挑战。具体表现在：①2004 年，由于公司未能按照美国公司的管理体制，对海外营业收入确认进行集中的检查、分析与控制，导致一笔 190 万美元的交易出现问题。②缺乏对所有重大关联方及其交易及时确认的有效控制，以至于没有按照美国公认会计原则（GAAP）的要求在合并财务报表中进行适当反映。③没有形成充分的、正式的和一贯的财务会计政策和程序，不能及时发现违反现有政策和程序的事件。④没有对各地分支机构及客户处的存货余额进行详细调查与核对，导致 2005 年合并报表中销售成本、相关存货及递延成本账户的报告错误。⑤缺乏对市场环境的充分认识以及对自身资源和能力的客观估计，大量处置投资和盲目下注恰恰反映了其战略控制的短板。

3. 内部控制缺陷在财务呈报中曝光

随着小灵通业务的急剧萎缩与战略转型的受挫，UT 斯达康的销售业绩与财务状况不断恶化。雪上加霜的是，因屡屡延期提交财务报告而面临纳斯达克一个又一个的摘牌警告：2004 年 7 月 28 日，因晚一天发布财务报告引起投资者恐慌，当天股价下跌 29.31%；2005 年 4 月 5 日，也因推迟发布财务报告面临被摘牌的可能，并从 4 月 7 日起，其股票交易代码从原来的四个字母"UT-SI"增至五个字母"UTSIE"，以提醒投资者注意；2006 年 3 月 20 日，UT 斯达康再一次收到纳斯达克的摘牌警告；2007 年 3 月 13 日、5 月 16 日和 8 月 13 日，UT 斯达康又连续三次接到摘牌警告。

财务状况不佳与财务报告屡屡延期，充分暴露了 UT 斯达康的财务混乱与控制不力。普华永道在为公司 2005 年年度报告出具的审计报告中，一针见血地指出了 UT 斯达康在控制环境、所属单位监控、关联交易、财务人员胜任能力等多个方面存在内部控制缺陷。

（二）几点启示

1. 重视内部控制的环境适应性

UT 斯达康以近 100% 的年增长速度连续四五年成为华尔街的宠儿，之后却沦为资本圈市场的反面典型，重要原因之一是内部控制没有随着公司的发展变化而及时调整。Kinney and McDaniel（1989）的研究表明，公司成长过快可能会超出其内部控制作用的范围，因此公司需要花时间来建立新的政策和程序，并需要配备相应素质的人力资源在管理和技术等方面与之相匹配。根据权变理论，环境（包括内部环境与外部环境）的变化会给现有的内部控制带来困难，从而使以前各种有效的内部控制的适用范围十分有限，例外情况越来越多。因此，公司要重视内部控制的环境适应性，根据成长速度、经营复杂程度等因素及时调整和完善内部控制制度。

2. 重视内部控制的战略目标

UT 斯达康曾一度被称为"擅长战略定位和战略调整"，为什么暴露出来的诸多问题恰恰又集中呈现在其战略定位和战略选择上呢？问题主要是在内部控制的战略短板上。《企业风险管理——整体框架》明确指出：战略目标是内部控制的最高层次目标；内部控制在应用于实现财务报告的可靠性、法律法规的遵循性以及经营的效率和效果三个目标的过程中，也应用于公司的战略制定，并从总体层面上实现对风险的识别与控制。因此，公司要重视内部控制的战略目标，从总体层面上实现对风险的识别与控制。

3. 重视内部控制的"人格化"问题

与其他公司一样，UT 斯达康也建有一整套内部控制制度，但为什么没有起到有效的作用呢？一个重要的原因就是没有很好地解决内部控制制度的"人格化"问题。内部控制制度的"人格化"问题是指内部控制制度要明确各责任人的责权利关系，使他们积极主动地执行内部控制制度。只有实行内部控制制度的"人格化"，才能实现对"人"的有效控制，进而达到对"物"的有效控制。

本章小结

本章阐述了内部监督的概念和类别：持续性监督活动是日常的监督活动主要涉及日常活动中获得内控执行的证据等，包括七个方面；专项监督是指独立评价，是内部审计、监察等部门从独立性角度出发，对内控系统进行审核的过程，主要关注的是系统的设计和运行的有效性。独立评价内容包括评价范围和频率、评价主体、评价过程、评价方法、书面记录、行动计划。

持续监督与独立评价两者关系是，内部控制系统通常是组织完善的系统，在某种程度上持续地监督其自身的活动，内部控制系统持续性监督的有效性程度越高，对单独评价的需要程度就越低，管理层为了合理地确认内部控制系统的有效性所必须进行的单独评估的频率，取决于管理层的判断。

对监督过程中发现的内部控制缺陷，应当分析缺陷的性质和产生的原因，提出整改方案，采取适当的形式及时向董事会、监事会或者经理层报告。内部控制缺陷包括设计缺陷和运行缺陷。按影响内控的程度分为重大缺陷、重要缺陷和一般缺陷。

内部控制自我评价是指企业内部为实现目标、控制风险而对内部控制系统的有效性和恰当性实施自我评价的方法；结合内部监督情况，定期对内部控制的有效性进行自我评价，出具内部控制自我评价报告。自我评价的方法有引导会议法、问卷调查法和管理结果分析法。内部控制自我评价的优势使企业内部审计更有效率与效果。

本章的重点与难点：独立评价内容，内部控制自我评价的方法，以及二者的区别。

复习思考题

1. 什么是内控监督？有哪些种类？
2. 什么是日常监督和专项监督？包括哪些内容？二者有什么联系？
3. 什么是内部控制缺陷？如何整改？
4. 什么是内部控制自我评价？包括哪些内容？主要方法是什么？
5. 内部控制自我评价与独立评价的区别在哪里？

附录一

中华人民共和国会计法

(1985 年 1 月 21 日第六届全国人民代表大会常务委员会第九次会议通过
根据 1993 年 12 月 29 日第八届全国人民代表大会常务委员会
第五次会议《关于修改〈中华人民共和国会计法〉的决定》修正
1999 年 10 月 31 日第九届全国人民代表大会
常务委员会第十二次会议修订)

第一章 总 则

第一条 为了规范会计行为，保证会计资料真实、完整，加强经济管理和财务管理，提高经济效益，维护社会主义市场经济秩序，制定本法。

第二条 国家机关、社会团体、公司、企业、事业单位和其他组织（以下统称单位）必须依照本法办理会计事务。

第三条 各单位必须依法设置会计账簿，并保证其真实、完整。

第四条 单位负责人对本单位的会计工作和会计资料的真实性、完整性负责。

第五条 会计机构、会计人员依照本法规定进行会计核算，实行会计监督。

任何单位或者个人不得以任何方式授意、指使、强令会计机构、会计人员伪造、变造会计凭证、会计账簿和其他会计资料，提供虚假财务会计报告。

任何单位或者个人不得对依法履行职责、抵制违反本法规定行为的会计人员实行打击报复。

第六条 对认真执行本法，忠于职守，坚持原则，做出显著成绩的会计人员，给予精神的或者物质的奖励。

第七条 国务院财政部门主管全国的会计工作。

县级以上地方各级人民政府财政部门管理本行政区域内的会计工作。

第八条 国家实行统一的会计制度。国家统一的会计制度由国务院财政部门根据本法制定并公布。

国务院有关部门可以依照本法和国家统一的会计制度制定对会计核算和会计监督有特殊要求的行业实施国家统一的会计制度的具体办法或者补充规定，报国务院财政部门审核批准。

中国人民解放军总后勤部可以依照本法和国家统一的会计制度制定军队实施国家统一的会计制度的具体办法，报国务院财政部门备案。

第二章 会计核算

第九条 各单位必须根据实际发生的经济业务事项进行会计核算，填制会计凭证，登记会计账簿，编制财务会计报告。

任何单位不得以虚假的经济业务事项或者资料进行会计核算。

第十条 下列经济业务事项，应当办理会计手续，进行会计核算：

（一）款项和有价证券的收付；

（二）财物的收发、增减和使用；

（三）债权债务的发生和结算；

（四）资本、基金的增减；

（五）收入、支出、费用、成本的计算；

（六）财务成果的计算和处理；

（七）需要办理会计手续、进行会计核算的其他事项。

第十一条 会计年度自公历 1 月 1 日起至 12 月 31 日止。

第十二条 会计核算以人民币为记账本位币。

业务收支以人民币以外的货币为主的单位，可以选定其中一种货币作为记账本位币，但是编报的财务会计报告应当折算为人民币。

第十三条 会计凭证、会计账簿、财务会计报告和其他会计资料，必须符合国家统一的会计制度的规定。

使用电子计算机进行会计核算的，其软件及其生成的会计凭证、会计账簿、财务会计报告和其他会计资料，也必须符合国家统一的会计制度的规定。

任何单位和个人不得伪造、变造会计凭证、会计账簿及其他会计资料，不得提供虚假的财务会计报告。

第十四条 会计凭证包括原始凭证和记账凭证。

办理本法第十条所列的经济业务事项，必须填制或者取得原始凭证并及时送交会计机构。

会计机构、会计人员必须按照国家统一的会计制度的规定对原始凭证进行审核，对不真实、不合法的原始凭证有权不予接受，并向单位负责人报告；对记载不准确、不完整的原始凭证予以退回，并要求按照国家统一的会计制度的规定更正、补充。

原始凭证记载的各项内容均不得涂改；原始凭证有错误的，应当由出具单位重开或者更正，更正处应当加盖出具单位印章。原始凭证金额有错误的，应当由出具单位重开，不得在原始凭证上更正。

记账凭证应当根据经过审核的原始凭证及有关资料编制。

第十五条 会计账簿登记，必须以经过审核的会计凭证为依据，并符合有关法律、行政法规和国家统一的会计制度的规定。会计账簿包括总账、明细账、日记账和其他辅助性账簿。

会计账簿应当按照连续编号的页码顺序登记。会计账簿记录发生错误或者隔页、缺号、跳行的，应当按照国家统一的会计制度规定的方法更正，并由会计人员和会计机构负责人（会计主管人员）在更正处盖章。

使用电子计算机进行会计核算的，其会计账簿的登记、更正，应当符合国家统一的会计制度的规定。

第十六条 各单位发生的各项经济业务事项应当在依法设置的会计账簿上统一登记、核算，不得违反本法和国家统一的会计制度的规定私设会计账簿登记、核算。

第十七条 各单位应当定期将会计账簿记录与实物、款项及有关资料相互核对，保证会计账簿记录与实物及款项的实有数额相符、会计账簿记录与会计凭证的有关内容相符、会计账簿之间相对应的记录相符、会计账簿记录与会计报表的有关内容相符。

第十八条 各单位采用的会计处理方法，前后各期应当一致，不得随意变更；确有必要变更的，应当按照国家统一的会计制度的规定变更，并将变更的原因、情况及影响在财务会计报告中说明。

第十九条 单位提供的担保、未决诉讼等或有事项，应当按照国家统一的会计制度的规定，在财务会计报告中予以说明。

第二十条 财务会计报告应当根据经过审核的会计账簿记录和有关资料编制，并符合本法和国家统一的会计制度关于财务会计报告的编制要求、提供对象和提供期限的规定；其他法律、行政法规另有规定的，从其规定。

财务会计报告由会计报表、会计报表附注和财务情况说明书组成。向不同的会计资料使用者提供的财务会计报告，其编制依据应当一致。有关法律、行政法规规定会计报表、会计报表附注和财务情况说明书须经注册会计师审计的，注册会计师及其所在的会计师事务所出具的审计报告应当随同财务会计报告一并提供。

第二十一条　财务会计报告应当由单位负责人和主管会计工作的负责人、会计机构负责人（会计主管人员）签名并盖章；设置总会计师的单位，还须由总会计师签名并盖章。

单位负责人应当保证财务会计报告真实、完整。

第二十二条　会计记录的文字应当使用中文。在民族自治地方，会计记录可以同时使用当地通用的一种民族文字。在中华人民共和国境内的外商投资企业、外国企业和其他外国组织的会计记录可以同时使用一种外国文字。

第二十三条　各单位对会计凭证、会计账簿、财务会计报告和其他会计资料应当建立档案，妥善保管。会计档案的保管期限和销毁办法，由国务院财政部门会同有关部门制定。

第三章　公司、企业会计核算的特别规定

第二十四条　公司、企业进行会计核算，除应当遵守本法第二章的规定外，还应当遵守本章规定。

第二十五条　公司、企业必须根据实际发生的经济业务事项，按照国家统一的会计制度的规定确认、计量和记录资产、负债、所有者权益、收入、费用、成本和利润。

第二十六条　公司、企业进行会计核算不得有下列行为：

（一）随意改变资产、负债、所有者权益的确认标准或者计量方法，虚列、多列、不列或者少列资产、负债、所有者权益；

（二）虚列或者隐瞒收入，推迟或者提前确认收入；

（三）随意改变费用、成本的确认标准或者计量方法，虚列、多列、不列或者少列费用、成本；

（四）随意调整利润的计算、分配方法，编造虚假利润或者隐瞒利润；

（五）违反国家统一的会计制度规定的其他行为。

第四章　会计监督

第二十七条　各单位应当建立、健全本单位内部会计监督制度。单位内部会计监督制度应当符合下列要求：

（一）记账人员与经济业务事项和会计事项的审批人员、经办人员、财物

保管人员的职责权限应当明确，并相互分离、相互制约；

（二）重大对外投资、资产处置、资金调度和其他重要经济业务事项的决策和执行的相互监督、相互制约程序应当明确；

（三）财产清查的范围、期限和组织程序应当明确；

（四）对会计资料定期进行内部审计的办法和程序应当明确。

第二十八条 单位负责人应当保证会计机构、会计人员依法履行职责，不得授意、指使、强令会计机构、会计人员违法办理会计事项。

会计机构、会计人员对违反本法和国家统一的会计制度规定的会计事项，有权拒绝办理或者按照职权予以纠正。

第二十九条 会计机构、会计人员发现会计账簿记录与实物、款项及有关资料不相符的，按照国家统一的会计制度的规定有权自行处理的，应当及时处理；无权处理的，应当立即向单位负责人报告，请求查明原因，作出处理。

第三十条 任何单位和个人对违反本法和国家统一的会计制度规定的行为，有权检举。收到检举的部门有权处理的，应当依法按照职责分工及时处理；无权处理的，应当及时移送有权处理的部门处理。收到检举的部门、负责处理的部门应当为检举人保密，不得将检举人姓名和检举材料转给被检举单位和被检举人个人。

第三十一条 有关法律、行政法规规定，须经注册会计师进行审计的单位，应当向受委托的会计师事务所如实提供会计凭证、会计账簿、财务会计报告和其他会计资料以及有关情况。

任何单位或者个人不得以任何方式要求或者示意注册会计师及其所在的会计师事务所出具不实或者不当的审计报告。

财政部门有权对会计师事务所出具审计报告的程序和内容进行监督。

第三十二条 财政部门对各单位的下列情况实施监督：

（一）是否依法设置会计账簿；

（二）会计凭证、会计账簿、财务会计报告和其他会计资料是否真实、完整；

（三）会计核算是否符合本法和国家统一的会计制度的规定；

（四）从事会计工作的人员是否具备从业资格。

在对前款第（二）项所列事项实施监督，发现重大违法嫌疑时，国务院财政部门及其派出机构可以向与被监督单位有经济业务往来的单位和被监督单位开立账户的金融机构查询有关情况，有关单位和金融机构应当给予支持。

第三十三条 财政、审计、税务、人民银行、证券监管、保险监管等部门应当依照有关法律、行政法规规定的职责，对有关单位的会计资料实施监督检查。

前款所列监督检查部门对有关单位的会计资料依法实施监督检查后，应当出具检查结论。有关监督检查部门已经作出的检查结论能够满足其他监督检查部门履行本部门职责需要的，其他监督检查部门应当加以利用，避免重复查账。

第三十四条 依法对有关单位的会计资料实施监督检查的部门及其工作人员对在监督检查中知悉的国家秘密和商业秘密负有保密义务。

第三十五条 各单位必须依照有关法律、行政法规的规定，接受有关监督检查部门依法实施的监督检查，如实提供会计凭证、会计账簿、财务会计报告和其他会计资料以及有关情况，不得拒绝、隐匿、谎报。

第五章 会计机构和会计人员

第三十六条 各单位应当根据会计业务的需要，设置会计机构，或者在有关机构中设置会计人员并指定会计主管人员；不具备设置条件的，应当委托经批准设立从事会计代理记账业务的中介机构代理记账。

国有的和国有资产占控股地位或者主导地位的大、中型企业必须设置总会计师。总会计师的任职资格、任免程序、职责权限由国务院规定。

第三十七条 会计机构内部应当建立稽核制度。

出纳人员不得兼任稽核、会计档案保管和收入、支出、费用、债权债务账目的登记工作。

第三十八条 从事会计工作的人员，必须取得会计从业资格证书。

担任单位会计机构负责人（会计主管人员）的，除取得会计从业资格证书外，还应当具备会计师以上专业技术职务资格或者从事会计工作三年以上经历。

会计人员从业资格管理办法由国务院财政部门规定。

第三十九条 会计人员应当遵守职业道德，提高业务素质。对会计人员的教育和培训工作应当加强。

第四十条 因有提供虚假财务会计报告，做假账，隐匿或者故意销毁会计凭证、会计账簿、财务会计报告，贪污，挪用公款，职务侵占等与会计职务有关的违法行为被依法追究刑事责任的人员，不得取得或者重新取得会计从业资格证书。

除前款规定的人员外，因违法违纪行为被吊销会计从业资格证书的人员，自被吊销会计从业资格证书之日起五年内，不得重新取得会计从业资格证书。

第四十一条 会计人员调动工作或者离职，必须与接管人员办清交接手续。

一般会计人员办理交接手续，由会计机构负责人（会计主管人员）监交；会计机构负责人（会计主管人员）办理交接手续，由单位负责人监交，必要时主管单位可以派人会同监交。

第六章 法律责任

第四十二条 违反本法规定，有下列行为之一的，由县级以上人民政府财政部门责令限期改正，可以对单位并处三千元以上五万元以下的罚款；对其直接负责的主管人员和其他直接责任人员，可以处二千元以上二万元以下的罚款；属于国家工作人员的，还应当由其所在单位或者有关单位依法给予行政处分：

（一）不依法设置会计账簿的；

（二）私设会计账簿的；

（三）未按照规定填制、取得原始凭证或者填制、取得的原始凭证不符合规定的；

（四）以未经审核的会计凭证为依据登记会计账簿或者登记会计账簿不符合规定的；

（五）随意变更会计处理方法的；

（六）向不同的会计资料使用者提供的财务会计报告编制依据不一致的；

（七）未按照规定使用会计记录文字或者记账本位币的；

（八）未按照规定保管会计资料，致使会计资料毁损、灭失的；

（九）未按照规定建立并实施单位内部会计监督制度或者拒绝依法实施的监督或者不如实提供有关会计资料及有关情况的；

（十）任用会计人员不符合本法规定的。

有前款所列行为之一，构成犯罪的，依法追究刑事责任。

会计人员有第一款所列行为之一，情节严重的，由县级以上人民政府财政部门吊销会计从业资格证书。

有关法律对第一款所列行为的处罚另有规定的，依照有关法律的规定办理。

第四十三条 伪造、变造会计凭证、会计账簿，编制虚假财务会计报告，构成犯罪的，依法追究刑事责任。

有前款行为，尚不构成犯罪的，由县级以上人民政府财政部门予以通报，可以对单位并处五千元以上十万元以下的罚款；对其直接负责的主管人员和其他直接责任人员，可以处三千元以上五万元以下的罚款；属于国家工作人员的，还应当由其所在单位或者有关单位依法给予撤职直至开除的行政处分；对其中的会计人员，并由县级以上人民政府财政部门吊销会计从业资格证书。

第四十四条 隐匿或者故意销毁依法应当保存的会计凭证、会计账簿、财务会计报告，构成犯罪的，依法追究刑事责任。

有前款行为，尚不构成犯罪的，由县级以上人民政府财政部门予以通报，可以对单位并处五千元以上十万元以下的罚款；对其直接负责的主管人员和其他直接责任人员，可以处三千元以上五万元以下的罚款；属于国家工作人员的，还应当由其所在单位或者有关单位依法给予撤职直至开除的行政处分；对其中的会计人员，并由县级以上人民政府财政部门吊销会计从业资格证书。

第四十五条 授意、指使、强令会计机构、会计人员及其他人员伪造、变造会计凭证、会计账簿，编制虚假财务会计报告或者隐匿、故意销毁依法应当保存的会计凭证、会计账簿、财务会计报告，构成犯罪的，依法追究刑事责任；尚不构成犯罪的，可以处五千元以上五万元以下的罚款；属于国家工作人员的，还应当由其所在单位或者有关单位依法给予降级、撤职、开除的行政处分。

第四十六条 单位负责人对依法履行职责、抵制违反本法规定行为的会计人员以降级、撤职、调离工作岗位、解聘或者开除等方式实行打击报复，构成犯罪的，依法追究刑事责任；尚不构成犯罪的，由其所在单位或者有关单位依法给予行政处分。对受打击报复的会计人员，应当恢复其名誉和原有职务、级别。

第四十七条 财政部门及有关行政部门的工作人员在实施监督管理中滥用职权、玩忽职守、徇私舞弊或者泄露国家秘密、商业秘密，构成犯罪的，依法追究刑事责任；尚不构成犯罪的，依法给予行政处分。

第四十八条 违反本法第三十条规定，将检举人姓名和检举材料转给被检举单位和被检举人个人的，由所在单位或者有关单位依法给予行政处分。

第四十九条 违反本法规定，同时违反其他法律规定的，由有关部门在各自职权范围内依法进行处罚。

第七章 附 则

第五十条 本法下列用语的含义：

　　单位负责人，是指单位法定代表人或者法律、行政法规规定代表单位行使职权的主要负责人。

　　国家统一的会计制度，是指国务院财政部门根据本法制定的关于会计核算、会计监督、会计机构和会计人员以及会计工作管理的制度。

　　第五十一条　个体工商户会计管理的具体办法，由国务院财政部门根据本法的原则另行规定。

　　第五十二条　本法自 2000 年 7 月 1 日起施行。

财政部 证监会 审计署 银监会
保监会关于印发《企业内部控制
基本规范》的通知

中直管理局，铁道部、国管局，总后勤部、武警总部，各省、自治区、直辖市、计划单列市财政厅（局）、审计厅（局），新疆生产建设兵团财务局、审计局，中国证监会各省、自治区、直辖市、计划单列市监管局，中国证监会上海、深圳专员办，各保监局、保险公司，各银监局、政策性银行、国有商业银行、股份制商业银行、邮政储蓄银行、资产管理公司，各省级农村信用联社、银监会直接管理的信托公司、财务公司、租赁公司，有关中央管理企业：

为了加强和规范企业内部控制，提高企业经营管理水平和风险防范能力，促进企业可持续发展，维护社会主义市场经济秩序和社会公众利益，根据国家有关法律法规，财政部会同证监会、审计署、银监会、保监会制定了《企业内部控制基本规范》，现予印发，自 2009 年 7 月 1 日起在上市公司范围内施行，鼓励非上市的大中型企业执行。执行本规范的上市公司，应当对本公司内部控制的有效性进行自我评价，披露年度自我评价报告，并可聘请具有证券、期货业务资格的会计师事务所对内部控制的有效性进行审计。

执行中有何问题，请及时反馈我们。

附件：企业内部控制基本规范

二〇〇八年五月二十二日

附件

企业内部控制基本规范

第一章 总 则

第一条 为了加强和规范企业内部控制，提高企业经营管理水平和风险防范能力，促进企业可持续发展，维护社会主义市场经济秩序和社会公众利益，根据《中华人民共和国公司法》、《中华人民共和国证券法》、《中华人民共和国会计法》和其他有关法律法规，制定本规范。

第二条 本规范适用于中华人民共和国境内设立的大中型企业。

小企业和其他单位可以参照本规范建立与实施内部控制。

大中型企业和小企业的划分标准根据国家有关规定执行。

第三条 本规范所称内部控制，是由企业董事会、监事会、经理层和全体员工实施的、旨在实现控制目标的过程。

内部控制的目标是合理保证企业经营管理合法合规、资产安全、财务报告及相关信息真实完整，提高经营效率和效果，促进企业实现发展战略。

第四条 企业建立与实施内部控制，应当遵循下列原则：

（一）全面性原则。内部控制应当贯穿决策、执行和监督全过程，覆盖企业及其所属单位的各种业务和事项。

（二）重要性原则。内部控制应当在全面控制的基础上，关注重要业务事项和高风险领域。

（三）制衡性原则。内部控制应当在治理结构、机构设置及权责分配、业务流程等方面形成相互制约、相互监督，同时兼顾运营效率。

（四）适应性原则。内部控制应当与企业经营规模、业务范围、竞争状况和风险水平等相适应，并随着情况的变化及时加以调整。

（五）成本效益原则。内部控制应当权衡实施成本与预期效益，以适当的成本实现有效控制。

第五条 企业建立与实施有效的内部控制，应当包括下列要素：

（一）内部环境。内部环境是企业实施内部控制的基础，一般包括治理结构、机构设置及权责分配、内部审计、人力资源政策、企业文化等。

（二）风险评估。风险评估是企业及时识别、系统分析经营活动中与实现内部控制目标相关的风险，合理确定风险应对策略。

（三）控制活动。控制活动是企业根据风险评估结果，采用相应的控制措施，将风险控制在可承受度之内。

（四）信息与沟通。信息与沟通是企业及时、准确地收集、传递与内部控制相关的信息，确保信息在企业内部、企业与外部之间进行有效沟通。

（五）内部监督。内部监督是企业对内部控制建立与实施情况进行监督检查，评价内部控制的有效性，发现内部控制缺陷，应当及时加以改进。

第六条 企业应当根据有关法律法规、本规范及其配套办法，制定本企业的内部控制制度并组织实施。

第七条 企业应当运用信息技术加强内部控制，建立与经营管理相适应的信息系统，促进内部控制流程与信息系统的有机结合，实现对业务和事项的自动控制，减少或消除人为操纵因素。

第八条 企业应当建立内部控制实施的激励约束机制，将各责任单位和全体员工实施内部控制的情况纳入绩效考评体系，促进内部控制的有效实施。

第九条 国务院有关部门可以根据法律法规、本规范及其配套办法，明确贯彻实施本规范的具体要求，对企业建立与实施内部控制的情况进行监督检查。

第十条 接受企业委托从事内部控制审计的会计师事务所，应当根据本规范及其配套办法和相关执业准则，对企业内部控制的有效性进行审计，出具审计报告。会计师事务所及其签字的从业人员应当对发表的内部控制审计意见负责。

为企业内部控制提供咨询的会计师事务所，不得同时为同一企业提供内部控制审计服务。

第二章　内部环境

第十一条 企业应当根据国家有关法律法规和企业章程，建立规范的公司治理结构和议事规则，明确决策、执行、监督等方面的职责权限，形成科学有效的职责分工和制衡机制。

股东（大）会享有法律法规和企业章程规定的合法权利，依法行使企业经营方针、筹资、投资、利润分配等重大事项的表决权。

董事会对股东（大）会负责，依法行使企业的经营决策权。

监事会对股东（大）会负责，监督企业董事、经理和其他高级管理人员依法履行职责。

经理层负责组织实施股东（大）会、董事会决议事项，主持企业的生产经营管理工作。

第十二条　董事会负责内部控制的建立健全和有效实施。监事会对董事会建立与实施内部控制进行监督。经理层负责组织领导企业内部控制的日常运行。

企业应当成立专门机构或者指定适当的机构具体负责组织协调内部控制的建立实施及日常工作。

第十三条　企业应当在董事会下设立审计委员会。审计委员会负责审查企业内部控制，监督内部控制的有效实施和内部控制自我评价情况，协调内部控制审计及其他相关事宜等。

审计委员会负责人应当具备相应的独立性、良好的职业操守和专业胜任能力。

第十四条　企业应当结合业务特点和内部控制要求设置内部机构，明确职责权限，将权利与责任落实到各责任单位。

企业应当通过编制内部管理手册，使全体员工掌握内部机构设置、岗位职责、业务流程等情况，明确权责分配，正确行使职权。

第十五条　企业应当加强内部审计工作，保证内部审计机构设置、人员配备和工作的独立性。

内部审计机构应当结合内部审计监督，对内部控制的有效性进行监督检查。内部审计机构对监督检查中发现的内部控制缺陷，应当按照企业内部审计工作程序进行报告；对监督检查中发现的内部控制重大缺陷，有权直接向董事会及其审计委员会、监事会报告。

第十六条　企业应当制定和实施有利于企业可持续发展的人力资源政策。人力资源政策应当包括下列内容：

（一）员工的聘用、培训、辞退与辞职。

（二）员工的薪酬、考核、晋升与奖惩。

（三）关键岗位员工的强制休假制度和定期岗位轮换制度。

（四）掌握国家秘密或重要商业秘密的员工离岗的限制性规定。

（五）有关人力资源管理的其他政策。

第十七条　企业应当将职业道德修养和专业胜任能力作为选拔和聘用员工的重要标准，切实加强员工培训和继续教育，不断提升员工素质。

第十八条　企业应当加强文化建设，培育积极向上的价值观和社会责任感，倡导诚实守信、爱岗敬业、开拓创新和团队协作精神，树立现代管理理念，强化风险意识。

董事、监事、经理及其他高级管理人员应当在企业文化建设中发挥主导作用。

企业员工应当遵守员工行为守则，认真履行岗位职责。

第十九条 企业应当加强法制教育，增强董事、监事、经理及其他高级管理人员和员工的法制观念，严格依法决策、依法办事、依法监督，建立健全法律顾问制度和重大法律纠纷案件备案制度。

第三章　风险评估

第二十条 企业应当根据设定的控制目标，全面系统持续地收集相关信息，结合实际情况，及时进行风险评估。

第二十一条 企业开展风险评估，应当准确识别与实现控制目标相关的内部风险和外部风险，确定相应的风险承受度。

风险承受度是企业能够承担的风险限度，包括整体风险承受能力和业务层面的可接受风险水平。

第二十二条 企业识别内部风险，应当关注下列因素：

（一）董事、监事、经理及其他高级管理人员的职业操守、员工专业胜任能力等人力资源因素。

（二）组织机构、经营方式、资产管理、业务流程等管理因素。

（三）研究开发、技术投入、信息技术运用等自主创新因素。

（四）财务状况、经营成果、现金流量等财务因素。

（五）营运安全、员工健康、环境保护等安全环保因素。

（六）其他有关内部风险因素。

第二十三条 企业识别外部风险，应当关注下列因素：

（一）经济形势、产业政策、融资环境、市场竞争、资源供给等经济因素。

（二）法律法规、监管要求等法律因素。

（三）安全稳定、文化传统、社会信用、教育水平、消费者行为等社会因素。

（四）技术进步、工艺改进等科学技术因素。

（五）自然灾害、环境状况等自然环境因素。

（六）其他有关外部风险因素。

第二十四条 企业应当采用定性与定量相结合的方法，按照风险发生的可能性及其影响程度等，对识别的风险进行分析和排序，确定关注重点和优先控制的风险。

企业进行风险分析，应当充分吸收专业人员，组成风险分析团队，按照严格规范的程序开展工作，确保风险分析结果的准确性。

第二十五条 企业应当根据风险分析的结果，结合风险承受度，权衡风险与收益，确定风险应对策略。

企业应当合理分析、准确掌握董事、经理及其他高级管理人员、关键岗位员工的风险偏好，采取适当的控制措施，避免因个人风险偏好给企业经营带来重大损失。

第二十六条 企业应当综合运用风险规避、风险降低、风险分担和风险承受等风险应对策略，实现对风险的有效控制。

风险规避是企业对超出风险承受度的风险，通过放弃或者停止与该风险相关的业务活动以避免和减轻损失的策略。

风险降低是企业在权衡成本效益之后，准备采取适当的控制措施降低风险或者减轻损失，将风险控制在风险承受度之内的策略。

风险分担是企业准备借助他人力量，采取业务分包、购买保险等方式和适当的控制措施，将风险控制在风险承受度之内的策略。

风险承受是企业对风险承受度之内的风险，在权衡成本效益之后，不准备采取控制措施降低风险或者减轻损失的策略。

第二十七条 企业应当结合不同发展阶段和业务拓展情况，持续收集与风险变化相关的信息，进行风险识别和风险分析，及时调整风险应对策略。

第四章 控制活动

第二十八条 企业应当结合风险评估结果，通过手工控制与自动控制、预防性控制与发现性控制相结合的方法，运用相应的控制措施，将风险控制在可承受度之内。

控制措施一般包括：不相容职务分离控制、授权审批控制、会计系统控制、财产保护控制、预算控制、运营分析控制和绩效考评控制等。

第二十九条 不相容职务分离控制要求企业全面系统地分析、梳理业务流程中所涉及的不相容职务，实施相应的分离措施，形成各司其职、各负其责、相互制约的工作机制。

第三十条 授权审批控制要求企业根据常规授权和特别授权的规定，明确各岗位办理业务和事项的权限范围、审批程序和相应责任。

企业应当编制常规授权的权限指引，规范特别授权的范围、权限、程序和责任，严格控制特别授权。常规授权是指企业在日常经营管理活动中按照既定的职责和程序进行的授权。特别授权是指企业在特殊情况、特定条件下进行的授权。

企业各级管理人员应当在授权范围内行使职权和承担责任。

企业对于重大的业务和事项，应当实行集体决策审批或者联签制度，任何个人不得单独进行决策或者擅自改变集体决策。

第三十一条 会计系统控制要求企业严格执行国家统一的会计准则制度，加强会计基础工作，明确会计凭证、会计账簿和财务会计报告的处理程序，保证会计资料真实完整。

企业应当依法设置会计机构，配备会计从业人员。从事会计工作的人员，必须取得会计从业资格证书。会计机构负责人应当具备会计师以上专业技术职务资格。

大中型企业应当设置总会计师。设置总会计师的企业，不得设置与其职权重叠的副职。

第三十二条 财产保护控制要求企业建立财产日常管理制度和定期清查制度，采取财产记录、实物保管、定期盘点、账实核对等措施，确保财产安全。

企业应当严格限制未经授权的人员接触和处置财产。

第三十三条 预算控制要求企业实施全面预算管理制度，明确各责任单位在预算管理中的职责权限，规范预算的编制、审定、下达和执行程序，强化预算约束。

第三十四条 运营分析控制要求企业建立运营情况分析制度，经理层应当综合运用生产、购销、投资、筹资、财务等方面的信息，通过因素分析、对比分析、趋势分析等方法，定期开展运营情况分析，发现存在的问题，及时查明原因并加以改进。

第三十五条 绩效考评控制要求企业建立和实施绩效考评制度，科学设置考核指标体系，对企业内部各责任单位和全体员工的业绩进行定期考核和客观评价，将考评结果作为确定员工薪酬以及职务晋升、评优、降级、调岗、辞退等的依据。

第三十六条 企业应当根据内部控制目标，结合风险应对策略，综合运用控制措施，对各种业务和事项实施有效控制。

第三十七条 企业应当建立重大风险预警机制和突发事件应急处理机制，明确风险预警标准，对可能发生的重大风险或突发事件，制定应急预案、明确责任人员、规范处置程序，确保突发事件得到及时妥善处理。

第五章　信息与沟通

第三十八条　企业应当建立信息与沟通制度，明确内部控制相关信息的收集、处理和传递程序，确保信息及时沟通，促进内部控制有效运行。

第三十九条　企业应当对收集的各种内部信息和外部信息进行合理筛选、核对、整合，提高信息的有用性。

企业可以通过财务会计资料、经营管理资料、调研报告、专项信息、内部刊物、办公网络等渠道，获取内部信息。

企业可以通过行业协会组织、社会中介机构、业务往来单位、市场调查、来信来访、网络媒体以及有关监管部门等渠道，获取外部信息。

第四十条　企业应当将内部控制相关信息在企业内部各管理级次、责任单位、业务环节之间，以及企业与外部投资者、债权人、客户、供应商、中介机构和监管部门等有关方面之间进行沟通和反馈。信息沟通过程中发现的问题，应当及时报告并加以解决。

重要信息应当及时传递给董事会、监事会和经理层。

第四十一条　企业应当利用信息技术促进信息的集成与共享，充分发挥信息技术在信息与沟通中的作用。

企业应当加强对信息系统开发与维护、访问与变更、数据输入与输出、文件储存与保管、网络安全等方面的控制，保证信息系统安全稳定运行。

第四十二条　企业应当建立反舞弊机制，坚持惩防并举、重在预防的原则，明确反舞弊工作的重点领域、关键环节和有关机构在反舞弊工作中的职责权限，规范舞弊案件的举报、调查、处理、报告和补救程序。

企业至少应当将下列情形作为反舞弊工作的重点：

（一）未经授权或者采取其他不法方式侵占、挪用企业资产，牟取不当利益。

（二）在财务会计报告和信息披露等方面存在的虚假记载、误导性陈述或者重大遗漏等。

（三）董事、监事、经理及其他高级管理人员滥用职权。

（四）相关机构或人员串通舞弊。

第四十三条　企业应当建立举报投诉制度和举报人保护制度，设置举报专线，明确举报投诉处理程序、办理时限和办结要求，确保举报、投诉成为企业有效掌握信息的重要途径。

举报投诉制度和举报人保护制度应当及时传达至全体员工。

第六章　内部监督

第四十四条　企业应当根据本规范及其配套办法，制定内部控制监督制度，明确内部审计机构（或经授权的其他监督机构）和其他内部机构在内部监督中的职责权限，规范内部监督的程序、方法和要求。

内部监督分为日常监督和专项监督。日常监督是指企业对建立与实施内部控制的情况进行常规、持续的监督检查；专项监督是指在企业发展战略、组织结构、经营活动、业务流程、关键岗位员工等发生较大调整或变化的情况下，对内部控制的某一或者某些方面进行有针对性地监督检查。

专项监督的范围和频率应当根据风险评估结果以及日常监督的有效性等予以确定。

第四十五条　企业应当制定内部控制缺陷认定标准，对监督过程中发现的内部控制缺陷，应当分析缺陷的性质和产生的原因，提出整改方案，采取适当的形式及时向董事会、监事会或者经理层报告。

内部控制缺陷包括设计缺陷和运行缺陷。企业应当跟踪内部控制缺陷整改情况，并就内部监督中发现的重大缺陷，追究相关责任单位或者责任人的责任。

第四十六条　企业应当结合内部监督情况，定期对内部控制的有效性进行自我评价，出具内部控制自我评价报告。

内部控制自我评价的方式、范围、程序和频率，由企业根据经营业务调整、经营环境变化、业务发展状况、实际风险水平等自行确定。

国家有关法律法规另有规定的，从其规定。

第四十七条　企业应当以书面或者其他适当的形式，妥善保存内部控制建立与实施过程中的相关记录或者资料，确保内部控制建立与实施过程的可验证性。

第七章　附　则

第四十八条　本规范由财政部会同国务院其他有关部门解释。

第四十九条　本规范的配套办法由财政部会同国务院其他有关部门另行制定。

第五十条　本规范自 2009 年 7 月 1 日起实施。

财政部关于印发《会计人员
继续教育规定》的通知

财会〔2006〕19 号

中共中央直属机关事务管理局，铁道部、国务院机关事务管理局，解放军总后勤部、武警部队后勤部，各省、自治区、直辖市、计划单列市财政厅（局），新疆生产建设兵团财务局：

为了贯彻落实《会计法》关于"会计人员应当遵守职业道德，提高业务素质，对会计人员的教育和培训工作应当加强"的规定，进一步推进会计人员继续教育工作，我部根据《会计法》和《会计从业资格管理办法》（财政部令第26 号），制定了《会计人员继续教育规定》，现予印发，请遵照执行。

附件：会计人员继续教育规定

中华人民共和国财政部
二〇〇六年十一月二十日

附件

会计人员继续教育规定

第一章 总 则

第一条 为推进会计人员继续教育科学化、制度化、规范化，培养造就高素质的会计队伍，提高会计人员专业胜任能力，根据《中华人民共和国会计法》和《会计从业资格管理办法》（财政部令第26 号）的规定，制定本规定。

第二条 会计人员继续教育必须紧密结合经济社会发展和会计行业发展要求，统筹规划，分类指导，强化服务，注重质量，全面推进会计人才队伍建设，为经济社会和会计行业发展提供人才保证和智力支持。

第三条 会计人员继续教育应当遵循下列基本原则：

（一）以人为本，按需施教。把握会计行业发展趋势和会计人员从业基本要求，突出提升会计人员专业胜任能力，引导会计人员更新知识、拓展技能，提高解决实际问题的能力。

（二）突出重点，提高能力。会计人员继续教育面向会计队伍，创造人人皆受教育、人人皆可成才的环境，全面提高会计人员整体素质。同时，突出高层次会计人才培养和提高综合能力培训，进一步改善会计队伍人才结构和知识结构。

（三）加强指导，创新机制。在统筹规划的前提下，有效利用各方面教育资源，引导社会办学单位参与会计人才继续教育，并不断创新继续教育内容，改进继续教育方式，提高继续教育质量，逐步形成政府部门规划指导、社会办学单位积极参与、用人单位支持督促的会计人员继续教育新格局。

第二章 管理体制

第四条 财政部负责全国会计人员继续教育的管理。

（一）制定全国会计人员继续教育规划；

（二）制定全国会计人员继续教育制度；

（三）制定全国会计人员继续教育大纲；

（四）组织开发、评估、推荐全国会计人员继续教育重点教材；

（五）组织全国高级会计人员培训和会计人员继续教育师资培训；

（六）指导、督促各地区和有关部门会计人员继续教育工作的开展。

第五条 各省、自治区、直辖市、计划单列市财政厅（局）负责本地区的会计人员继续教育的组织管理工作。

（一）依据全国会计人员继续教育制度，制定本地区的会计人员继续教育实施办法；

（二）制定本地区会计人员继续教育规划并组织实施；

（三）确定本地区各级财政部门对会计人员继续教育的具体职责和管理权限；

（四）组织推荐适合本地区的会计人员继续教育教材，或者选用财政部统一组织开发、推荐的全国会计人员继续教育重点教材；

（五）组织本地区各类会计人才培训和会计人员继续教育师资培训；

（六）指导、监督本地区会计人员继续教育工作，规范会计培训市场。

第六条 中共中央直属机关事务管理局、国务院机关事务管理局、铁道部、中国人民武装警察部队后勤部、中国人民解放军总后勤部（以下简称中央主管单位）比照会计从业资格管理体制，分别负责中央在京单位、铁路系统、中国人民武装警察部队系统、中国人民解放军系统会计人员继续教育的组织实施工作。

中央主管单位组织会计人员继续教育的职责，比照本规定第五条执行。

第七条 会计人员所在单位负责组织和督促本单位的会计人员参加继续教育。

会计人员所在单位应当遵循教育、考核、使用相结合的原则，支持、督促并组织本单位会计人员参加继续教育，保证学习时间，提供必要的学习条件。

第三章 继续教育对象

第八条 会计人员享有参加继续教育的权利和接受继续教育的义务。

第九条 会计人员继续教育的对象是取得并持有会计从业资格证书的人员。

第十条 会计人员继续教育分为高级、中级、初级三个级别。

（一）高级会计人员继续教育的对象为取得或者受聘高级会计专业技术资格（职称）及具备相当水平的会计人员；

（二）中级会计人员继续教育的对象为取得或者受聘中级会计专业技术资格（职称）及具备相当水平的会计人员；

（三）初级会计人员继续教育的对象为取得或者受聘初级会计专业技术资格（职称）的会计人员，以及取得会计从业资格证书但未取得或者受聘初级会计专业技术资格（职称）的会计人员。

第十一条 会计人员每年接受培训（面授）的时间累计不应少于 24 小时。

会计人员由于病假、在境外工作、生育等原因，无法在当年完成接受培训时间的，可由本人提供合理证明，经归口管理的当地财政部门或中央主管单位（以下简称继续教育管理部门）审核确认后，其参加继续教育时间可以顺延至以后年度完成。

第四章 继续教育的内容与形式

第十二条 会计人员继续教育的内容主要包括会计理论、政策法规、业务知识、技能训练和职业道德等。

（一）会计理论继续教育，重点加强会计基础理论和应用理论的培训，提高会计人员用理论指导实践的能力；

（二）政策法规继续教育，重点加强会计法规制度及其他相关法规制度的培训，提高会计人员依法理财的能力；

（三）业务知识培训和技能训练，重点加强履行岗位职责所必备的专业知识和经营管理、内部控制、信息化等方面的培训，提高会计人员的实际工作能力和业务技能；

（四）职业道德继续教育，重点加强会计职业道德的培训，提高会计人员职业道德水平。

第十三条 会计人员继续教育的形式以接受培训为主。在职自学是会计人员继续教育的重要补充。

会计人员可以自愿选择参加继续教育主管部门认可的接受培训的形式：

（一）参加在继续教育主管部门备案并予以公布的会计人员继续教育机构组织的会计培训；

（二）参加继续教育主管部门组织的会计人员继续教育师资培训和会计培训；

（三）参加会计人员所在单位组织的会计类脱产培训；

（四）参加会计、审计、统计、经济专业技术资格考试，以及注册会计师、注册资产评估师、注册税务师考试；

（五）继续教育主管部门认可的其他形式。

继续教育主管部门应当按照管理权限，定期公布会计人员继续教育机构名称等相关信息。

第十四条 鼓励会计人员参加在职自学。在职自学形式包括：

（一）参加普通院校或成人院校会计、审计、财务管理、理财学、会计电算化、注册会计师专门化、会计硕士专业学位（MPAcc）等国家承认的相关专业学历教育；

（二）独立完成通过地（市）级以上（含地、市级）财政部门或会计学术团体认可的会计类研究课题或在省级以上（含省级）经济类报刊上发表会计类论文；

（三）系统地接受会计业务相关的远程教育和网上培训；

（四）其他在职自学形式。

会计人员所在单位应当对会计人员在职自学提出要求，并提供必要的条件。

第十五条 开展会计人员继续教育应当根据会计人员的特点，综合运用讲授式、研究式、案例式、模拟式、体验式等教学方法，提高培训效果和质量。

第十六条 推广网络教育、远程教育、电化教育，提高会计人员继续教育教学和管理的信息化水平。

第五章　继续教育机构

第十七条 加强会计人员继续教育机构建设，构建分工明确、优势互补、布局合理、竞争有序的会计人员继续教育网络。充分发挥国家会计学院、中华会计函授学校、会计学术团体、县级以上财政部门及中央主管单位会计人员培训基地（中心）等教育资源在会计人员继续教育中的主渠道作用，鼓励、引导高等院校、科研院所等社会办学单位参与会计人员继续教育工作。

第十八条 会计人员继续教育机构必须同时符合下列条件：

（一）具备承担培训工作相适应的教学场所和设施；

（二）拥有与承担培训工作相适应的师资队伍和管理力量；

（三）能够完成所承担的培训任务，保证培训质量。

第十九条 会计人员继续教育机构应当根据会计人员继续教育统一规划，改进培训方式，科学设置培训内容，加强教学管理，提高教学水平。

第六章　师资、教材

第二十条 从事会计人员继续教育工作的师资，应当具有良好的职业道德修养、较高的理论政策水平、扎实的专业知识基础，有一定的实际工作经验，掌握现代教育培训理论和方法，具备胜任教学、科研工作的能力。

（一）承担高级会计人员继续教育任务的教学人员，一般应具备教授职称、高级专业技术资格，或者为具备相应水平的专家。

（二）承担中级会计人员继续教育任务的教学人员，一般应具备副教授以上（含副教授）职称、高级专业技术资格，或者为具备相应水平的专家。

（三）承担初级会计人员继续教育任务的教学人员，一般应具备讲师以上（含讲师）职称、中级以上（含中级）专业技术资格，或者为具备相应水平的专家。

第二十一条 加强会计人员继续教育教材建设，逐步形成会计人员继续教育教材体系，以适应不同级别会计人员继续教育的需要。

第二十二条 坚持会计人员继续教育教材的开发与利用相结合，做到一纲多本、编审分开。加强教材开发的针对性和实用性。提倡会计人员继续教育教材开发社会化，鼓励社会上有能力的部门和单位按照统一的会计人员继续教育大纲，参与编制会计人员继续教育教材。

第二十三条　继续教育管理部门应当加强对会计人员继续教育教材的编写、评估、推荐、出版、发行、使用情况的管理和监督。

第二十四条　参加继续教育的会计人员自愿选择会计人员继续教育教材。任何部门、单位和个人不得向会计人员强行推销、搭售培训教材。

第七章　考核与检查

第二十五条　继续教育主管部门应当加强对会计人员参加继续教育情况的考核，并将考核结果作为评选先进会计工作者、颁发会计人员荣誉证书等的依据之一。

对未按规定参加继续教育或者未完成接受培训时间的会计人员，继续教育主管部门应当督促其接受继续教育；对无正当理由仍不参加继续教育的，可采取适当方式向社会公布。

第二十六条　会计人员所在单位应当将会计人员参加继续教育情况作为会计人员任职、晋升的依据之一。

第二十七条　会计人员继续教育实行登记管理。会计人员按照要求接受培训，考核合格并取得相关证明后，应在 90 天内持《会计人员从业资格证书》及相关证明向继续教育主管部门办理继续教育事项登记。

继续教育主管部门应当加强会计人员业务档案、诚信档案建设，如实记载会计人员接受继续教育情况。

第二十八条　继续教育主管部门应当定期对继续教育机构的会计人员继续教育情况进行检查、评估，并将检查、评估结果以适当方式向社会公布。

第二十九条　会计人员继续教育机构有下列情形之一的，由继续教育主管部门责令限期整改；逾期不改正的，由继续教育主管部门予以通报：

（一）采取虚假、欺诈等手段招揽生源的；

（二）以会计人员继续教育名义组织境内外公费旅游或者进行其他高消费活动的；

（三）违反国家有关规定擅自印发学历或学位证书、资格证书或培训证书的；

（四）违反本规定的其他行为。

第三十条　继续教育主管部门应当将各单位会计人员继续教育情况列入

《会计法》执行情况检查、会计从业资格情况检查的内容。

第八章 附 则

第三十一条 各省、自治区、直辖市、计划单列市财政厅（局），中共中央直属机关事务管理局、国务院机关事务管理局、铁道部、中国人民武装警察部队后勤部、中国人民解放军总后勤部可根据本规定制定具体实施办法，并报财政部备案。

第三十二条 本规定由财政部负责解释。

第三十三条 本规定自 2007 年 1 月 1 日起施行。财政部 1998 年 1 月 23 日公布的《会计人员继续教育暂行规定》（财会字〔1998〕4 号）、1998 年 11 月 9 日印发的《财政部关于开展中央单位会计人员继续教育工作有关问题的通知》（财会字〔1998〕69 号）同时废止。

企业内部控制应用指引

（征求意见稿）

1. 企业内部控制应用指引第××号——组织架构

第一章　总　则

第一条　为了促进企业实现发展战略和经营目标，防范企业组织架构设计与运行风险，优化企业治理结构、管理体制和经营机制，建立现代企业制度，根据《中华人民共和国公司法》等有关法律法规和《企业内部控制基本规范》，制定本指引。

第二条　本指引所称组织架构，是指企业按照国家有关法律法规、股东（大）会决议和企业章程，明确董事会、监事会、经理层和企业内部各层级机构设置、人员编制、职责权限、工作程序和相关要求的制度安排。

第三条　企业至少应当关注组织架构设计与运行中的下列风险：

（一）治理结构形同虚设，可能导致企业缺乏科学决策和运行机制，难以实现发展战略和经营目标。

（二）组织构架设计不适当，结构层次不科学，权责分配不合理，可能导致机构重叠、职能缺位、推诿扯皮，运行效率低下。

第二章　组织架构的设计

第四条　企业设计组织架构，应当坚持权责对等、精简高效、运转协调的原则，综合考虑企业性质、发展战略、文化理念、行业特点、经营业务、管理定位、效益情况和员工总量等因素予以确定。

企业组织架构应当有利于促进决策科学化和运行规范化。

第五条 企业应当根据国家有关法律法规，结合企业自身股权关系和股权结构，明确董事会、监事会和经理层的职责权限、任职条件、议事规则和工作程序，确保决策、执行和监督相互分离、有机协调，确保董事会、监事会和经理层能够按照法律法规和企业章程的规定行使职权。企业应当在企业章程中规定股东（大）会对董事会的授权原则，授权内容应当明确具体。

董事会对股东（大）会负责，依法行使企业的经营决策权。董事会可以根据需要设立战略、审计、提名、薪酬与考核等专门委员会，明确各专门委员会的职责权限和工作程序，为董事会科学决策提供支持。涉及企业重大利益的事项应由董事会集体决策。

监事会对股东（大）会负责，监督企业董事、经理和其他高级管理人员依法履行职责。

经理层负责组织实施股东（大）会、董事会决议事项，主持企业的生产经营管理工作。经理层应当接受董事会、监事会的监督制约，并建立向董事会、监事会的报告制度。经理和其他高级管理人员的职责分工应当明确。

监事会的人员和结构应当确保监事会能够独立有效地行使对董事、经理和其他高级管理人员及企业财务、内部控制的监督和检查。

董事会、监事会和经理层的产生程序应当合法合规，其人员构成、知识结构、能力素质应当满足履行职责的要求。

第六条 企业重大决策、重大事项、重要人事任免及大额资金支付业务等应当实行集体决策审批或者会签制度，任何个人不得单独进行决策或者擅自改变集体决策意见。

第七条 企业应当按照科学、精简、高效的原则，合理地设置企业内部经理层以下职能部门，明确各部门的职责权限和相互之间的责权利关系，形成各司其职、各负其责、相互协调、相互制约的工作机制。

企业应当避免设置业务重复或职能重叠的机构，将企业管理层次保持在合理水平。

第八条 企业应当依照有关法律法规和企业章程，设立内部审计机构，配备与其职责要求相适应的审计人员，并保证内部审计机构具有相应的独立性。

内部审计机构在建立与实施内部控制中的主要职责包括：

（一）对建立健全本企业内部控制提出意见和建议，并对内部控制的有效运行进行监督。

（二）根据董事会、监事会或经理层授权，具体组织实施企业内部控制自我评价事宜。

（三）协助董事会及其审计委员会，协调内部控制审计及其他相关事宜。

第九条　企业应当对各部门的职能进行科学合理的分解，确定各具体职位的名称、职责、岗位要求和工作内容等，编制岗（职）位说明书，明确各个岗位的职责范围、主要权限、任职条件和沟通关系。

第十条　企业在确定职权和岗位分工过程中，应当体现不相容职务相互分离的制衡要求。不相容职务通常包括：可行性研究与决策审批；决策审批与执行；执行与监督检查。

第十一条　企业应当制定并公布组织结构图、员工手册、业务流程图、岗（职）位说明书和权限指引等内部管理制度或相关文件，使企业员工了解和掌握组织架构设计及权责分配情况，促进企业各层级员工明确职责分工，正确行使职权。

第十二条　企业应当按照国家法律法规要求和法定程序，加强对子公司组织架构设计相关重大事项的监督指导和管理控制，防范企业集团系统风险，优化资源配置，促进资源共享。

第三章　组织架构的运行

第十三条　企业应当按照法律法规要求、内部管理权限和工作程序，核定、审批组织架构设计、部门设置和人员编制，并采取有效措施监督、检查组织架构运行情况。

企业应当根据发展战略和经营计划，制定阶段性工作计划，落实工作任务、责任人、协助人和完成时间等，通过考核计划执行情况验证组织架构运行效果和效率。

第十四条　企业应当建立业绩考评制度，明确董事、监事和高级管理人员的绩效评价标准与程序，并通过目标任务书等形式将业绩指标层层分解到企业内部各部门和各岗位，促进企业组织架构中各层级员工责、权、利的有效实行。

第十五条　企业应当重视对子公司的监控，通过合法有效的形式履行出资人职责、维护出资人权益，强化对子公司高级管理人员的业绩考核，特别关注异地、境外子公司发展战略、重大决策、重大投融资、重要人事任免、大额资金使用、年度财务预算等重要风险领域。

第十六条　企业组织架构设计与运行应当坚持动态调整的原则，根据发展战略、业务重点、市场环境、监管要求等因素的变化不断进行优化调整。

企业应当在对现行组织架构及其运行状况进行综合分析的基础上，结合企业内外部环境变化和企业不同发展阶段的要求调整组织架构。

企业组织架构调整应当充分听取董事、监事、高级管理人员和企业员工的意见，并按程序进行决策和审批。

第四章　组织架构的信息披露

第十七条　企业应当根据国家有关法律法规，以适当的形式披露组织架构设计与运行情况，重点披露董事会、监事会和经理层的实际运行情况。

第十八条　企业应当依法披露董事、监事、高级管理人员的基本情况、最近 5 年的主要工作经历、年度报酬情况和报告期内当选或离任的董事、监事的基本情况，以及高级管理人员激励约束机制的落实情况和解聘原因等信息。

2. 企业内部控制应用指引第××号——发展战略

第一章　总　则

第一条　为了促进企业提高发展战略的科学性和执行力，防范发展战略制定与实施中的风险，优化企业经营结构，增强企业核心竞争力和可持续发展能力，根据《中华人民共和国公司法》和《企业内部控制基本规范》等法律法规，制定本指引。

第二条　本指引所称发展战略，是指企业围绕经营主业，在对现实状况和未来形势进行综合分析和科学预测的基础上，制定并实施的具有长期性和根本性的发展目标与战略规划。

第三条　企业至少应当关注发展战略制定与实施中的下列主要风险：

（一）缺乏明确的发展战略，可能导致企业盲目发展，丧失发展动力和后劲。

（二）发展战略脱离企业客观实际，可能导致企业过度扩张或发展滞后。

（三）发展战略因主观原因频繁变动，可能损害企业发展的连续性或导致资源浪费。

第二章　发展战略的制定

第四条　企业应当在董事会下设立战略委员会，或者由董事会授权的类似机构（以下统称战略委员会）履行发展战略相应职责。

战略委员会具有下列主要职责：

（一）负责研究拟订发展战略。

（二）对企业重大经营方针、投融资方案和企业章程规定的其他有关重大事项进行研究并提出建议。

（三）对前述两款事项的实施情况进行监督检查。

战略委员会成员应当具有较强的综合素质和实践经验，其任职资格和选任程序应当符合有关法律法规和企业章程的规定。

战略委员会可以借助中介机构和外部专家的力量为其履行职责提供专业咨询意见。

第五条　企业应当制定战略委员会的议事规则和决策程序，对战略委员会会议的召开程序、表决方式、提案审议、保密要求和会议记录等作出规定，确保议事过程规范透明、决策程序科学民主。

第六条　企业应当在充分调查研究、征求意见和分析预测的基础上制定发展目标。

企业在制定发展目标过程中，应当综合考虑市场机会与需求变化、竞争对手状况、可利用的资源水平和自身优势与弱点等情况。

第七条　企业应当根据发展目标制定战略规划，战略规划应当体现战略期内技术创新、市场占有、盈利能力、资本实力、行业排名和履行社会责任等应达到的程度，确保企业具有长期竞争优势。

企业战略规划应当经过多种方案的对比分析和择优考虑。

第八条　企业战略委员会应当对发展目标和战略规划进行审议，提出审议意见，报董事会批准后实施。

第三章　发展战略的实施

第九条　企业董事、监事和高级管理人员应当树立战略意识和战略思维，并采取教育培训等有效措施将发展目标和战略规划传递到企业内部各个管理层级和全体员工。

第十条　企业应当积极培育有利于发展战略实施的企业文化，建立支持发展战略实施的组织架构、人力资源管理制度和信息系统。

第十一条 企业应当根据发展目标和战略规划，结合战略期间时间进度安排，制定阶段性经营目标、年度工作计划和全面预算体系，确保发展战略分解、落实到产销水平、资产规模、利润增长幅度、投资回报要求、技术创新、品牌建设、人才建设、制度建设、企业文化、社会责任等各个方面。

第十二条 企业应当建立战略实施进程和效果的动态监控与报告制度，健全战略实施相关信息的收集、筛选、分析、处理机制和预警机制，增强企业对内外部环境变化的敏感度和判断力。

第四章　发展战略的评估与调整

第十三条 企业应当建立发展战略评估制度，加强对战略制定与实施的事前、事中和事后评估。

事前评估应结合成本效益原则，侧重对发展战略的科学性和可行性进行分析评价。

事中评估应结合战略期内每一年度工作计划和经营预算完成情况，侧重对战略执行能力和执行效果进行分析评价。

事中评估是战略调整的基础，其侧重点在于判断战略执行的有效性。

事后评估应结合战略期末发展目标实现情况，侧重对发展战略的整体实施效果进行概括性的分析评价，总结经验教训，并为制定新一轮的发展战略提供信息、数据和经验。

第十四条 企业发展战略应当保持相对稳定。企业在开展战略评估过程中，发现下列情况之一的，可以按规定程序进行战略调整，促进企业内部资源能力和外部环境条件的动态平衡。

（一）经济形势、产业政策、行业状况、竞争格局等外部环境发生重大变化，对企业发展战略实现产生重大影响的。

（二）企业经营管理内部条件发生重大变化，确需对发展战略作出调整的。

第五章　发展战略的信息披露

第十五条 企业应当根据国家有关法律法规，以适当的形式披露发展目标和战略规划，增强投资者特别是战略投资者对企业发展的信心和关注度。

第十六条 企业应当披露影响发展战略实现的重大风险因素及其应对措施。

3. 企业内部控制应用指引第××号——人力资源

第一章 总 则

第一条 为了促进企业人力资源合理布局，发挥人力资源在企业发展中的主导作用，根据国家有关法律法规和《企业内部控制基本规范》，制定本指引。

第二条 本指引所称人力资源，是指由企业董事、监事、高级管理人员和全体员工组成的整体团队的总称。

第三条 企业至少应当关注人力资源管理的下列风险：

（一）人力资源缺乏、结构不合理，可能导致企业发展战略难以实现。

（二）人力资源激励约束制度不合理、优胜劣汰机制不完善，可能导致关键人才流失或经营效率低下。

第四条 企业应当重视人力资源建设，建立科学的人力资源管理制度，对人力资源规划与实施、激励与约束、离职等作出明确规定，充分调动整体团队的积极性、主动性和创造性，全面提升企业的核心竞争力。

第二章 人力资源的规划与实施

第五条 企业应当根据发展战略，结合人力资源现状和未来需求预测，制定人力资源总体规划，优化企业人力资源整体布局，确保人力资源供给和需求达到动态平衡，实现人力资源合理配置。

企业应当根据人力资源总体规划，结合生产经营实际需要，制定年度人力资源计划，按照规定的权限和程序审批后实施。

第六条 企业选拔高级管理人员和聘用中层以下员工，应当遵循德才兼备的原则，重点关注选聘对象的价值取向和责任意识。

第七条 企业应当制定高级管理人员和中层以下员工的能力框架，切实做到以岗选人，避免因人设事，确保选聘人员能够胜任岗位职责要求。

第八条 企业应当重视人力资源开发工作，通过多种形式促进高级管理人员和中层以下员工的知识更新，不断提升整体团队的服务效能。

第三章　人力资源的激励、约束与退出

第九条　企业应当建立人力资源的激励、约束与退出机制，确保整体团队持续处于优化状态。

第十条　企业应当设置科学的业绩考核指标体系，对高级管理人员和中层以下员工的业绩进行考核与评价，以此作为确定员工薪酬、晋升、降级、辞退等的重要依据，切实做到严格考核，有奖有惩，强化对整体团队的激励与约束。

第十一条　企业应当制定与业绩考核挂钩的薪酬制度，切实做到薪酬安排与员工贡献相协调，体现效率优先，兼顾公平。

第十二条　企业员工退出（辞职、辞退、退休等），应当符合国家有关法律法规的规定，退出的条件和程序应当予以明确。

企业应当根据绩效考核的结果，对不能胜任岗位要求的员工实施转岗培训；仍不能满足岗位职责要求的，应当按照规定的权限和程序予以辞退。

董事、经理及其他高级管理人员的离职应当进行离任审计。

第十三条　企业应当定期对年度人力资源计划执行情况进行评估，查找人力资源管理中存在的主要缺陷和不足，采取有效措施，及时加以改进，确保企业整体团队充满生机和活力。

第四章　人力资源的信息披露

第十四条　企业应当依法披露报告期末在职员工数量、专业构成、教育程度等信息。

第十五条　企业应当以适当的形式披露人力资源政策可能存在的重大风险因素及其应对措施。

4. 企业内部控制应用指引第××号——企业文化

第一章　总　则

第一条　为了加强企业文化建设，提升企业可持续发展的软实力，根据《企业内部控制基本规范》，制定本指引。

第二条　本指引所称企业文化，是指企业在生产经营实践中逐步形成的、为整体团队所认同并遵守的价值观、经营理念和企业精神，以及在此基础上形成的行为规范的总称。

第三条　企业至少应当关注文化建设的下列风险：

（一）缺乏积极向上的价值观、诚实守信的经营理念、为社会创造财富并积极履行社会责任的企业精神，可能导致员工丧失对企业的认同感，人心涣散，企业缺乏竞争力。

（二）忽视企业并购重组中的文化差异和理念冲突，可能导致并购重组失败。

第四条　企业应当采取切实有效的措施，培育具有自身特色的企业文化，引导和规范员工行为，打造主业品牌，形成整体团队的向心力，促进企业长远发展。

第二章　企业文化的培育

第五条　企业应当重视文化建设在实现发展战略中不可或缺的作用，加大投入力度，健全保障机制，防止和避免形式主义。

第六条　企业应当根据发展战略和自身特点，总结优良传统，挖掘文化底蕴，提炼核心价值，确定文化建设的目标和内容。

第七条　企业主要负责人应当在文化建设中发挥主导作用，以自身的优秀品格和脚踏实地的工作作风带动影响整体团队，共同营造积极向上的文化环境。

企业员工应当遵守员工行为守则，忠于职守，勤勉尽责。

第八条　企业文化建设应当融入生产经营过程，确实做到文化建设与发展战略的有机结合，增强员工的责任感和使命感，促使员工自身价值在企业发展中得到充分体现。

企业应当加强对员工的文化教育和熏陶，全面提升员工的文化修养和内在素质。

第三章　企业文化的评估

第九条　企业应当建立文化评估制度，分析总结文化在企业发展中的积极作用，研究发现不利于企业发展的文化因素，及时采取措施加以改进。

第十条　企业文化评估，应当重点关注企业核心价值的员工认同感、企业品牌的社会认可度、参与企业并购重组各方文化的融合，以及员工对企业未来发展的信心。

第十一条 企业应当建立文化评估制度，促进文化建设效果在内部各层级的有效沟通，为改进企业文化提供依据。

文化建设中的重大问题，应当以适当的方式予以披露。

5. 企业内部控制应用指引第××号——社会责任

第一章 总 则

第一条 为了促进企业正确履行社会责任，实现企业与社会的协调发展，根据国家有关法律法规和《企业内部控制基本规范》，制定本指引。

第二条 本指引所称社会责任，是指企业在发展过程中应当履行的社会职责和义务，主要包括安全生产、产品质量、环境保护与资源节约等。

第三条 企业履行社会责任至少应当关注下列风险：

（一）安全生产意识薄弱，安全生产责任制落实不到位，可能导致企业发生重特大安全事故。

（二）产品质量不合格，侵害消费者利益，可能导致企业巨额赔偿、形象受损甚至破产。

（三）环境保护意识不强、投入不够、措施不力，造成环境污染，可能导致企业巨额赔偿或停产整顿。

第四条 企业应当增强作为社会成员的责任意识，在追求自身经济效益、保证实现发展战略的同时，重视对国家和社会的贡献，自觉将短期利益与长期利益、自身发展与社会全面均衡发展相结合，切实履行社会责任。

第二章 安全生产

第五条 企业应当根据国家有关安全生产的规定，结合本企业生产经营实际情况，建立安全生产管理体系和操作规范，严格落实安全生产责任制。

企业主要负责人对安全生产工作负责。

有条件的企业，应当设立安全生产委员会或类似机构负责安全生产管理工作。

第六条 企业应当重视安全生产工作，加大安全生产投入，严禁以控制成本费用等各种理由放弃或者降低对安全生产的必要保障标准。

第七条 企业发生安全生产事故特别是重特大安全生产事故，必须根据国家有关规定在第一时间及时上报，同时启动应急预案，采取有效措施做好救援、疏散和有关善后工作。

严禁企业瞒报、谎报、迟报安全生产事故。

第三章 产品质量

第八条 企业应当根据国家和行业相关质量标准，结合履行社会责任的要求，严格规范生产流程，落实精细化管理制度，确保向社会提供高质量的产品和服务。

第九条 企业应当建立严格的质量控制和检验制度，本着对社会负责的原则，严把产品质量关，禁止不合格产品流向社会。

第十条 企业应当加强对出厂产品的售后服务，对售后发现有严重质量缺陷的产品，及时予以召回或采取其他有效措施，将社会危害控制到最低程度。

第四章 环境保护与资源节约

第十一条 企业应当按照国家有关环境保护的规定，建立本单位的环境保护管理体系，落实环境保护责任制。

企业应当高度重视对废气、废水、废渣的治理。

第十二条 企业应当不断加大环保投入，改进工艺流程，降低能耗和污染物排放水平，实现清洁生产。

企业应当建立废料回收和循环利用制度，提高废料利用效率。

第十三条 企业应当建立环境评估和环保监察制度，定期不定期开展环保检查，发现问题，及时采取措施。

排放污染物超过国家或地方规定的，企业应当承担治理责任。

发生紧急、重大污染事件时，应当启动应急机制，及时报告和处理，并依法严格追究相关责任人的责任。

第十四条 企业应当重视资源节约，发展循环经济，防止和避免资源过度开发，提高资源综合利用效率。

第五章 社会责任的信息披露

第十五条 企业应当定期对社会责任履行情况进行评价，并根据评价结果，结合生产经营特点，编制社会责任报告。

第十六条 企业应当根据国家有关规定定期发布社会责任报告，如实披露企业履行社会责任情况。

6. 企业内部控制应用指引第××号——资金

第一章 总 则

第一条 为了提高资金使用效益，保证资金安全，防范资金链条断裂，根据有关法律法规和《企业内部控制基本规范》，制定本指引。

第二条 企业至少应当关注涉及资金的下列风险：

（一）筹资与发展战略严重背离，企业盲目扩张，引发流动性不足，可能导致资金链条断裂。

（二）投资决策失误或资金配置不合理可能导致投资损失或效益低下；资金无法收回或支付，可能导致企业陷入财务困境或债务危机。

（三）资金管控不严，可能出现舞弊、欺诈，导致资金被挪用、抽逃。

第三条 企业应当建立科学的资金管控制度，采取切实有效措施，提高资金使用效益，严格控制资金在筹集、投放、营运过程中的重大风险。

企业应当充分发挥总会计师和财会部门在资金决策和管理全过程中的职能作用。

第二章 筹 资

第四条 企业应当根据发展战略和经营计划拟订筹资方案，明确筹资用途、规模、结构和方式等相关内容，对筹资环节的潜在风险作出充分估计并提出可行的应对策略。境外筹资还应考虑所在地的政治、经济、法律、市场等因素。

第五条 企业应当对拟定的筹资方案进行分析论证，并履行相应的审批程序。必要时，可聘请外部专业机构提供咨询服务。

企业对于重大筹资方案，应当提交股东（大）会审议，实行集体决策审批或者联签制度。

企业筹资方案需经有关管理部门或上级主管单位批准的，应及时报请批准。

筹资方案发生重大变更的，应当重新履行审批程序。

第六条 企业应当根据批准的筹资方案，按照规定的权限和程序筹集资金。筹集的资金应当严格按照筹资方案合理安排和使用，不得随意改变资金用途。

企业应当强化筹资信用管理，确保筹集的资金按期偿付。

第三章 投 资

第七条 企业应当合理安排资金投放结构，保证正常生产经营资金需求，科学确定投资项目，避免资金投放背离筹资方案要求。

企业选择投资项目应当突出主业，谨慎从事股票投资或衍生金融产品投资。

第八条 企业应当加强对投资项目的可行性研究，重点对投资项目的目标、规模、投资方式、资金来源与筹措、投资的风险与收益等作出客观评价。企业根据实际需要，可以委托专业机构进行可行性研究，提供独立的可行性研究报告。

企业应当按照规定的权限和程序对评估可行的投资项目进行决策审批。重大投资项目，应当报经股东大会或董事会批准。

第四章 营 运

第九条 企业应当坚持资金集中归口管理、财务业绩分级考核的原则，全面提升资金营运效率，降低财务风险。严禁资金体外循环。

企业集团应当强化资金统一控制和调配机制，特别关注对境外子公司资金营运的监控。有条件的企业集团，应当探索财务公司的管理模式。

第十条 企业应当加强采购付款、销售收款以及资金占用的管理，落实相关责任制，确保采购项目按时付款、销售款项及时足额回收，实现资金的合理占用和营运良性循环。

第十一条 企业通过并购方式扩大经营规模，应当与经营主业相协调，严格控制并购风险，避免盲目扩张。

企业应当加强对并购业务的可行性研究，合理确定支付对价，特别关注被并购企业与管理层的关联方关系，防范通过并购转移资金等舞弊行为。

企业在并购交易过程中，应当充分考虑并购对象的隐性债务、可持续发展能力和员工状况，确保并购后获取更大利益。

重大并购交易，应当报经股东大会或董事会批准。

第十二条 企业应当加强银行账户和银行预留印鉴的管理，明确各种票据的购买、保管、领用、背书转让、注销等环节的处理程序和备查登记制度。

严禁将办理资金支付业务的相关印章集中一人保管。

第五章 评估与披露

第十三条 企业应当建立筹资、投资和营运状况的评估制度，加强对资金的过程控制和跟踪管理，确保资金的安全运营和有效使用。发现异常情况，应当及时报告，并采取措施妥善处理，避免资金链条断裂。

企业对监控和评估过程中发现的重大问题，应当实行问责制。

第十四条 企业应当披露资金运营情况，重大筹资、投资、重组项目，以及运营中的重大风险应当专项披露。

7. 企业内部控制应用指引第××号——采购

第一章 总 则

第一条 为了促进企业合理采购，规范采购行为，防范采购环节的舞弊风险，根据有关采购、招投标的法律法规和《企业内部控制基本规范》，制定本指引。

第二条 本指引所称采购，是指企业原材料、商品和劳务的购买、审批、验收、付款等行为。

第三条 企业至少应当关注采购业务的下列风险：

（一）缺乏科学合理的采购计划，可能导致企业停产。

（二）采购环节出现舞弊，可能导致采购项目质次价高。

第四条 企业应当全面梳理采购流程，确定关键控制点，采取有效措施对采购风险实施控制。

第二章 购买与审批

第五条 企业应当根据全面预算管理的要求从事采购业务。对于超预算和预算外采购，应当履行预算调整程序。

第六条 企业应当建立严格的购买审批制度，明确审批权限，根据生产经

第三章 评估与披露

第十一条 企业应当建立资产管理评估制度，加强对存货、固定资产和无形资产的过程控制和跟踪管理。发现异常情况，应当及时报告，采取措施妥善处理。

第十二条 企业应当披露重大资产变动及资产运行中的主要风险等内容。

9. 企业内部控制应用指引第××号——销售

第一章 总 则

第一条 为了促进销售增长，规范销售行为，扩大市场份额，根据有关法律法规和《企业内部控制基本规范》，制定本指引。

第二条 本指引所称销售，是指企业出售商品、提供劳务、收取货款等行为。

第三条 企业至少应当关注销售业务的下列风险：

（一）销售不畅，库存积压，可能导致企业经营难以为继。

（二）销售款项不能及时足额收回，可能导致企业财务困难。

（三）销售过程存在操纵价格等舞弊行为，可能导致企业利益受损。

第四条 企业应当全面梳理销售流程，确定关键控制点，采取有效措施对销售风险实施控制。

第二章 销售与收款

第五条 企业应当根据销售预算，确定销售目标，制定科学的销售政策和策略，落实销售责任制，明确销售、发货、收款等相关部门的职责权限，实行严格的绩效考核，确保销售畅通。

第六条 企业应当密切关注市场行情和客户资信，合理确定定价机制和信用方式，严格控制赊销业务。

企业应当加强市场调查，根据市场变化及时调整销售策略，灵活运用销售折扣、销售折让、代理销售、广告宣传、分期付款等多种营销方式，不断提高市场占有率。

企业对于境外客户和新开发客户，应当建立信用保证制度，采取严格有效的信用结算等方式，防范销售风险。

第七条 企业办理销售业务，应当签订销售合同，明确双方的权利和义务，确保合同有效履行。

第八条 企业应当加强发货环节的管理，规范商品出库、运输、交验的程序，确保货物安全发运。

第九条 企业的销售与收款应当实行岗位责任制。销售部门负责货款的催收，财会部门负责办理资金结算并监督货款回收。

第三章 评估与披露

第十条 企业应当建立销售与收款的评估制度，加强对销售与收款的过程控制和跟踪管理。发现异常情况，应当及时报告，采取措施妥善处理。

第十一条 企业应当披露销售策略、销售渠道、信用政策、主要客户情况、收款情况以及销售过程中的主要风险等内容。

10. 企业内部控制应用指引第××号——研发

第一章 总 则

第一条 为了促进企业自主创新，转变增长方式，实现发展战略，根据有关法律法规和《企业内部控制基本规范》，制定本指引。

第二条 本指引所称研发，是指企业为获取新产品、新技术、新工艺等所开展的各种研究与开发活动。

第三条 企业至少应当关注研发业务的下列风险：

（一）研究项目未经科学论证，可能导致创新不足或资源浪费。

（二）研发过程管理不善，可能导致研发失败。

（三）研发成果保护措施不力，可能导致核心技术泄密。

第四条 企业应当重视研发工作，加大研发投入，强化研发全过程管理，确定研发中的主要风险点，采取相应措施，实施有效控制。

第二章 研究与开发

第五条 企业应当根据发展战略，结合市场开拓和技术进步要求，提出研究项目，开展可行性研究，编制可行性研究报告，并组织相关专业人员进行科学论证，重点关注研究项目促进企业实现发展战略的必要性、技术的先进性以及成果转化的可行性。

研究项目应当按照规定的权限和程序进行审批，重大研究项目应当报经董事会或者类似决策机构集体审议决策。

第六条　企业应当加强对研究过程的管理，严格落实岗位责任制，充分发挥专业人员在研究中的作用，确保研究过程高效、可控。

企业应当跟踪检查研究项目进展情况，提供足够的经费支持，确保项目按期、按质完成，避免研究失败。

研究项目委托外单位承担的，应当采用招标方式确定受托单位，签订外包合同，明确研究成果的产权归属、研究进度和质量标准等相关内容。

第七条　企业应当建立研究成果验收制度，组织专业人员对研究成果进行独立评审和验收。

需要申请专利的研究成果，应当及时办理有关专利申请手续。

第八条　企业应当加强研究成果的开发，形成市场、科研、生产一体化的自主创新机制，促进研究成果转化。

研究成果的开发应当分步推进，通过试生产充分验证产品性能，在获得市场认可后方可进行批量生产。

第三章　评估与披露

第九条　企业应当建立研发业务的评估制度，加强对研究与开发的过程控制和跟踪管理。发现异常情况，应当及时报告，采取措施妥善处理。

第十条　企业应当披露研发投入状况、研究成果转化以及市场认可度、研发过程主要风险等相关内容。

11. 企业内部控制应用指引第××号——工程项目

第一章　总　则

第一条　为了规范工程项目管理，提高工程项目质量，保证工程项目进度，防范商业贿赂，根据有关法律法规和《企业内部控制基本规范》，制定本指引。

第二条 本指引所称工程项目，是指企业自行或者委托其他单位所进行的建造、安装活动。

第三条 企业至少应当关注工程项目的下列风险：

（一）缺乏科学论证，盲目上马，可能导致工程失败。

（二）存在商业贿赂舞弊行为，可能导致工程质量低劣和安全隐患。

（三）项目资金不到位，可能导致建设项目延期或中断。

第四条 企业应当加强工程项目的监控，明确工程立项、招标、建设、验收等环节的主要风险点，采取相应措施，实施有效控制。

第二章 立项与招标

第五条 企业应当根据发展战略和年度投资计划，提出项目建议书，进行可行性研究，编制可行性研究报告，重点关注国家产业政策和环境保护要求等因素。

企业可以委托专业机构开展可行性研究，并组织专业人员对可行性研究报告进行评审，出具评审意见。

第六条 企业应当按照规定的权限和程序对工程项目进行决策。重大工程项目，应当报经董事会或者类似决策机构集体审议批准，任何个人不得单独决策或者擅自改变集体决策意见。

工程项目决策失误应当实行责任追究制度。

第七条 企业应当根据项目性质和标的金额，明确招标范围和要求，规范招标程序，不得人为肢解工程项目规避招标。

企业通常应当采用招标形式确定设计单位和施工单位，明确工程项目预期实现的目标和具体要求，确保招标过程公开、公正、透明。

第三章 建设与验收

第八条 企业应当加强工程项目建设过程和验收环节的监控，落实责任制，实行严格的概预算管理，严把质量关，确保工程项目达到设计要求。

第九条 企业应当实行严格的工程监理制度。工程监理人员应当深入施工现场，监控工程进度和质量，及时发现和纠正建设过程中的问题。

工程监理人员应当具备相应的资质和良好的职业操守。

第十条 企业应当加强对工程价款结算的管理，明确价款结算的条件、方式和金额等内容，确保工程款项按合同约定或工程进度及时、准确支付。

第十一条　企业应当严格控制工程变更。确需变更的工程项目，应当按照规定的权限和程序进行审批。

第十二条　企业应当及时编制竣工决算，开展决算审计，组织专业人员进行竣工验收，重点关注项目投资额、概预算执行、资金管理、工程质量等内容。

验收合格的工程项目，应当编制财产清单，及时办理资产移交手续。

第四章　评估与披露

第十三条　企业应当建立工程项目评估制度，加强对工程立项、招标、建设和验收过程的跟踪管理和全面评估，发现异常情况，应当及时报告，采取措施妥善处理。

第十四条　企业应当披露重大在建项目的主要风险等内容。

12. 企业内部控制应用指引第××号——全面预算

第一章　总　则

第一条　为了促进企业加强全面预算管理，实现发展战略和生产经营目标，根据有关法律法规和《企业内部控制基本规范》，制定本指引。

第二条　本指引所称全面预算，是指企业对一定期间的各项生产经营活动作出的预算安排。

第三条　企业至少应当关注全面预算管理的下列风险：

（一）缺乏预算或预算编制不完整，可能导致企业盲目经营。

（二）预算执行不力，可能导致企业无法实现生产经营目标。

第四条　企业应当建立全面预算管理制度，强化预算约束，明确预算编制、执行、考核等环节的主要风险点，采取相应措施，实施有效控制。

第二章　编制、执行与考核

第五条　企业应当根据发展战略和年度生产经营目标，综合考虑预算期内市场环境变化等因素，按照上下结合、分级编制、逐级汇总的程序，编制年度全面预算。

预算编制应当科学合理、符合实际，避免预算指标过高或过低。

第六条 企业应当在预算年度开始前编制完成全面预算，按照规定的权限和程序审核批准后，以文件形式下达执行。

企业应当将预算指标层层分解，落实到内部各部门、各环节和各岗位，确保预算刚性，严格预算执行。

第七条 企业应当建立预算执行情况的预警机制和报告制度，确定预警和报告指标体系，密切跟踪预算实施进度和完成情况，采取有效方式对预算执行情况进行分析和监控，发现预算执行差异，及时采取改进措施。

第八条 企业批准下达的预算应当保持稳定，不得随意调整。由于市场环境、国家政策或不可抗力等客观因素，导致预算执行发生重大差异确需调整预算的，应当履行严格的审批程序。

第九条 企业应当建立严格的预算执行考核奖惩制度，坚持公开、公正、透明的原则，对所有预算执行单位和个人进行考核，切实做到有奖有惩、奖惩分明，促进企业实现全面预算管理目标。

第三章 评估与披露

第十条 企业应当建立全面预算管理评估制度，对预算编制、执行、考核的过程和结果进行全面评估，发现异常情况，应当及时报告。

第十一条 企业应当披露预算执行情况和全面预算管理中的主要风险等内容。

13. 企业内部控制应用指引第××号——合同

第一章 总 则

第一条 为了促进企业加强合同管理，维护企业合法权益，根据有关法律法规和《企业内部控制基本规范》，制定本指引。

第二条 本指引所称合同，是指企业与自然人、法人及其他组织之间设立、变更、终止民事权利义务关系的协议。

企业与职工签订的劳动合同，不适用本指引。

第三条 企业至少应当关注合同管理的下列风险：

（一）未签订合同或合同内容存在重大疏漏，可能导致企业合法权益受到侵害，经济利益受损。

（二）合同履行不力，可能导致经济纠纷或法律诉讼，损害企业信誉和形象。

第四条 企业应当建立合同管理制度，明确合同签署与履行过程中的主要风险点，采取相应措施，实施有效控制。

第二章 合同的签署

第五条 企业对外发生的重要经济行为，均应签订相关合同。合同签署前，应当了解调查对方当事人的主体资格、信用状况等有关情况，确保对方当事人具备履约能力。

合同标的物涉及重大事项的，应当进行充分协商，坚持自愿、平等、互利原则，明确双方的权利义务和违约责任。技术含量较高或法律关系复杂的合同，应当组织专业人员参与谈判。

第六条 企业应当根据协商、谈判的结果，拟订合同文本。合同文本应当符合国家有关法律法规的规定，切实做到条款内容完整，表述严谨准确，相关手续齐备，避免出现重大疏漏。

第七条 企业应当建立合同审核和内部会签制度，重点审核合同的合规性、经济性、可行性、严密性等相关内容。合同文本涉及相关部门或人员的，应当履行内部审核会签程序。

第八条 企业应当按照规定的权限和程序与对方当事人签署合同。正式对外订立的合同，应当由企业法定代表人或其授权人签名并加盖有关印章。

第三章 合同的履行

第九条 企业应当严格履行合同，同时监控对方当事人的履约情况。

合同履行过程中出现违约情形的，应当严格按照合同违约条款承担或追究违约责任。

第十条 合同一经签署，不得随意变更。因政策调整、市场变化等客观因素确需变更的，应由双方协商一致，按照规定的权限和程序办理变更或终止手续。

第十一条 企业应当建立合同纠纷处理制度。在合同履行过程中发生纠纷的，应当根据国家有关法律法规，在规定时效内与对方协商解决。协商无效的，应当按照合同约定选择仲裁或诉讼方式解决。

第四章 评估与披露

第十二条 企业应当建立合同管理评估制度，定期对合同签署与履行情况进行全面评估，发现异常情况，应当及时报告。

第十三条 企业应当披露重大合同的履行情况、合同纠纷、法律诉讼以及合同履行中的其他风险等内容。

14. 企业内部控制应用指引第××号——内部报告

第一章 总 则

第一条 为了促进企业有效报告经营管理信息，揭示生产经营管理过程中存在的主要问题和风险，及时采取应对措施，根据《企业内部控制基本规范》，制定本指引。

第二条 本指引所称内部报告，是指企业内部层级之间传递内部经营管理信息的过程。

第三条 企业至少应当关注内部报告的下列风险：

（一）内部报告信息不准确，可能导致决策失误。

（二）内部报告信息传递不及时、不通畅，可能导致风险失控。

第四条 企业应当建立科学的内部报告机制和信息系统，明确报告内容、传递的方式和有效使用等相关要求，落实责任制，确保内部报告信息及时沟通。

第二章 内部报告的形成

第五条 企业应当以经营快报等方式，规定不同级次内部报告的指标体系，反映经营管理的主要情况。经营快报的内容和形式应当简洁明了，通俗易懂，便于管理人员掌握相关信息，及时作出决策。

第六条 企业应当充分利用信息技术，采集、汇总、生成内部报告信息，构建科学的内部报告网络体系。企业内部各级次均应当指定专人负责内部报告工作，规定不同级次报告的时点，确保在同一时点上形成分级和汇总信息。

重要风险信息可以直接报告高级管理人员。

第七条　企业应当拓宽内部报告渠道，通过多种有效方式，鼓励员工为企业经营发展提供合理化建议，反映和举报生产经营中的违规、舞弊行为。

第三章　内部报告的使用

第八条　企业各级管理人员应当充分利用内部报告，管理和指导企业的生产经营，严格绩效考核和责任追究制度，确保企业实现发展目标。

第九条　企业对于内部报告反映出的经营管理中存在的突出问题和重大风险，应当启动应急预案。

第十条　企业应当建立内部报告的评估制度，对内部报告的形成和使用进行全面评估，重点关注报告信息的准确性和沟通机制的有效性。对于内部报告中发现的问题，应当及时采取改进措施，充分发挥内部报告在经营管理中的重要作用。

15. 企业内部控制应用指引第××号——信息系统

第一章　总　则

第一条　为了发挥信息系统在企业内部控制中的作用，实现信息系统与内部控制的有机结合，根据有关法律法规和《企业内部控制基本规范》，制定本指引。

第二条　本指引所称信息系统，是指企业利用计算机和通信技术，对内部控制进行集成、转化和提升，形成由人员、硬件、软件、信息、运行规程等组成的管理平台。

第三条　企业建立与实施内部控制，应当利用现代管理手段，开发信息系统，优化管理流程，减少人为操纵因素，不断提高内部控制效能。

第四条　企业应当加强信息系统建设的组织领导，加大投入，明确相关部门和单位的职责权限，建立有效的工作机制。

企业应当指定专门机构对信息系统建设实施归口管理，可以委托专业服务机构从事信息系统的开发、运行与维护等工作。

企业负责人对信息系统建设负责。

第五条　企业利用信息系统实施内部控制，至少应当关注下列风险：

（一）缺乏信息系统建设整体规划或规划不当，可能导致重复建设，形成信息孤岛，影响企业发展目标的实现。

（二）开发不合理或不符合内部控制要求，可能导致无法利用信息系统实施有效控制。

（三）授权管理不当，可能导致非法操作和舞弊。

（四）安全维护措施不当，可能导致信息泄露或毁损，系统无法正常运行。

第六条 企业应当根据发展战略，结合组织架构、业务范围、地域分布、技术能力等因素，制定信息系统建设整体规划，进行统筹安排，明确系统开发、运行与维护中的主要风险点，采取相应措施，实施有效控制。

第二章 信息系统的开发

第七条 企业信息系统归口管理部门应当根据信息系统建设整体规划，提出信息系统项目建设方案，按规定的权限和程序审批后实施。

第八条 企业开发信息系统，应当明确提出开发需求和关键控制点，采取多种方式与开发单位进行充分沟通，为系统开发奠定良好基础。

企业应当加强信息系统开发全过程的跟踪管理。

第九条 企业应当组织专业机构对开发完成的信息系统进行验收测试，验收测试与系统开发应当相互分离，确保在功能、性能、控制要求和安全性等方面满足开发需求。

验收通过的信息系统，应当按照规定的权限和程序审批后上线实施。

第十条 企业应当切实做好信息系统上线前的各项准备工作，培训业务操作和系统管理人员，制定科学的上线计划和新旧系统转换方案，考虑应急预案，确保新旧系统顺利切换和平稳衔接。

第三章 信息系统的运行与维护

第十一条 企业应当加强信息系统运行与维护的管理，跟踪和发现系统运行中存在的问题，不断进行调整和完善。

企业应当建立系统数据定期备份制度，明确备份范围、备份频度、备份方法、备份责任人、备份存放地点、备份有效性检查等内容。

第十二条 企业应当根据业务性质、重要性程度、涉密情况等确定信息系统的安全等级，采用相应的制度和技术手段，确保信息系统安全、稳定、高效运行。

企业应当建立信息系统安全保密和泄密责任追究制度。

第十三条　企业应当综合利用防火墙、路由器等网络设备，漏洞扫描、入侵检测等软件技术，以及远程访问安全策略等手段加强网络安全，防范来自网络的攻击和非法侵入。

通过网络传输的涉密或者关键数据，应当采取加密传输等措施确保信息传递的保密性、准确性和完整性。

第十四条　企业应当加强服务器等关键信息设备的管理，建立良好的物理环境，指定专人负责检查，及时处理异常情况，任何人未经授权不得接触关键信息设备。

第四章　评估与披露

第十五条　企业应当建立利用信息系统实施内部控制的评估制度，对信息系统开发、运行与维护的全过程进行评估，发现异常情况，应当及时报告。

第十六条　企业应当披露利用信息系统实施内部控制的情况及存在的主要问题。

参考文献

［1］中华人民共和国会计法。

［2］中华人民共和国财政部、证监会、审计署、银监会、保监会：《企业内部控制基本规范》。

［3］中华人民共和国财政部：《企业内部控制应用指引》（征求意见稿）。

［4］内部控制课题组：《企业内部控制基本规范解读与案例分析》，立信会计出版社，2008 年 8 月。

［5］王梅、吴昊昊：《会计、审计与内部控制发展历程》，《经济理论研究》，2007 年第 7 期。

［6］企业内部控制标准委员会秘书处编：《内部控制理论研究与实践》，中国财政经济出版社，2008。

［7］王湛：《内部控制外部化的思考》，《内部控制理论研究与实践》，中国财政经济出版社，2008。

［8］刘明辉、张宜霞：《内部控制的经济学思考》，《内部控制理论研究与实践》，中国财政经济出版社，2008。

［9］王如燕：《内部控制理论与实务》，中国时代经济出版社，2008。

［10］肖玉金：《企业内部控制评价研究》，暨南大学硕士论文，2007。

［11］朱荣恩、应维、袁敏：《美国财务报告内部控制评价的发展及对我国的启示》，《会计研究》，2003 年第 8 期。

［12］王坤：《关于企业内部控制中实施绩效考核制度的几点看法》，《民营科技》，2008 年第 11 期。

［13］程晓陵、王怀明：《论内部控制的外部监督》，《生产力研究》，2007 年第 6 期。

［14］叶陈刚、翟健勇：《公司内部控制体系探析——来自中国网通的案例》，《财会通讯》（学术），2008 年第 4 期。

［15］王如燕：《内部控制理论与实务》，中国时代经济出版社，2008。

［16］孟繁瑾：《中国华电集团东华热电项目风险管理案例研究》，华北电

力大学硕士学位论文，2007。

［17］本书编委会编：《企业内部控制基本规范培训教材》，立信会计出版社，2008 年 7 月。

［18］王玺：《信息控制对企业价值链影响的研究》，对外经济贸易大学硕士论文，2006。

［19］李继承：《有效管理沟通的障碍及其突破》，河南大学硕士论文，2007。

［20］苏江波：《ERP 项目实施的沟通管理研究》，暨南大学硕士论文，2007。

［21］韦燕燕：《企业危机转化的模型研究》，广大工业大学硕士论文，2005。

［22］孙永尧：《内部控制案例分析》，中国时代经济出版社，2007。

［23］刘辉、任建伟：《企业应急管理体系构建及其运作管理研究》，《金融经济》，2008 年第 24 期。

［24］王桂莲：《基于现代系统思考的企业内部控制创新研究》，吉林大学博士论文，2008。

［25］丁友刚、胡兴国：《内部控制、风险控制与风险管理——基于组织目标的概念解说与思想演进》，《会计研究》，2007 年第 12 期。

［26］程新生：《公司治理、内部控制、组织结构互动关系研究》，《会计研究》，2004 年第 4 期。

［27］李乐：《济宁高新区热力工程项目风险管理研究》，山东大学硕士学位论文，2008。

［28］张晶晶：《大连远洋运输公司风险管理研究》，大连海事大学硕士学位论文，2008。

［29］《企业内部控制基本规范》编写组：《企业内部控制基本规范讲解》，中国市场出版社，2008。

［30］陈秧秧：《COSO〈企业风险管理综合框架〉简介》，《财会通讯》，2005 年第 2 期。

［31］费朵、邹家继：《项目风险识别方法探讨》，《物流科技》，2008 年第 8 期。

［32］再永平、韩建清：《广东核电：程序至上、内审先行显神威》，《人民日报》，2001 年 12 月 27 日。

［33］杨清香、张晋：《内部控制缺陷及其改进——来自 UT 斯达康的内部控制案例》，《财务与会计》，2008（1 月）理财版。

［34］中国审计网：《武钢审计人无欲则刚》，2008 年 4 月 20 日。

后 记

　　为了满足广大会计人员参加继续教育以及企业管理人员学习和工作的需要，全面提升企业的风险防范意识和控制风险的能力，及时准确地把握我国企业内部控制的有关政策，我们组织编写了《企业内部控制——规范与应用》。

　　本书按照《企业内部控制基本规范》的内容顺序排列，以方便读者阅读与理解《企业内部控制基本规范》。本书力求理论与实践相结合，论述与实例相配套，突出了针对性和实用性。本书可作为会计人员继续教育教材和企业管理人员培训教材，也可作为高等院校财经专业的专门教材。希望本书的发行能够对我国企业内部控制规范的推行与应用有所帮助。

　　本书的撰写得到了武汉市财政局总会计师、高级会计师张灼同志的高度重视和关心，并作了许多具体指导。在本书的撰写过程中，我们还得到了经济管理出版社以及武汉市财政局会计处、武汉市会计学会的大力支持和协助；同时参考和借鉴了不少同行们的资料，在此一并表示诚挚的谢意！

　　本书由武汉市财政科学研究所组编。武汉市财政科学研究所所长、高级会计师杨锡才，中南财经政法大学武汉学院副教授、武汉市会计学会常务理事彭浪担任主编；武汉科技学院副教授阮班鹰、中南财经政法大学武汉学院副教授郑英莲、武汉市财政科学研究所国际注册内部审计师王创担任副主编；中南财经政法大学会计学院陈鑫、胡丽君、呼瑞雪参加编写。杨锡才、王创编写第一章；阮班鹰编写第二章；陈鑫编写第三章；胡丽君编写第四章；呼瑞雪编写第五章；郑英莲、彭浪编写第六章。杨锡才和彭浪负责全书的组稿和总纂工作，最后由杨锡才审定全书。

　　由于时间紧、任务重，加之编者水平有限，难免有疏漏和贻误，恳请读者批评指正，以便进一步修正和完善。

编　者

2009 年 3 月 25 日